新しい時代の秘書ビジネス論

編集／全国大学実務教育協会

紀伊國屋書店

『新しい時代の秘書ビジネス論』刊行にあたって

　『新しい時代の秘書ビジネス論』の発刊にあたって、当協会は日本ビジネス実務学会にその執筆・編集を委託した。

　前著『秘書学概論』は昭和63年に発行されて以来、刷を重ね、発行元である㈱紀伊國屋書店の元副社長吉枝喜久保氏をして「隠れたるベストセラー」といわしめた程、全国の多くの大学、短大の秘書教育のテキストとして愛用されてきた。

　平成16年㈱紀伊國屋書店から残部が少なくなり、増刷を望まれたが、約20年前に書かれたものを改訂なしに発行することには抵抗感があり、絶版にしたいと申し上げた。しかし、毎年、テキストとしての需要があるとのことで、何とか出版してほしいとの話があり、それではこの機会に全面改訂というより、前著『秘書学概論』にこだわらずに、全く新しい発想の下で、秘書関連のテキストを出してはということになった。

　そこで、新しい本の出版にあたっては書名についても、内容についてもまったく自由に新しい発想でお考えいただきたいと当時の日本ビジネス実務学会の大宮登会長に協力をお願いしたところである。

　当協会は、『秘書概説－理論と実務－』（昭和52年）、新訂『秘書概説』（昭和56年）、『秘書学概論』（昭和63年）、『秘書実務』（昭和63年）をはじめとして、『オフィス・スタディーズ』（平成6年）などの書物を発行してきた。この『新しい時代の秘書ビジネス論』は、単に秘書を目指す人、現に秘書をやっている人だけの書物ではないといってよいだろう。秘書ビジネスの理解を通してビジネス全般についての理解と実践を学ぶことに役立つ書物であると確信している。また、秘書教育は、一人の職業人としてのビジネス全般についての知識やビジネスマナーを身につけることに役立っている。そして、秘書機能として重要なトップの補佐機能は、ビジネス組織の全般についての理解と、人と情報のネットワークを必要とし、組織上では各部門との連絡調整という重要な役割を理解するための知識や技能が、この書物によって学べるものと確信している。秘書士や上級秘書士、ビジネス実務士、上級ビジネス実務士の資格の取得のためのテキストとして使用されるだけでなく、現代ビジネスについての理解を深めようとする多くの人びとにも役立つことができるものと考えている。

　最後に、執筆にあたってくださった方々、および編集の労をとってくださった方々に心からお礼を申し述べたいと思う。

　また、この書物の発行に理解を示してくださった㈱紀伊國屋書店に対してもお礼を申し上げる次第である。

　大学、短大での秘書教育の場で、この書物が多くの学生に活用されることを心から願って刷を重ねるにあたって改めてのご挨拶としたい。

2009年3月

全国大学実務教育協会　会長　和野内　崇弘

『新しい時代の秘書ビジネス論』執筆にあたって

　21世紀に入って、ビジネス環境には大きな変化が次々と起こっている。高度情報化、地球環境の悪化、グローバル化、想像を超えた少子高齢化、地方分権化など、これまでのビジネス社会には見られない大転換が行われようとしている。働く私たちも、ビジネス現場で通用する自分の強みを作らないと、良い仕事に出会えない実力社会になってきている。

　そうした劇的な変化が起こるなか、秘書教育に関しては、静かな変化が起きている。一度は徐々に消滅しそうな傾向にあった秘書教育が、ビジネス教育の実り多い内容を持つものとして、再度、期待が集まろうとしている。秘書教育の再評価が起こっている。その理由は一体どこにあるのだろうか。ここでは大きく二つの理由をあげてみよう。

　まず第1に、秘書教育が秘書という一人の職業人に照準をあてていることにある。秘書教育は、秘書がどうすればよいキャリアを形成できるのか、どのような仕事を行うのか、どのようなスキルや能力が求められるのか、などを具体的に示してくれる。秘書教育は、経済学や経営学などのビジネス全体を学ぶ学問と比較すると、秘書という具体的な人間が設定されている分、目標が立てやすく、わかりやすく、より現実的である。

　第2に、秘書教育はトップマネジメントのサポートをしていることに特徴がある。秘書教育を学んでいると、電話応対・来客応対・ビジネスマナーなどのビジネス基礎の理解と同時に、企業組織全体の動きがわかるようになる。また、世界経済や日本企業の動向、自分が勤務する企業やその業界の動向がつかめるようになる。それはなぜか。秘書が企業組織のトップマネジメントと常に関わっているからである。秘書教育はそういった意味で、ビジネスの基礎からビジネスの最前線まで学ぶことができる内容を含んでいることになる。

　このような特徴が、秘書教育の必要性を今なお、高め続けているのである。

　このたび、全国大学実務教育協会の和野内会長から、名著である『秘書学概論』に替わる秘書テキスト作成を依頼されることとなった。私たち日本ビジネス実務学会メンバーは総力を上げてこのテキスト作成にあたってきた。その結果、執筆にあたった先生方の専門的な研究成果が十分に発揮された著書となった。最終的な構成・編集は、佐藤啓子先生や中村健壽先生等の協力を得て、私が責任を持って行った。

　本書の特徴は、秘書は上司をサポートする役割を担っているのだが、そのサポートは上司をめぐる人的ネットワークと情報ネットワークのコーディネート役としての機能を持っていることを軸に、全体の分析を試みたことにある。実は前述した秘書教育の有効性はここにもある。「人と情報の中継基地」としての秘書は、どのような職場でも必要な人材である。それらの特徴も理解していただき、本書を活用していただければ幸いである。

　最後に、和野内会長はじめ、本書作成に関わった関係各位に心から感謝の意を表したい。

2006年3月20日

　　　　　　　　　　　　　　　　　編者代表・日本ビジネス実務学会　会長　　大宮　　登

CONTENTS

第1章 秘書教育とキャリアデザイン

❶ 秘書教育の目的 ……………………………………………………………………3
（1）秘書と秘書教育の歩み ……………………………………………………3
　　　1）わが国における秘書教育の台頭 ……………………………………3
　　　2）秘書研究の進展 ………………………………………………………4
　　　3）わが国における秘書の資格 …………………………………………5
（2）秘書とネットワーク形成 …………………………………………………5
　　　1）コーディネート役としての秘書 ……………………………………5
　　　2）秘書とヒューマンネットワーク形成 ………………………………6
　　　3）秘書と情報ネットワーク形成 ………………………………………7
　　　4）秘書教育とビジネス実務能力の開発 ………………………………7

❷ キャリアデザインを考える ………………………………………………………8
（1）働く環境の大きな変化 ……………………………………………………8
　　　1）年功主義から能力主義へ ……………………………………………8
　　　2）成果主義の導入 ………………………………………………………9
（2）働き方の多様化 …………………………………………………………10
　　　1）雇用形態の多様化 …………………………………………………10
　　　2）非正規労働者の増大 ………………………………………………10
　　　3）フリーター増加の背景 ……………………………………………12
　　　4）雇用形態による生涯賃金の比較 …………………………………12
　　　5）秘書職の雇用形態 …………………………………………………13
（3）キャリアデザインと秘書 ………………………………………………13
　　　1）キャリアとは ………………………………………………………13
　　　2）キャリアデザインの必要性 ………………………………………14
　　　3）キャリア形成と三つのスキル ……………………………………14
　　　4）秘書のキャリアケース ……………………………………………15
　　　5）秘書のキャリアデザイン …………………………………………16

第2章 秘書の役割と業務

❶ 秘書の役割 ………………………………………………………………………21
（1）秘書の職能 ………………………………………………………………21
　　　1）秘書とは何か──上司の職務を成功に導く、コーディネートのプロ …21
　　　2）秘書はどこにいるのか？ …………………………………………21
　　　3）秘書の形態 …………………………………………………………23
（2）秘書職の特徴 ……………………………………………………………26
　　　1）秘書と上司の関係 …………………………………………………26
　　　2）組織のコーディネーターとして …………………………………27

❷ 秘書の業務 ………………………………………………………………………27
（1）人的ネットワーク業務 …………………………………………………28
　　　1）社内外の連絡・調整 ………………………………………………28
　　　2）来客応対 ……………………………………………………………28
　　　3）電話応対 ……………………………………………………………31

（2）情報ネットワーク業務 …………………………………………………32
　　　　1）スケジューリング（日程管理） ………………………………32
　　　　2）文書業務 ……………………………………………………34
　　　　3）ファイリング ………………………………………………38
　　（3）総務・庶務的業務 …………………………………………………40
　　　　1）印鑑の管理 …………………………………………………40
　　　　2）稟議書と決裁 ………………………………………………41
　　　　3）冠婚葬祭関連業務（慶弔管理） …………………………43
　　　　4）危機管理（突発的な出来事への対処） …………………44
　　　　5）環境整備 ……………………………………………………45
　　（4）秘書が行うコーディネート業務 …………………………………46
　　　　1）出張業務 ……………………………………………………47
　　　　2）会議・会合 …………………………………………………48
　　　　3）行事・イベント等のコーディネート ……………………49
　　　　4）会食のコーディネート ……………………………………49

第3章　秘書とパーソナリティ

1 秘書とパーソナリティ …………………………………………………55
（1）秘書とパーソナリティ …………………………………………………55
　　1）パーソナリティとは …………………………………………………55
　　2）社会性とパーソナリティ ……………………………………………56
（2）秘書として求められるパーソナリティ ………………………………56
　　1）業務内容に対応した秘書のパーソナリティ ………………………57
　　2）パーソナリティの研鑽 ………………………………………………59

2 職業人としての心構え …………………………………………………60
（1）働く目的と現状課題 ……………………………………………………60
（2）職業人としての心構え …………………………………………………61

第4章　情報ネットワーク形成と秘書

1 高度情報社会と秘書 ……………………………………………………67
（1）情報化社会と職場環境 …………………………………………………67
　　1）情報化社会 ……………………………………………………………67
　　2）情報環境とビジネス環境 ……………………………………………67
　　3）情報化社会の職場環境 ………………………………………………68
（2）高度情報化に対応する秘書 ……………………………………………71
　　1）秘書と情報技術 ………………………………………………………71
　　2）情報コーディネーターとしての秘書 ………………………………71
（3）情報のルール ……………………………………………………………73
　　1）個人情報の保護 ………………………………………………………73
　　2）知的財産権 ……………………………………………………………75
（4）情報のマナー ……………………………………………………………77
　　1）ネチケット ……………………………………………………………77
　　2）秘書のネットワークマナー …………………………………………78

3）情報処理サイクルにおける心構え ……………………………78
　　　4）メディアの選択 …………………………………………………79

　2 秘書業務と情報ネットワーク形成 …………………………………79
　（1）秘書と情報ネットワーク形成機能 ………………………………79
　　　1）個別の情報活用 …………………………………………………80
　　　2）協同の情報活用 …………………………………………………82
　　　3）秘書業務とグループウェア ……………………………………84

第5章　人的ネットワーク形成と秘書

　1 職場の人間関係 …………………………………………………………89
　（1）組織・マネジメント・人間関係 …………………………………89
　　　1）組織における「分業と協業」 …………………………………89
　　　2）マネジメント ……………………………………………………89
　　　3）組織と個人を結ぶ条件 …………………………………………90
　　　4）職場における人間関係 …………………………………………90
　（2）人間関係の研究 ……………………………………………………91
　　　1）人間関係のとらえ方 ……………………………………………91
　　　2）欲求5段階説 ……………………………………………………91
　　　3）ビジネスパーソンの欲求階層 …………………………………92
　　　4）仕事への動機づけ ………………………………………………92
　　　5）目標による管理 …………………………………………………93
　（3）秘書をめぐる人間関係――ペアワークの深化 …………………94
　　　1）上司との人間関係 ………………………………………………94
　　　2）上司との信頼関係の形成――機密を守り、上司を理解する …94
　　　3）上司との相互信頼関係の構築 …………………………………95
　　　4）ペアワークの深化 ………………………………………………95
　　　5）秘書の葛藤解決 …………………………………………………95

　2 秘書と人的ネットワーク形成機能 ……………………………………96
　（1）秘書とネットワーク ………………………………………………96
　　　1）人的ネットワークの形成――上司の社内ネットワーク ……96
　　　2）人的ネットワークの形成――上司の社外ネットワーク ……97
　　　3）人的ネットワークの形成――秘書にとってのネットワーク形成能力 …97
　（2）秘書業務と人間関係の形成 ………………………………………98
　　　1）秘書の人間関係 …………………………………………………98
　　　2）相互理解の基本 …………………………………………………98
　　　3）どうすればよく聴けるのか ……………………………………99
　　　4）秘書が直面する人間関係 ………………………………………99
　（3）リーダーシップ、コーチング ……………………………………100
　　　1）リーダーシップのスタイル ……………………………………100
　　　2）リーダーとフォロワー、状況要因の関係 ……………………100
　　　3）コーチング ………………………………………………………101

第6章　秘書とプレゼンテーション

❶ プレゼンテーションの重要性 …………………………………………………105
（1）プレゼンテーションとは ……………………………………………………105
　　1）プレゼンテーションの目的 ………………………………………………105
　　2）コミュニケーションとしてのプレゼンテーション …………………………105

❷ 秘書とプレゼンテーション …………………………………………………106
（1）プレゼンテーションのサポート ……………………………………………107
　　1）秘書が準備 …………………………………………………………………107
　　2）秘書が実施をサポート ……………………………………………………108
　　3）担当部署が準備 ……………………………………………………………108
（2）秘書がプレゼンター …………………………………………………………109
　　1）人と情報の中継基地として ………………………………………………109
　　2）秘書自身が行うプレゼンテーション ……………………………………110

❸ 秘書のプレゼンテーションに求められる能力 ……………………………111
（1）秘書とプレゼンテーションの実際 …………………………………………111
（2）秘書のプレゼンテーションに求められる能力 ……………………………115

❹ プレゼンテーションの基本 …………………………………………………116
（1）目的の分析 ……………………………………………………………………116
（2）内容準備のポイント …………………………………………………………117
　　1）内容構成 ……………………………………………………………………117
　　2）用語の選択や効果的な表現＜バーバル表現＞ …………………………120
（3）表現技術（話の仕方） ………………………………………………………121
　　1）音に関わるノンバーバル表現 ……………………………………………121
　　2）音に関わらないノンバーバル表現 ………………………………………121
（4）資料作成・環境設定 …………………………………………………………123
　　1）資料作成と資料配布 ………………………………………………………123
　　2）効果的な環境設定 …………………………………………………………123

第7章　秘書とマーケティング

❶ マーケティングの基本 ………………………………………………………129
（1）マーケティング・ミックス …………………………………………………129
　　1）製品（Product） …………………………………………………………129
　　2）価格（Price） ……………………………………………………………130
　　3）流通経路（Place） ………………………………………………………131
　　4）プロモーション（Promotion） …………………………………………133
（2）顧客満足の重要性 ……………………………………………………………135
　　1）顧客満足の重要性 …………………………………………………………135
　　2）市場細分化と標的市場の選択 ……………………………………………135

2 秘書とマーケティング
（1）秘書の顧客理解 ……………………………………………………………138
（2）マーケティングと秘書の情報処理 …………………………………………139

第8章　秘書の国際化と専門分化

1 グローバル化する社会と秘書
（1）グローバル化する社会 ………………………………………………………143
　　1）企業を取り巻く環境の変化 ……………………………………………143
　　2）グローバル化・IT化による新しい企業価値の創造 …………………143
（2）国際秘書 ………………………………………………………………………144
　　1）国際秘書の仕事──国際秘書の1日 …………………………………144
　　2）国際秘書に求められる資質とスキル …………………………………146
　　3）国際秘書の募集と採用 …………………………………………………148
　　4）国際秘書に役立つ資格・称号 …………………………………………148

2 秘書の専門分化
（1）メディカル秘書 ………………………………………………………………149
　　1）医師の任務 ………………………………………………………………149
　　2）メディカル秘書の任務 …………………………………………………150
　　3）メディカル秘書のパーソナリティ ……………………………………150
　　4）メディカル秘書とコミュニケーション能力 …………………………152
　　5）メディカル秘書の周辺 …………………………………………………153
　　6）一般的なメディカル秘書の仕事 ………………………………………153
　　7）メディカル秘書へのインタビュー ……………………………………154
（2）リーガル秘書 …………………………………………………………………155
　　1）法律事務所のリーガル秘書へのインタビュー ………………………155
　　2）外資系のリーガル秘書へのインタビュー ……………………………155
（3）その他 …………………………………………………………………………156
　　1）教育機関の長につく秘書 ………………………………………………156
　　2）学長秘書へのインタビュー ……………………………………………156

第9章　これからのビジネス社会と秘書

1 働き方の変化と秘書
（1）秘書の働き方の変化 …………………………………………………………161
　　1）変化する秘書の仕事 ……………………………………………………161
　　2）変化するビジネス・コミュニケーションの方法 ……………………162
　　3）働き方の変化の例 ………………………………………………………164
（2）専門化と派遣業化 ……………………………………………………………164
　　1）専門化 ……………………………………………………………………164
　　2）派遣業化 …………………………………………………………………166

2 新たなニーズへの対応 ……………………………………………………167
　（1）男女共同参画社会 ………………………………………………167
　　　1）男女共同参画社会の実現のための整備 …………………167
　　　2）男女共同参画社会の実現のための取り組み ……………168
　（2）セクシャルハラスメント ………………………………………169

3 秘書とキャリアデザイン ……………………………………………170
　（1）秘書のキャリア形成 ……………………………………………170
　（2）秘書と自己啓発 …………………………………………………171

参考文献……………………………………………………………………173
索　引………………………………………………………………………175

第1章

秘書教育とキャリアデザイン

1章のねらい

　秘書教育ではどのようなことを学ぶのだろうか。本章では、まず、これから秘書教育を学習するにあたって、秘書学とはどのような学問であるのか。秘書教育の目的はなにかを理解する。そのために、秘書学および秘書教育がどのような歩みをたどって発展してきたのかを学ぶ。次に、秘書が上司と社内外のヒューマンネットワークや情報ネットワークのコーディネート役としての役割を果たすことを理解する。

　さらに、最近の雇用環境の変化について理解を深め、働く環境が多様化し、成果主義が浸透していることを知る。同時にまた、そういう変化のなかで、私たち一人ひとりが、自分自身のキャリアをしっかりデザインし、職業生活に当たることの大切さを学ぶ。

1 秘書教育の目的

（1）秘書と秘書教育の歩み
1）わが国における秘書教育の台頭

秘書はいつから存在したのであろうか。これから、秘書について、多くのことを学んでいくが、学習を始めるにあたって、専門秘書が登場してくる過程とわが国における秘書や秘書教育の主な流れを簡単に把握して、わが国の秘書と秘書研究の歩みを探ってみよう。

秘書は秘書という名称で呼ばれることがなくとも、ずいぶんと古い時代からそれに近い存在はいた。人びとが組織を作って仕事を円滑に処理していくためには、秘書の役割を果たす人が存在したことが古文書などの資料からうかがわれる。

近代社会になると、秘書は本格的に登場する。産業が盛んになると、会社などの組織が拡大し、仕事も専門分化するようになり、欧米のビジネス社会では秘書が専門職として確立してきた。産業社会の進展が秘書職を専門職として生み出してきたともいえる。

しかし、欧米と異なり、わが国での秘書は専門職としてなかなか確立しなかったといわれている。その原因はいろいろある。たとえば、わが国の職務分掌があいまいであり、専門職が育たない構造を持っていたこと、あるいは、秘書機能を専門的に担当する部門がなくても、各部署に所属している人のうちだれかが本務のかたわら上司の秘書的業務を果たしてきたこと、さらには、わが国の組織に多くみられるや総務や庶務課などの部署が本来は秘書あるいは秘書部門が担当すべきと考えられる業務を処理してきたこと、などがあげられている。

また、たとえ秘書がいたとしても秘書はなぜ必要なのか、どのような働きをするのか、秘書に何を求めたらよいのかなどということについて、ほとんど省みられることはなかった。経営者は、わが社の秘書はこうあってほしい、このようなことをするものだなどと独自の組織風土などによって培われてきた秘書像を描いていたにすぎなかった。当事者である秘書自身も、いわゆる日本的経営といわれる経営組織構造のなかで、漠然と秘書活動を行っていた。企業の現場においてさえそのような状況であったため、秘書を科学的に研究し、その成果を教育に反映しようとする試みはほとんどなされなかった。

そのようなわが国独特の事情はあったものの、日本においても秘書教育が登場してくる。わが国における秘書教育は、1915年、平安高等女学校の高等科に秘書部が設置され、英文速記、英文タイプ、商業英語、簿記などの科目を中心とした教育が行われたことがはじまりとされる。以来、学校教育における秘書教育は専門学校が主な担い手であったが、次第に短期大学や大学に普及し、そこが中心となって担われるようになってきた。

とりわけ、近年、経営環境の激変によりその傾向はますます強くなっている。グローバル化、IT（Information Technology）化の進展により経営層は刻一刻と状況が変化するなかで、重要かつ高度な意思決定を迫られるようになった。経営層は職務を適切に遂行するために、あるいは自らの機能を強化するために秘書を必要とするようになった。そのような流れのなかで有能な

秘書の要請が高まり、教育界においても秘書教育の重要性が模索されはじめた。

1965（昭和40）年代に入ると、わが国は高度経済成長により技術革新が進み生産技術が飛躍的に向上したが、その一方では多くの労働力を必要とするようになった。それまでは女性は主に男性社員の補助的、予備的な役割を果たすものという程度の認識であったが、女性の社会進出が促進されるようになると、女性のビジネス能力を開発、向上させ、積極的に活用しようとする機運が高まり、それに応じて秘書教育を実施する短期大学や専門学校、専修学校が増加した。この時期がわが国における本格的な秘書教育のはじまりといえる。

さらに、近年は経営環境の急激な変化にともないビジネス実務教育の重要性が認識され、秘書教育は専門学校や短期大学だけではなく、四年制大学においてもビジネス教育の一環として行われるようになってきている。

2）秘書研究の進展

秘書教育の普及によって、1973年、秘書教育を実施していた短期大学が、秘書教育の充実、向上などを目的として短期大学秘書教育協議会を設立した。同会は、翌年、全国短期大学秘書教育協会（JACB）と名称変更した。さらに1978年には専修学校を中心とした秘書教育の連絡機関、研修機関として秘書教育全国協議会が設立された。

このような動きが秘書を科学的に研究する秘書学や秘書研究を活性化させた。1982年に日本秘書学会が設立され、また1996年には日本秘書教育学会が設立された。秘書の理論的側面と実践的側面、さらに教育方法の体系化をめぐって活発な研究活動がなされるようになった。ここに諸外国には類をみない「秘書学」が登場したのである。

全国短期大学秘書教育協会（JACB）と日本秘書学会は、研究大会の開催、研究誌や専門書籍の発刊、各種の調査や国際交流事業等の活動を行うなどして多くの成果を蓄積した。この二つの会は相互に連携を取りながら秘書の教授法や教材に関する研究開発、あるいは教育担当者の能力アップ、教育スキルアップを目的とした研修などを積極的に実施し、秘書教育の牽引的役割を担ってきた。

写真1-1　JAUCB創立30周年記念式典

写真1-2　日本ビジネス実務学会研究発表風景

なお、全国短期大学秘書教育協会は、2003年に全国大学実務教育協会（JAUCB）と名称を変更した。また日本秘書学会は、1996年に日本ビジネス実務学会と名称を変更し、対象領域を秘書も含めたビジネス実務全般へ拡大し、新しい方向へ歩みはじめている。

3）わが国における秘書の資格

秘書教育や研究が盛んになるにつれて、秘書の資格を取ろうとする機運も高まった。現在、わが国には秘書のための資格などが数種類ある。主なものをあげる。

①資格：全国大学実務教育協会（JAUCB）はビジネス教育を行っている多くの大学・短期大学が加盟しており、会員校において所定の単位を取得した者に対して秘書士、上級秘書士の資格を認定している。

さらに、秘書士の専門分化した資格として、秘書士（国際秘書）、秘書士（メディカル秘書）の認定を2006年4月より実施している。

②検定試験：秘書の職務知識と技能に対する検定試験には、秘書技能検定試験（実務技能検定協会主催：文部科学省認定）があり、1級、準1級、2級、3級を設けている。

また、日本語・英語のバイリンガル秘書のためには、国際秘書検定試験（CBS：Certified Bilingual Secretary Examination／日本秘書協会主催）がある（8章にて詳述）。

（2）秘書とネットワーク形成

1）コーディネート役としての秘書

秘書や秘書教育の流れを見てきたが、それでは秘書はどのような働きをするのだろうか。ここでは、秘書のコーディネート役としての側面に注目する。欧米の秘書の多くが個人付きの秘書形態であるのに対し、わが国の秘書は秘書課に属して集団執務体制で働く形態が多い。秘書の形態としては、秘書課（室）に属するグループ型秘書、外資系企業に多くみられる個人付き秘書、秘書課などの部門に属せず本来の仕事を担当するかたわら上司の秘書業務を兼務する兼務秘書などがある。また近年は、経営環境の変化や労働環境の多様化などにより外部の人材派遣会社から派遣される派遣秘書も増えている。（→「第2章 秘書の役割と業務」を参照）

しかし、いずれの形態であっても、秘書に固有で共通した役割は、上司・社内・社外の人びとの中心に位置し、ヒューマンネットワー

図表1-1　秘書のコーディネート役の範囲

社内	社外
他の役職者、上司、同僚秘書、秘書、一般社員	●取引先 ●業界団体 ●官公庁 ●マスコミ ●上司の家族や知人など

クと情報ネットワークのコーディネート[1]役を担うという点である。

　秘書がコーディネート役を果たす主な場面は、図のような範囲が考えられる。すなわち、①上司との関係、②上司と他の役職者たちとの関係、③上司と一般社員たちとの関係、④同僚秘書たちとの関係、⑤上司と外部との関係である。

2）秘書とヒューマンネットワーク形成

　上司は、対内的には他の役員や幹部社員、同僚や部下などとの上下の関係、タテ・ヨコの関係、対外的には顧客、株主、官庁、マスコミ、各種団体などとの複雑なネットワークのなかで交流し、情報を収集・発信しながら、重要な意思決定を行い、ビジネス活動に取り組んでいる。秘書はそのような上司・社内・社外の人びととのネットワークの中心に位置している。秘書がヒューマンネットワークの真ん中にいるということ、そしてコーディネート役を果たしているということ、このことが秘書の仕事の面白さであり、大変さである。

　現代の組織は複雑化、多様化、情報化が進んでおり、上司はつねに適切な意思決定のために必要な情報を収集・処理することが必要である。また社内外の人びととの良好なネットワークを維持したいと望んでいる。そのために情報や人間関係のコーディネート役としての機能を秘書に期待するのである。コーディネート役は、立場が異なる個人あるいは組織が有する双方の目的が達成されるために、専門的な知識や経験などにもとづいて調整し、事業を推進する役割である。

　秘書の働き方は、所属している組織によって、また上司との関係によって、あるいは秘書自身の経験年数や専門的知識、技能の程度によって異なる。しかし、秘書がコーディネート役として円滑な働きをするためには、専門的知識や技能の習得は必須である。専門的な知識によって業務を適切に判断し、技能があることによって迅速に処理できる。秘書に求められる専門的知識や技能はきわめて広範囲におよぶものであるだけに、意識して習得する努力が必要である。

　一方、専門的知識や技能だけですべての職務を遂行することは不可能である。かならずしも一人の力だけで職務を遂行することができないことも多い。協働することが必要となる。そのために秘書は組織内にネットワークを構築し、さらに組織内にとどまらず広く外部の人びととのネットワークへと発展させることが必要である。単なる顔のつながり、顔見知りという意味ではなく、良質な情報の源ともなる相互信頼のネットワークである。そのためには異業種交流会や各種の研修セミナーなどに、積極的に参加することにより、情報の交換や収集とともに、新しい高度の知識を吸収し、相互の協力関係を作ることが求められている。そこでの出会いを通じて、相手に対して自らも誠意をもってコミュニケーションを保ち、より良いヒューマンネットワークを拡大していくことができる。（→「第5章　人的ネットワーク形成と秘書」参照）

1）Coordinate　各部分の調整をはかって、全体がうまくいくように調整すること。

3）秘書と情報ネットワーク形成

秘書はヒューマンネットワーク形成の重要な担い手であると同時に、情報ネットワークの担い手でもある。近年の高度情報社会の進展のスピードは著しく速い。情報通信ネットワークは「いつでも、どこでも、何でも、だれでも」につながることによって、さまざまなサービスを受け、生活をより豊かにすることを実現する「ユビキタスネットワーク社会」が到来するといわれている。

ユビキタス（Ubiquitous）は、ラテン語の「同時にいたるところに存在する」という意味である。ユビキタスネットワーク社会とは、デスクの上だけではなく、電車や自動車などで移動中でも、あるいは訪問先でも、パソコンや携帯電話だけでなく、身近な端末や家電製品などに自在にアクセスできる環境が整い、情報があらゆる場所、あらゆる層において利用することが可能な社会のことである。

秘書は、人とインターネットが融合した新しい情報ネットワークのもとで、必要とされる情報や知識などを広く世界的規模で入手し、加工し、共有し、発信することにより、秘書としての効果的な職務が可能となる。（→「第4章　情報ネットワーク形成と秘書」参照）

図表1-2　ユビキタスネットワーク社会の将来イメージ

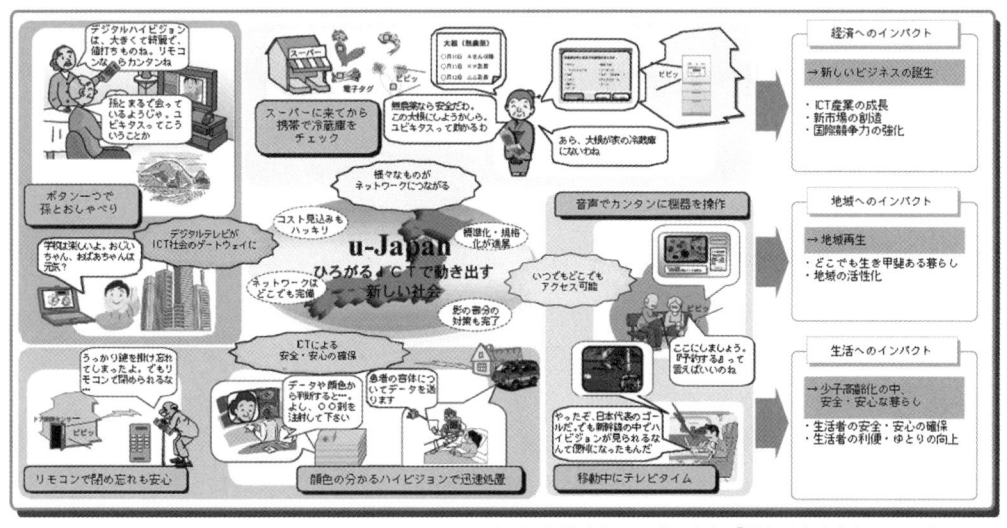

出所：総務省編　平成16年版「情報通信白書」　2004年　p.90

4）秘書教育とビジネス実務能力の開発

改めて考えてみよう。これから秘書について学習することには、どのような意義があるのだろうか。秘書の学習は、秘書になることを希望する人にとっては当然であるが、秘書以外の職種を希望する人にとっても意義がある。なぜなら、現代の社会は秘書に対してだけでなく、広く職業人に対して実践的な能力を発揮することを求めているが、その能力の基礎は秘書の学習を通してかなりの部分を習得することができるからである。

たとえば、業務を遂行し、目的を達成するために必要となるビジネスの基本スキルとして、①業務を遂行するための知識や手法・技法となる「テクニカル・スキル」、②コミュニケーションを豊かに実行するための「ビジネス・コミュニケーション・スキル」、③抽象的な考え方や物事の大枠を理解し最善の解決策を導き出すための「コンセプチュアル・スキル」の三つを考えてみる。

　これら三つのスキルの基礎は、来客応対、電話応対、スケジュール管理、情報管理、文書管理などの業務を学ぶ秘書の学習を通して、十分に習得し身につけることが可能であり、積極的に学ぶことによって、自らのビジネス実務能力を開発し、将来、実践的な能力を発揮することを可能にする。ビジネス実務能力の開発のための早道として、秘書教育を学ぶことを勧めたい。

2 キャリアデザインを考える

（1）働く環境の大きな変化

1）年功主義から能力主義へ

　これまで秘書学習の必要性について述べてきたが、秘書教育を学ぶことの意義には、もうひとつ大事なことがある。それはキャリアデザインとの関係である。秘書の学習は、これからのキャリアをデザインする機会を十分に与えてくれる。いまなぜ、キャリアデザインが必要なのか、それは日本の働く環境が大きく転換しているからである。その大きな変化の現実から考えていこう。

　日本的経営の象徴といわれている三つの特徴は、終身雇用、年功序列制、企業内組合であり、日本の企業を支えてきた原動力であった。従業員は会社に忠誠を尽くし、その見返りとして、会社は従業員を家族も含めて丸ごとその生活の面倒を見てきた。しかし、1990年に入ってからのバブル崩壊の危機に見舞われ、グローバル化された競争は一層激しくなり、その対応のため、日本企業の多くは従業員処遇の改革を急速に進めてきた。

　その方向は「年功序列」制度から「能力」「実力」制度への転換といえる。終身雇用制度は実質的には機能していない企業も増えつつある。厚生労働省の調査（就労条件総合調査：2004年）でも企業における人事・労務管理方針の変化は顕著である。つまり、「終身雇用を重視する」という方針から「終身雇用にこだわらない」という方針へと転換しており、年功序列主義から能力主義へのシフト転換が顕著である。半数以上の企業がすでに成果主義を導入しており、従業員1,000人以上の企業においては80％を超えている。

　しかし、その運用は必ずしもうまくいっているとはいえず、何らかの改善や修正を検討している企業は70％以上もある。また、働く者にとって能力主義、実力主義は歓迎することばかりではなく、むしろ厳しさが増すためか、日本型の雇用慣行を支持する人の割合が高まってきているとの調査もある（労働政策研究・研修機構の2004年調査）。転換後の模索は現在も続いている。

2）成果主義の導入

　働く者の処遇はいくつかの側面を持っているが、賃金について考えてみよう。賃金は仕事遂行にかかわる能力に基づいて支払われる。賃金は基本的には、労働者の潜在能力に対して支払われるか、あるいは顕在能力に対して支払われるかの二つの考え方がある。しかし、日本は長く、そのどちらともいえない考え方を重視してきた傾向がある。つまり、学歴、性、年齢などの属人的なものに対して最も配慮し、賃金を査定してきたのである。それが今日、大きく転換し、顕在能力に対して支払われるものに変わってきている。仕事の成果を評価し処遇する成果主義への転換である。

　日本の経営環境は1990年代から大変厳しいものとなった。従来、日本企業は大量生産、大量販売、いわゆる規模の拡大により製造コストをダウンさせ、利潤を上げてきた。しかし、経済の成長が緩やかになり、大量生産、大量販売による利潤を確保することが難しく、原材料費のカットや下請けに対する支払いのカット等で、直接的なコストを下げることでしのいできたが、1990年代に入り、人件費を下げるまでに及んできている。残念ながら成果主義が導入された背景は、純粋に仕事の成果を評価して処遇することだけではなかった。

　日本では、1993年、富士通が本格的な成果主義を導入した。しかし、富士通の成果主義はあまりうまくはいかず、2001年にプロセス重視型の新人事制度に変更された。これはさまざまな見方があるが、長期的な視野で成果を積み上げる分野と短期的な結果の出やすい分野とを、同じに扱ったことがその主な原因だとされる。たとえば基礎研究の分野では長期（5年、10年など）でやっと成果を出せるテーマに取り組むべきであるが、半年、1年毎に成果を出し、それによって評価され、給与が上下するのであれば、比較的短期間で成果を出しやすいテーマに取り組むようになる。また、地道なアフターケアのような仕事より派手に目立つプロジェクトへの参加を優先する傾向も出始める。

　職場内のチームワークについても、自分のことが最優先になり、他人の仕事、共同の仕事には手を貸さないなどの悪影響が出てきている。とりわけ、部下の人材育成に関心を持たないで、自分の業績をあげることだけに努力することによって、最も重要な社員の能力開発が忘れられるという弊害も生じてきている。

　このようなことを踏まえて富士通では、1998年にそれまでの相対評価（組織内・部署内における各人の他人との評価）を絶対評価（各人の仕事の目標値の到達度での評価）に転換した。しかし、その結果は、社員のほとんどがランクの高い評価になり、制度が形骸化し、成果主義は意味を持たなくなってしまった。さまざまな検討の末、2001年に成果主義は大幅に修正されプロセス重視の評価に変更された。

　このように富士通の成果主義の導入の経緯を見ても、日本的経営の転換は多くの課題が残っている。富士通の事例でも明らかなのだが、一般に成果型人事システムが陥りやすい欠点として、次のような内容が指摘されている。

　①短期業績主義に傾注し、企業にとって必要な長期にわたる取り組みが不足しやすい。

②極端な個人主義に陥りやすく、また、部下や後輩の育成が軽視される。
③実現可能なレベルの目標を設定しやすく、チャレンジ意欲を減退させる。
④個人の努力やプロセスが評価されず不満が残る。

　終身雇用を中心とする日本的経営システムから成果主義への転換が、それほど簡単なものではないことを富士通の例をとりながらやや詳しくみてきたが、いずれにしても、私たちの働く環境は急速に変化し、世界の企業を相手に競争できる企業環境をつくるために、試行錯誤を繰り返していることは理解しておこう。

（2）働き方の多様化
1）雇用形態の多様化

　近年、労働分野の急速な規制緩和が推進されるなか、雇用形態の多様化が進んできた。規制緩和とは、具体的にいうなら、産業別最低賃金の廃止、労働者派遣事業の対象業務の拡大、裁量労働制の適用範囲の拡大などである。また、雇用形態の多様化は、雇用期限に定めのない正規雇用者の減少と雇用期限の定められた非正規雇用者の増加となってあらわれてきている[2]。

　ここで、雇用について少し詳しくみてみよう。正規雇用者とは一般には正社員、正職員といわれ、就職すると定年まで雇用が約束されている。非正規雇用者は契約社員、嘱託社員、派遣労働者、臨時的雇用者、パートタイム労働者などに分類される。図表1-3のとおり、非正規雇用者は、全労働者の3分の1に達しており、女性はすでに5割を超えている。非正規雇用者は、身分保障が不安定であり、社会保険が整っていない場合もあり、期間もおおむね短期であり、雇用側の都合によって左右されることが多い。非正規雇用者の大多数は、例外を除けば、雇用が不確定・不安定で、賃金は著しく低い。

図表1-3　就業形態別労働者の割合

	正社員	非正社員	就業形態別						
			契約社員	嘱託社員	出向社員	派遣労働者	臨時的労働者	パートタイム労働者	その他
割合(%)	56.4	34.6	2.9	1.4	1.5	2.0	0.8	23.0	3.4

出所：『就業構造基本調査』総務省統計局　2004年

2）非正規労働者の増大

　かつてはパート・アルバイトとしての働き方は、子育てが一段落した既婚女性が家事との両立を比較的容易に出来るために、働く側、雇用側の双方にとって便利な雇用形態であった。しかし、今やパート・アルバイトの増加は著しく、多様な問題が生じてきている。

---
[2] 非正規雇用者は、雇用と労働契約の形から見れば、直接雇用、派遣労働者、業務請負、個人請負の四つのタイプに分けられる。

第1章　秘書教育とキャリアデザイン

図表1-4　就職者比率・フリーター比率

(1) 高校卒業者

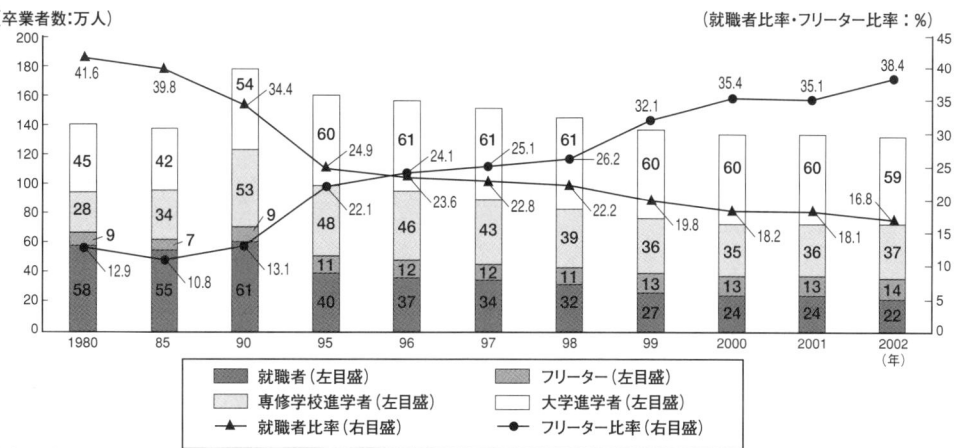

(2) 大学卒業者

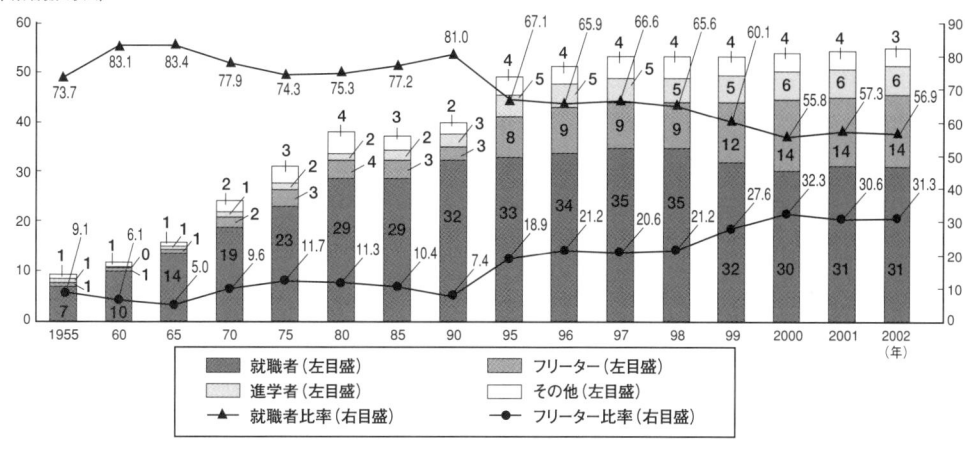

〔備考〕
1．文部科学省「学校基本調査」により作成。
2．(1) は進路先別高校卒業者数、高校卒業者の就職者比率およびフリーター比率の推移。(2) は進路先別大学卒業者数、大学卒業者の就職者比率およびフリーター比率の推移。
3．「就職者」は給料、賃金、報酬、その他経常的な収入を目的とする仕事に就いた人。自家・自営業に就いた人は含めるが、アルバイトなど臨時的な仕事に就いた人は含めない。
4．「大学進学者」は大学・短期大学への進学者。通信教育の学生を含む。
5．高卒の「フリーター」は、進路が未定であることがあきらかな人で、「大学進学者」、「専修学校進学者」および「就職者」のいずれにも該当しない人。
6．大卒の「フリーター」は、進路が未定であることがあきらかな人で、臨時的な収入を目的とする仕事に就いた人、「就職者」および「進学者」のいずれにも該当しない人。
7．「その他」は臨床研修医（予定者を含む）、死亡・不詳の人。
8．「就職者比率」は卒業生全体に占める就職者の割合。
9．「フリーター比率」はフリーターと就職者の合計に占めるフリーターの割合。
10．「専修学校進学者」には、「専修学校（専門課程）進学者」、「専修学校（一般課程）等入学者」、「各種学校入学者」および「公共職業能力開発施設等入学者」を含む。

パートタイム労働者は若年層で著しく増加し、男性で２割を超え、女性でも約３割であり、若年層の男女の主要な働き方となってきている。学校を卒業してすぐの就業形態を見ると、高等学校卒、大学卒ともに正社員は７割強で、２割弱がパート・アルバイトであり、大学を卒業しても正社員で就職するのは難しい状況にある。（平成17年版「国民生活白書」）

　また、最近は学校を卒業した後も親と同居を続け、住居や食事や家事などを親に依存し、経済的に自立をしない若者が増えている。これを「パラサイトシングル」（「寄生虫」「いそうろう」という意味を持つ和製英語）と呼ぶが、フリーターの増大、未婚者の増大に影響しているとする考えもある。なぜなら、昨今の急速な少子化で一世帯の子供の数は多くて２人の時代に入り、親も子離れをしにくく、若者の自立を妨げていると考えるからである。

　平成14年の「国民生活白書」は、フリーターを「15歳から34歳の若年（ただし、学生と主婦を除く）のうち、パート・アルバイト（派遣等を含む）及び働く意志のある無職の人」と定義している。大学新卒フリーターの数は1990年に約３万人で卒業者に占める割合は7.4％であったが、2002年には約14万人、卒業者に占める割合は31.3％と急速に増加している。

３）フリーター増加の背景

　働く女性１万人調査「正社員か非正規か　格差の実態」（「読売ウィークリー」2005年11月20日号）によると、給与水準と待遇に関しては多くの非正規社員の給与は相対的に低い。仕事内容に関しては正社員並み、責任の重さも正社員並みで激務と安月給に働く意欲をそがれている実態が浮かび上がっている。また、年齢制限が女性には特に厳しく40歳を超えると派遣登録しても仕事を斡旋してもらえないこともあると報じている。

　このようにフリーター増大の主な要因は、労働力の供給側（働く側）の要因よりもむしろ需要側（雇う側）にあると考えられる。それは経済の低迷に呼応した、1990年代半ば以降の長期にわたる新規採用の抑制と、正社員を非雇用者（パート・アルバイト・派遣社員・個人請負など）に置き換える雇用戦略である。1995年に日本経団連は経営の立場から、今後の雇用スタイルを、「長期蓄積能力活用型グループ」「高度専門能力活用型グループ」「雇用柔軟型グループ」の三つに類型化し、「長期蓄積能力活用型グループ」を極端に絞り込み、「高度専門能力活用型グループ」と「雇用柔軟型グループ」を大幅に増やして、雇用の流動化と人件費の引き下げを押し進める方針を打ち出した。このような雇用管理戦略が実行されてきた結果、組織の中核社員としての正規社員の絞り込みと低賃金で身分保障がないフリーターの増加が実現してきたのである。

４）雇用形態による生涯賃金の比較

　これらの雇用形態の違いは、働く人にどのような結果をもたらすのだろうか。同じような仕事内容であっても雇用形態によってその賃金には大きな差が出てくる。賃金のみならず、社会保険やさまざまな待遇面での差も大きい。代表的な雇用形態である「正規雇用者」と「非正規

雇用者」（フリーター）との生涯賃金を比較してみよう。

　60歳定年として退職金を除いた正社員とフリーターの生涯賃金は、図表1-5のようになる。正社員に関しては、学歴別と男女の格差がある。また、フリーターの生涯賃金については仕事の内容や勤続年数によっても異なり、統計もなく確かなことはいえないが、フリーターの賃金は年齢に関係なく横ばいであることが明らかになっている（平成15年賃金構造基本統計調査）。毎月15万円で働き、年収180万円程度で、38年間働いたとすると生涯賃金は6,840万円になる。正社員との生涯賃金の差は大きいものになる。

図表1-5　正社員とフリーターの生涯賃金

	高　卒	高専・短大卒	大　卒	フリーター
男　性	2.7億円	2.8億円	3億円	0.684億円
女　性	2億円	2.3億円	2.7億円	0.684億円

出所：「ユースフル労働統計―労働統計加工指標集―2004」独立行政法人労働政策研究・研修機構　にフリーター予測を加えて修正

5）秘書職の雇用形態

　こうした雇用形態の変化は、秘書職にも多様な働き方の変化となってあらわれてきている。森脇道子は秘書の職務について「創造的な職業活動のなかで他への影響を与える重要な意思決定を伴う仕事をする人を補佐し、その本務に専念できるようにすることである」としている[3]。秘書は組織の中枢部で高度の機密情報に携わることが多いため、かつては危機管理面からほとんどが正社員であったといっても過言ではない。

　しかし、秘書の雇用環境は変化している。正社員から派遣社員への転換も見受けられる。通信技術の発達やITの発達により、秘書を使う人自らが情報を収集、加工、伝達することが容易になり、また、労働分野の規制緩和もあいまって秘書職にも派遣秘書などの非正規雇用の形態があらわれ、増加している。

（3）キャリアデザインと秘書
1）キャリアとは

　キャリア（career）という言葉は、今では日本語として定着しているが、キャリア（career）の語源は「滑走路」である。19世紀半ばからは職業上の前進、あるいは職業それ自体の意味となり、さらには個人の生活の向上をも意味するようになった。日本では「個人が職業上たどっていく経歴」というように仕事と関わる使い方が一般的であった。

　クロール（Kroll,A.M.et al.,1970）によれば、キャリアは「個人の労働に関する行動の生涯に

3）森脇道子『秘書概論』建帛社　1986年

わたる系列やパターンを示し、正式に職業につく前後の労働に関連した経験や活動のすべてを含んでいる」（武衛，1991）とされ、キャリア発達は、職業発達よりも拡大された概念であり、生涯における社会的諸活動や社会的役割を含んだものとなっている。

2）キャリアデザインの必要性

なぜ、いま、キャリアデザインなのか。キャリアデザインの必要性は二つあると考えられる。その一つは企業側の問題である。日本経済が成熟し、企業間競争が激化するにつれて各々の企業が自社で行ってきた社員の教育を最小限にとどめるようになってきたので、社員は自分でキャリアをデザインすることが必要になってきた。二つ目は働く側の問題である。私たちの寿命が伸び、仕事をリタイアした後も、20年近くを生きていく時代になり、キャリアデザインが必要になったのである。

まず、一つ目の企業側の問題であるが、日本の企業は企業独自でその社員に対して教育を行ってきた。日本人は就職するのではなく、就社するのだといわれた時期がある。新入社員教育から、階層別研修、技能研修など必要に応じてきめ細かく行われてきた。しかし、今日、社員教育は様変わりしてきている。企業は社員を教育する体力をなくし、即戦力となる社員を雇用するようになり、知識、技能の修得は社員個人の努力と責任に委ねるようになった。働く側から見ると、自分のキャリアは会社に丸抱えで教育されてきたものが、自分でデザインし実施しなければならなくなったといえるのである。

次に、働く側の問題であるが、キャリアデザインのもう一つの意味は、仕事だけではなく人生そのものをデザインすることである。有史以来の長寿社会を生きていくには若いころからの長期にわたる人生設計が必要となる。仕事をリタイアしてから、趣味に生きる、ボランティア活動をする、第二の仕事に生きる、などさまざまな選択があるが、いずれにせよ第二の人生を自分でデザインし、活き活きと生きる準備が不可欠となる。

3）キャリア形成と三つのスキル

それでは、どのようにキャリアをデザインすればよいのであろうか。ここでは秘書職を目指す場合で考えてみよう。秘書についての必要な知識と技能を学んで就職に望んだとする。しかし、今の日本の多くの企業では、最初から専門職としての秘書の採用はあまり一般的ではない。秘書をどんなに希望しているとしても、まずは、どの部署に配属になるかはわからない事務職としての採用である。幸運にも秘書課に配属されれば秘書として職務を遂行しながら、より高いスキルを修得する計画を立てることでキャリアを着実につけることができる。

しかし、そうしたケースはまれである。最初に他部署に配属されたが、将来的には秘書になりたいと希望している場合は、キャリア形成の上でどうすればよいのであろうか。

仕事をするためには次の三つのスキルが必要である。これらのスキルを身につけていくことを自分のペースで目指していくこと、それがキャリアデザインになる。

①コアスキル…業種や職種に共通する核となるスキル

②一般スキル…コアスキルを構成する一般的なスキル

③専門スキル…一つの業種や職種でのみ通用する専門的なスキル

　秘書職につかなくても職業人としてのコアスキルと一般スキルの修得は可能である。それに専門スキルは自己啓発で補うことができる。たとえば、検定試験に挑戦する、学校に通う、研修会に参加するなどの方法で学習し、専門スキルを修得する。そして、秘書としてのビジネス実務力を養いつつ機会を待つことになる。

　現在、多くの組織で働く部署を希望する自己申告制度があり、担当者とのカウンセリングにより、各人が仕事の目標、やりたい仕事などの目標達成に向けて、キャリア形成に関するプログラムが組まれている。これらの機会を大いに活用して、キャリアデザインを考えてほしい。

　このように、キャリアデザインとは、自分の職業設計や人生設計に向けて、この三つのスキルを、「いつまでに」「なにを」「どの程度」「どのような方法で」習得するかを決めることであると言い換えることもできる。

4）秘書のキャリアケース

　秘書職を経験した人びとのさまざまなキャリアを紹介しよう。キャリアをデザインし、キャリア形成に成功した例である。参考にしてほしい。

●ケース1（女性　45歳）

　経済学部を卒業後、外食産業に就職し、総務部に4年間勤務する。両親の介護が必要となり退社する。5年間介護に専念し、両親を看取る。その間も通信教育等で秘書の学習をし、秘書検定1級を取得する。その後、印刷会社の秘書として再就職し、10年間社長秘書を務める。その仕事振りを評価され、現在は総務部次長として管理職に就いている。両親の介護で会社を辞めざるを得なかったときは大変つらく、もう二度と仕事には復帰できないかと思ったが、介護中、気分転換もかねて検定試験に挑戦したことがきっかけで、その後のキャリアを考えるようになった。現在も、各種の研修会に積極的に参加し、努力を続けている。

●ケース2（女性　56歳）

　短大英語科を卒業後、商社に就職し、一般事務を2年経験し、結婚のため退職する。1児をもうけ30歳まで専業主婦として育児に専念する。その後、事務のパートタイマーとして仕事を始めるが、仕事が物足りなく、英語を勉強しなおし、38歳で外資系製薬会社の秘書として再就職する。副社長秘書を務めながら、通信教育で大学を卒業し、夜間の大学院で学習しなおし、現在は広報部に転属し広報を担当している。学生時代に学習した英語に磨きをかけそれを武器として秘書になった例といえる。

　上記2人のケースはキャリアをデザインし、キャリア形成に成功した例である。

5）秘書のキャリアデザイン

　実際にキャリアデザインを考えてみよう。秘書職は新卒ではなりにくい職業である。秘書に必要な知識・技能の修得はもちろんであるが、それと同時にコアスキル、一般スキルを身につけることが肝要である。学校におけるカリキュラムを十分に学習し修得し、また、同時に教養を身につけるために幅広い知識を修得し、常識豊かになるためにさまざまな経験を積むことも重要である。クラブ活動を通じての交友や先輩とのヒューマンネットワークの構築、社会体験のためのインターンシップも有効である。

　自分の人生をこう送りたいという希望や目的を持ち、その目標達成のために自律的に計画を立てることが必要となる。言い換えれば「自分を活き活きと生きる」ためのデザインがキャリアデザインだといえる。自分を生きるとは、次のような姿勢が必要である。

　①自分の欲求を追究し、自分が何になりたいかを自分で考え決める。
　②自分の持てる資質と能力を十分に生かし、発展させる。
　③職業を通じて自分の可能性を切り開いていく。

【振り返り問題】

1．秘書について学習することは、これからのあなたのキャリア形成にどのように意義づけることができるだろうか。
2．知識を応用して業務を遂行し、目的を達成するために必要とされる三つの基本スキルは、どのような場面で活用することができるだろうか。具体的に考えなさい。
3．ユビキタスネットワーク社会とはどのような社会だろうか。くわしく調べなさい。

【発展問題】

1．自分のキャリアデザインを考えてみよう。次のワークシートを記入しながら、自分の欲求、就きたい仕事を考えてみよう。

私のキャリアプラン
学科　　　学籍番号　　　氏名
私の理想の生き方（職業上での生き方）
今の私の強み（理想の職業につくとして）
今の私の弱み（理想の職業につくとして）
2年後のキャリア目標（コアスキル、一般スキル、専門スキル） 1年後までに修得したいこと
具体的行動
2年後までに修得したいこと
具体的行動

ヒューマンネットワーク
学科　　　学籍番号　　　氏名
家族、親戚のネットワーク
友人、先輩、後輩のネットワーク
地域、近所の人のネットワーク
趣味の人のネットワーク
その他の知り合いのネットワーク

第2章

秘書の役割と業務

2章のねらい

　素早く時代を読み、新しいモノやサービスを生み出す優れた経営者の陰には、必ずといってよいほど、日々その経営者をしっかりと支える有能な秘書の存在がある。たとえ成功を続ける企業であっても、トップの経営判断の誤りによって組織自体の存続が危うくなることもある。経営者は、目まぐるしく変化する社会や経済環境を読み違えることなく組織を率いていかなければならず、常に大きな決断や意思決定を迫られる立場にある。そのような重責を担う上司の実務や雑務を一手に引き受け、多忙な上司が限られた時間内に重要な職務に没頭できるように仕事環境を整えサポートすることが秘書のミッションである。

　どんなに時代が移り変わり情報の高度化が進んだとしても、秘書は上司を取り巻く人と情報のコーディネーターとして、場の空気を読み、時機を捉えて行動するという、人間にしかできない職務を担う。このような秘書の職務から培われる能力は、その後の長い職業人生でどんな仕事に就こうとも、確実に発揮できる価値あるエンプロイアビリティとなり、その後の仕事につながるキャリア・パスになっていくはずである。

　この2章では、秘書の役割と実際の仕事を具体的に学習する。秘書はどのように上司を支え、コーディネートを行っているのか、秘書の実際の仕事内容はどのようなものか、学んでみよう。

※ミッション：任務、本務、務め
※エンプロイアビリティ：雇われる力、雇用される力、労働市場で通用する職業能力、労働市場価値を含んだ就業能力
※キャリア・パス：社会人としての経験を積みながら次第に能力を高くする順序、自分の目標に到達するために職場を異動する経歴のこと

1 秘書の役割

(1) 秘書の職能

1) 秘書とは何か——上司の職務を成功に導く、コーディネートのプロ

秘書の職務内容は多種多様である。会社や組織の規模が違うことによっても変わるし、仕事をどこまで任せるのか、どのようにサポートをして欲しいのか、という上司の秘書に対する理解度や期待度の違いによってもかなりの差がある。100社あれば100通りの秘書の仕事があるともいわれるほどである。

森脇道子などの研究により、従来、秘書は「補佐の対象者、すなわち、創造的な職業活動の中で他への影響を与える重要な意思決定を伴う仕事をする人が、本務を効率よく行えるように、情報処理業務と対人業務の両面から補佐する者である」[1]と定義されてきた。しかし現代の秘書には、さらに調整役としての役割に光を当て、上司が正しい経営判断を行い社内外で効率的に活動できるように情報ネットワーク業務や人的ネットワーク業務を通じて、積極的にコーディネートするプロフェッショナルとしての期待が高まっている。

図表 2-1 秘書による上司のサポート

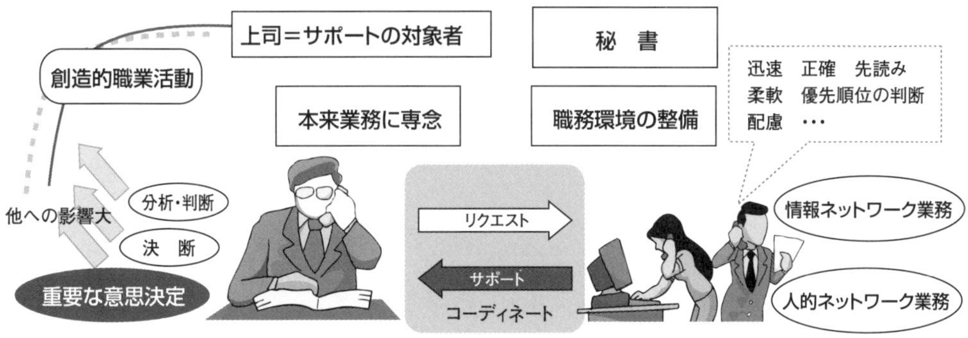

秘書は、その語源である英語の「セクレタリー」（secretary＜secret）が示すように、「企業の機密」に触れる機会が多いが、その立場をわきまえながら、人と情報をコーディネートして職務環境を整え、上司の目的達成のために積極的にサポートする役割を担っている。上司にとって秘書を置くことは、本務の周辺の職務を担う強力なサポートを得ることになり、本来の判断業務に集中することが可能となる。

2) 秘書はどこにいるのか？

社長、副社長、専務取締役など表舞台に立つ上司を支える秘書は、裏方を担うサポートスタッフであるため、その姿はあまり表立ったところでは見かけない。そのため、秘書に対して抱く職業イメージは人によってかなりの温度差があり、その実態は正しく理解されているとはい

---

[1] 森脇道子『新版 秘書概論』建帛社 2000年

いがたい。一体秘書はどのような職場で、どのような上司に仕えているのだろうか。

　秘書を使う上司の職業から探ってみると、以下のようにその姿が見えてくる。図表2-2のように、秘書の働く場所は、企業、行政機関、国会議員事務所、法律事務所、病院など多様であり、秘書の呼称もそれによって異なってくる。また、最も一般的な会社組織のなかでの秘書の位置づけは図表2-3のとおりである。会社のトップ層のサポートをしていることがよくわかる。さらに、図表2-4の「役職と会議にまつわる用語」についても調べておこう。企業秘書が常に関わる役職や会議についての用語である。

図表 2-2　秘書の働く場と呼称

職　場	上　司	秘書の呼称
企業（会社、銀行、外資系企業等）	社長、役員、支配人、支店長、本部長等	社長秘書、専務秘書、常務秘書、本部長秘書、頭取秘書、支配人秘書、支店長秘書、エグゼクティブ・セクレタリー
行政機関（都道府県庁、市役所）	知事、市長	知事室秘書、市長秘書
国会議員会館　議員事務所	国会議員	国会議員政策担当秘書
法律事務所	弁護士	リーガル秘書
病院（総合病院、大学病院等）	医師、病院経営者、大学教授	メディカル秘書（院長秘書、教授秘書）
学校（大学）	学校経営者、学長、教授	理事長秘書、学長秘書、教授秘書
その他	作家、芸術家	秘書

図表 2-3　秘書と会社組織

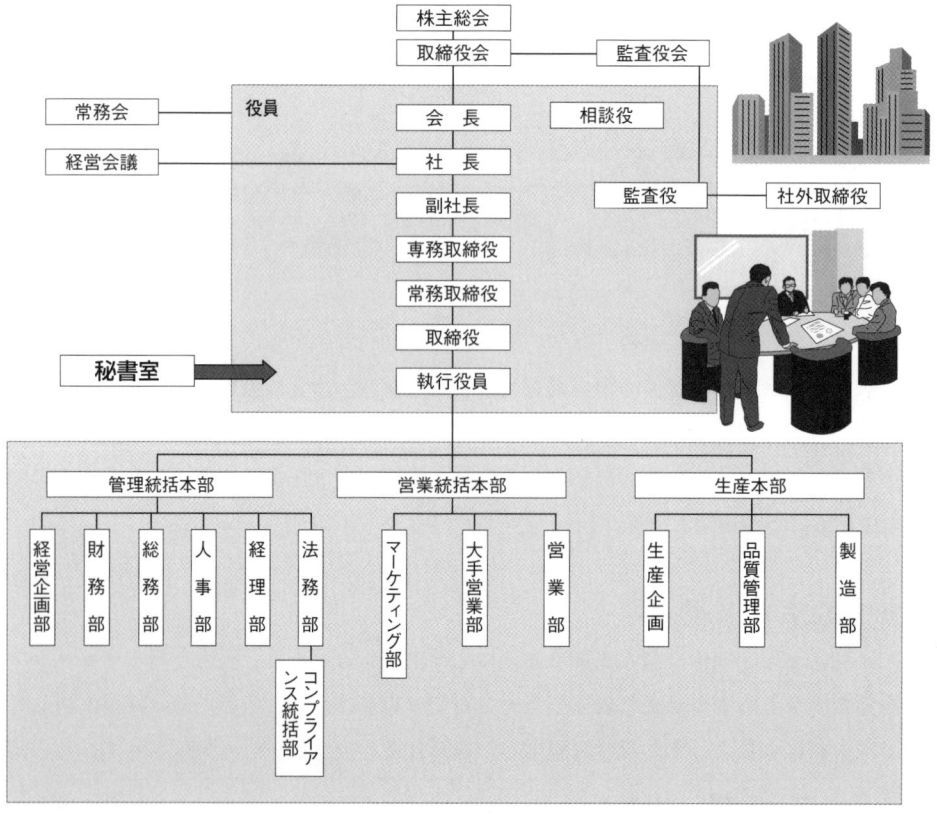

第2章　秘書の役割と業務

図表 2-4　役職と会議に関する用語[2]

取　締　役	会社の経営者で、株主総会で選任される。株式会社の場合は3名以上。任期は原則2年を超えることはできない。
代表取締役	会社の代表権をもつ取締役で、取締役会で取締役の中から選出される。
社　　　長	会社組織のトップ、つまり職階上の名称で商法上には社長という名称はない。社長と代表取締役とは全く別の概念で、代表取締役が社長となった代表取締役の場合もあり、逆に代表権のない社長もいる。
社外取締役	取引や資本関係がない社外から迎える取締役。社内における管理活動には従事せず、経営に対する監視役として期待されている。
執 行 役 員	企業で実際の事業を執行する役員のことをいう。商法上の取締役と違い監督という業務がなく、法律上の責任も負わない。業務執行とそれを監督する取締役に分けることで、監督機能の強化と意思決定の迅速化を図る。
監　査　役	株主に代わり取締役が会社の運営を正しく行っているか、また商法や定款に沿って経営を健全に行っているかをチェックする役割を持つ。経営陣から独立して公正な判断をするため独自に調査・監査する権限を持っている。
株 主 総 会	会社側が経営方針や経営状態等の情報を株主に公開をして、株主はそれに対する意見を述べて、承認をする場。会社の最高意思決定機関。
取 締 役 会	代表取締役を含む取締役メンバー全員で構成される。会社の重要事項を決議する。企業の最高業務執行機関。
監 査 役 会	業務監査（取締役の業務執行を監査する）と、会計監査（決算書類などが適正に作成されているかなどをチェックする）との二面から監査を行う。

3）秘書の形態

①秘書の形態による分類

　秘書が働く形態は、その会社・組織の成り立ちや業務の範囲、上司との関係や担当する人数などによってさまざまであり、近年さらにその多様化が進んでいるが、大きく「個人付き秘書」と「グループ型秘書」、さらに「兼務秘書」と三つに分けることができる。その概要と特徴を図表2-5にまとめてみた。また、図表2-6は個人付き秘書とグループ型秘書の比較であり、図表2-7は秘書課（室）フロアのレイアウトである。それぞれの内容を把握しておこう。

図表 2-5　秘書の形態による分類

形　態	概　　要	特　　徴
Ⅰ.個人付き秘書	(1) 一人の上司に一人の秘書が専属で付く。欧米の秘書の多くはこのスタイルである。日本ではベンチャー企業や外資系企業の秘書、弁護士や医師など専門職者につく秘書に多いスタイル。 (2) 複数の上司に対して一人の秘書が付く（一人の秘書が社長と専務のサポートを同時に行うような場合）。	命令系統が統一されているため、上司と社内外とのコーディネーターとして明快な機能を果たすことが可能である。 全てを一人でしなければならないので、激務になりがちである。他の社員との交流機会が少ないため、孤立しないように気をつける必要がある。
Ⅱ.グループ型秘書	(1) 上司一人に複数の秘書が付くスタイル (2) 複数の上司に対して複数の秘書が付くスタイル 　日本の大企業に多い形態であり、秘書室、秘書課、社長室という複数のメンバーが所属する組織を作って、一人または複数の上司をサポートする。たとえば、銀行の秘書室で秘書室長（秘書課長）の下に複数の秘書がいて、頭取・副頭取など複数の上司をサポートするような場合。	秘書課員が複数いるので、忙しいときにはお互いに助け合える。担当分野を細分化することによって、専門的な仕事知識を身につけることが可能である。(例:財務・会計係、受付、顧客管理担当など) ひとくちに「上司」と言っても厳密には秘書課長という直属の「上司」と、役員である「上役」というように「上司の二重構造」が派生するため、命令系統が不統一になりやすい。自分の仕事の守備範囲が曖昧になりがちで、責任が分散する恐れがある。室長、課長をはじめ、課員とのコミュニケーションを良くしてチームワークを保つことを心がける必要がある。
Ⅲ.兼務秘書	企業のある部署に所属し、その部署の仕事を主に担当するかたわら、秘書業務を行う秘書。 　通常は総務部（庶務課など）の業務を担当しながら、支店長や取締役の秘書的役割を果たすというようなケースが多い。	秘書業務の量が少ない場合や、上司がオフィス内よりも外での仕事が多い場合には、専属で秘書を雇わず社員を有効活用しようという考え方から今後も増えるものと思われる。二つの仕事を掛け持ちする形になるため、役割上の切り替えが難しく激務になりやすい。

---

[2] 三省堂『デイリー新語辞典』、杉田利雄編著『ターンアラウンド・マネジメントの基礎と実務』九天社　2005年

図表 2-6　個人付き秘書とグループ型秘書のサポートの違い

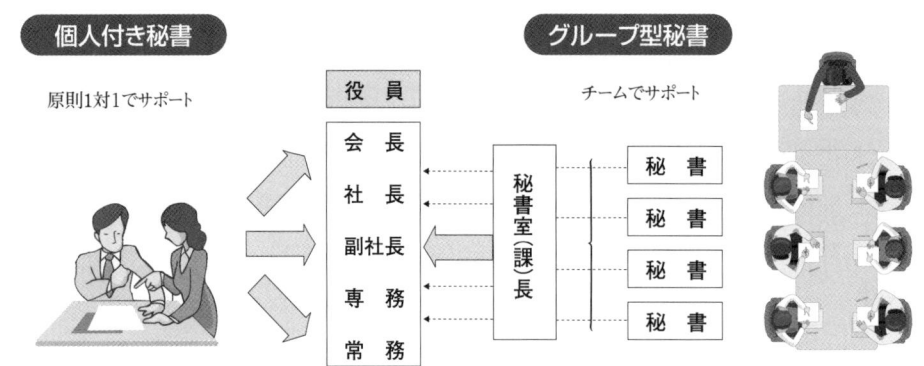

図表 2-7　秘書課（室）フロアのレイアウト（例）

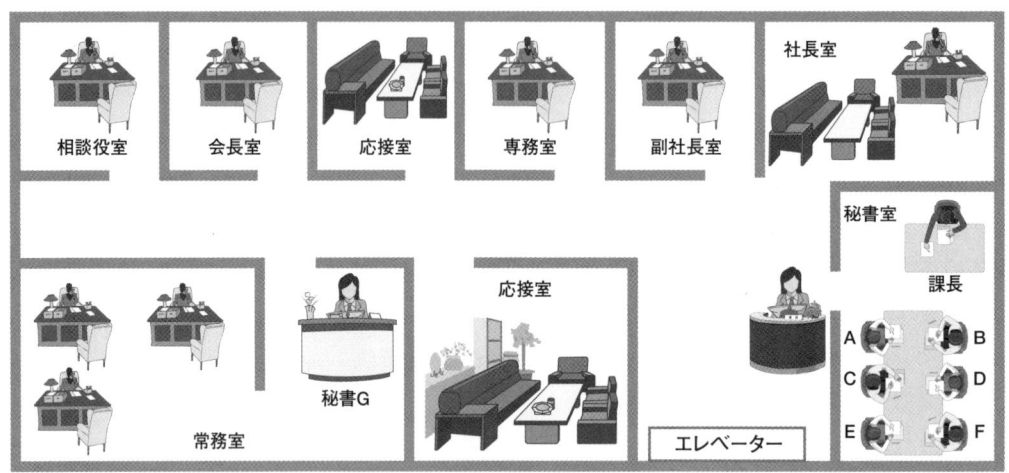

A～Gは秘書

②専門秘書

(a) 国際秘書（バイリンガル・セクレタリー）

　国際秘書とは、母国語と外国語の二カ国語、特に日本語と英語を用いて秘書業務にあたる秘書のことで、英語でのコミュニケーション（会話表現、文章表現）ができる高度な語学能力と異文化を理解する国際感覚を必要とする。外資系企業にのみバイリンガル・セクレタリーが必要というわけではなく、国際化する日本の企業では、トップが外国人に入れ替わるケースもあり、その上司の指示、命令、報告、連絡等を的確に伝えるために、国際秘書は不可欠な存在となる。

(b) メディカル秘書

　総合病院や医院・クリニックにおいて医師などが、本来の医療業務に没頭できるようにサポートするのがメディカル（医療）秘書の仕事である。具体的な仕事内容は、医師のスケジュール管理や学会等の資料作成、カルテ等の整理・ファイリング、医療情報の収集、パソコンの入力業務、接遇応対などで、医師が本来業務に専念できる環境を整え、サポートする役割を担う。

(c) リーガル秘書

　リーガル秘書は、弁護士事務所で弁護士の業務をサポートする。慎重で丁寧な仕事ができ、弁護士やクライアントとのコミュニケーションがきちんととれる人材が求められる。秘書と事務員を明確に分けている事務所では、秘書はクライアントと上司の取次ぎ役や接待・スケジュール管理といった純粋な秘書業務のみを行い、法律の専門知識を必要とする文書作成、事実関係の調査、事項検索などは、法律事務員（＝パラリーガル）が行うというように分業がなされている場合が多い。特別な資格は必要としないが、法律についての基礎知識は習得しておくことが望ましい。

(d) 国会議員政策担当秘書（国家公務員特別職）

　国会議員政策担当秘書は、国会議員の政策立案・立法活動等をより専門的な立場から補佐するための研究調査、資料の収集分析、作成等にあたる。選挙のための後援会活動などもその職務となる。各国会議員は、職務の遂行をサポートする公設秘書2人に加え、主として政策立案および立法活動をサポートする政策担当秘書1人を付けることができる（私設秘書は人数の制限なし）。政策担当秘書の試験内容は職務に必要な高度な企画力・分析力・構成力等を問うもので、年1回実施される（国家公務員採用I種試験程度）。

③増える派遣秘書

　図表2-8、2-9のように、派遣労働法に基づいて、人材派遣会社からユーザー企業に派遣され、受付業務やファイリング業務など、秘書業務の一部を担う派遣秘書が増えている。正規で雇う秘書の数を極力抑え経費削減しようとする動きから今後も増える見通しである。

　派遣秘書にとっては、派遣先それぞれの秘書業務手法を経験でき、他業種の役員や秘書にネットワークができるなどのメリットがあるが、雇用の不安定性や正社員秘書との待遇格差の問題がある。また企業にとっては、機密事項のセキュリティ問題や雇用形態の違いによる人間関係の難しさなどの課題がある。

図表2-8　秘書業務のアウトソーシングの例

◆受付業務　　◆文書ファイリング　　◆翻訳、通訳業務　　◆応接室管理と給茶サービス ◆コンピュータ入力業務　　◆役員車の運転など

図表2-9　派遣秘書の求人広告例

派遣求人募集 バイリンガル秘書 長期 勤務地：新宿 外資系食品関連会社	◎役員付き秘書 一般秘書業務、英語：ビジネス上級レベル 即戦力となる方。翻訳・通訳業務多少。 ＰＣ：Word,Excel,PowerPoint 残業：月20～40時間程度 就業時間：09：00～18：00 派遣日：即日～長期	1,800円～ スキル・経験により 優遇

(2) 秘書職の特徴

1) 秘書と上司の関係

　秘書はその任務を果たすために、まず上司を十分に理解する必要がある。トップに就く人の多くは異彩を放ち何らかの特異な能力（カリスマ性、秀でた経営手腕など）を持っている。そのような上司との協働を通じて、秘書は経営者に近い視点でものを見る目を養い、共感力と高いコミュニケーション能力を身につけて、上司が何を求めているのかを瞬時に察知して的確なサポートができるように成長していくことが目標になる。そのために、図表2-10のような、十分な「上司と会社の理解」を心がけたい。

　上司と秘書の間には、当然ながら目には見えない役割上の越えられない「境界線」がある。上司の良き理解者となり最大のサポート力を発揮するためには、その境界線に限りなく近づき、上司に近い視点を持って働くことが望ましい。秘書は、日々、上司の仕事に接して、トップがどのように判断・決断していくのか、そのプロセスを目の当たりにし、社会の最前線で活躍する人びととのつながりによって職務を遂行していく。そうした場に立ち会うことから、秘書は一般社員の立場では見ることも聞くこともできない得難い経験をすることになる。それが後々の大きな財産となることが多い。

　しかし、気をつけなくてはならないことも多い。たとえば、上司の個人的なことがらに触れ過ぎたり、判断業務に口を挟んだりするなど、上司の業務領域に踏み込むような行為は、境界線を越えたものであり（越権行為）、信頼を損ねることにもなりかねない。上司に近づくことは、お互いの信頼を高め、良い人間関係を保つために必要であるが、決してそれを越えることがあってはならない。あくまでも秘書は上司の「サポートのプロフェッショナル」であることを忘れてはならない。

　また、上司は「組織のトップ（＝経営者）」であり、秘書は「社員（＝雇用者）」という雇用関係の対極の立場にあることから、日々同じ空間で働きながら、その立場のギャップゆえに一般社員以上にストレスを溜め込みがちである。心身共に健康な状態でサポート業務に携われるように日頃から自己のストレス・マネジメントを心がけることが大切である。

図表 2-10　上司と会社の理解

〈会社理解〉
創設者、現職役員名と過去の役員、経営理念、ビジョン、社歴、グループ・関連会社、組織構成、商品知識、財務状況（売上高と利益）、従業員数、社内ルール（規定）など

〈上司理解〉
●生年月日、出身校、出身地、住所
●家族構成、家族生年月日、親類、友人
●出身校、恩師、同級生、交友関係
●経歴（社内、社外）、表彰、受賞の記録
●理念
●仕事の進め方
●趣味、特技、嗜好、座右の銘、ゴルフのハンディキャップ
●公職、社外の加盟団体と役職
●健康、持病、主治医、血液型、習慣にしていることなど

2）組織のコーディネーターとして

秘書は上司が求める課題ゴールに向かって、多方面から情報を集めて有効なものを提供し、上司を取り巻く人間関係を調整しながら仕事全体の成果を上げるという、まさにコーディネーターとしての大きな役割を担っている。

コーディネーター（coordinator）とは、一言でいうと調整係、進行係のことである。ブライダルコーディネーター、医療コーディネーター、福祉環境コーディネーターなど、「コーディネーター」を冠する新たな仕事が次々生まれていることからもわかるように、社会が分業化され、専業化されることに伴って、仕事と仕事の隙間が広がり、全体の流れを円滑にするための"つなぎ役"の存在が重要になってきている。また、全員が当事者意識を持つフラットな組織になればなるほど、指示―命令系統の縦のラインと同時に、事業部・部課やチーム・プロジェクト間の横の連絡調整（コーディネート）が重要となる。

自らがスポットライトを浴びるのではなく、自分が持つ専門知識と技能をベースにさまざまな情報・人・モノをつないで、クライアントの要求を満足させるコーディネート業務は秘書の仕事にも深く通じるものである。上司から信頼されるコーディネーターになるために、次のような能力を養っておくとよい。

①人との輪・和を保つ能力（相手の感情に気づく感性を磨く）
②発想力（好奇心を持ち新しい発見を楽しみ、もっと改善できないかと常に考える）
③先見性（先に起こることを予測・想像し、そのために日頃から広く情報を収集する）
④優先順位を判断する力（状況によって重要度を判断する）
⑤危機管理能力（不安があったら確認し、気になったら即行動し、複眼的思考をする）

2 秘書の業務

秘書業務の基本は、多忙な上司が本来の判断業務に集中できるように職務環境を整えることである。具体的な秘書の業務内容や権限は、企業や組織の規模・形態、ひいては上司の考え方によってさまざまであるが、業務の柱となるのは二つある。

それは、図表2-11のように、人的ネットワーク業務（対人対応を主とする業務）と情報ネットワーク業務（情報の収集・整理・管理を主とする業務）である。いずれも、総務・庶務的業務知識（経理管理や手続きを主とする業務）を基盤として段取りや準備をすすめるコーディネート業務といえる。

図表 2-11　秘書の業務

- 秘書のコーディネート業務
  - 人的ネットワーク業務
  - 情報ネットワーク業務
  - 総務・庶務的業務

(1) 人的ネットワーク業務

1) 社内外の連絡・調整

　秘書は上司をめぐる社内外の人的ネットワークの真ん中にいて、連絡・調整役という人的ネットワーク業務を行う。社内においては、上司と役員や他部門とのパイプ役として、タイミングよく的確に情報を伝え指示を仰ぎ、また社外との関わりにおいては、取引先や関連企業、上司の友人・家族等さまざまな人との連絡・調整を行うことになる。

　外部からの依頼や連絡事項などは秘書を介して上司に伝え、上司の判断と指示に従って秘書がその処理を行う。各部署の担当責任者が直接上司に話すよりも、調整役を担う秘書が周辺の事情を勘案して上司に必要な情報を伝えて判断を仰ぐほうが、スムーズに仕事が進む場合も多い。ただし、近年では電子メールの普及によって、情報が秘書を経由せずに直接上司に届くことも多くなっているので、秘書には上司との念入りな予定確認と意思疎通がより重要になっている。

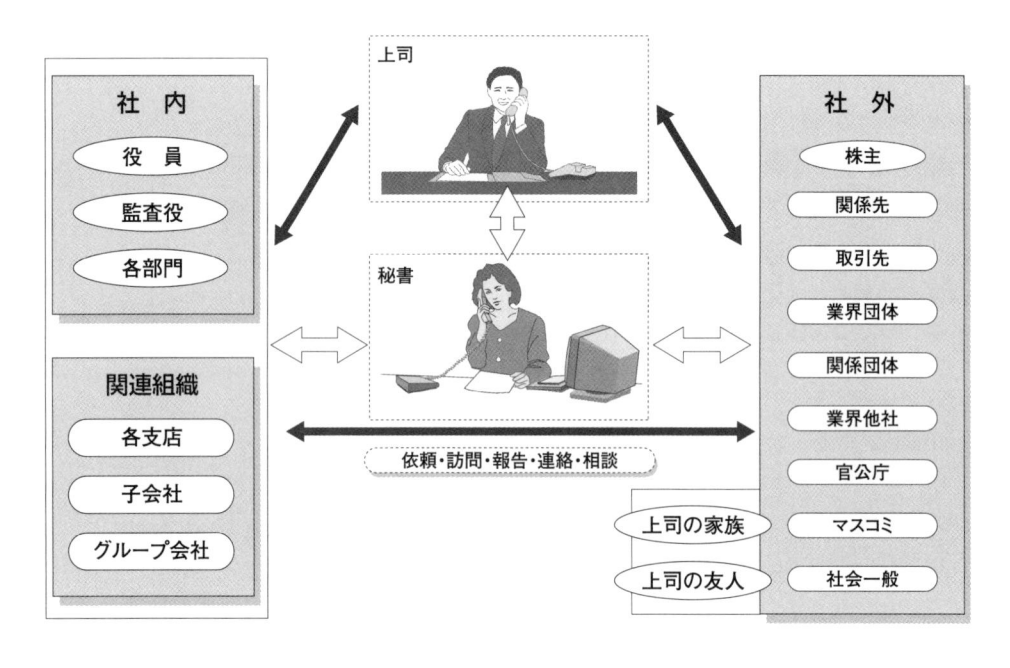

図表 2-12　社内外の連絡・調整

2) 来客応対

　取引先や諸団体の人びと、友人・知人など、上司を訪ねてくるさまざまなお客様を迎え、上司への橋渡し役として丁寧に応対することは、秘書としての日常業務であり、重要な任務である。図表2-13のような、困ったタイプのお客様もいる。上司に会わせるべきか否か、秘書の判断が必要になる。また、逆に、図表2-14のように、会社にとって重要な人物（VIP）の対応を任される場合も多い。これはとても重要な来客応対となる。

　いずれにせよ、秘書の態度や言葉遣いを含めた応対の仕方は、一般社員以上に企業や上司の

イメージに影響を及ぼすため、状況に応じた適切な判断と誠意ある言動を常に心がける必要がある。図表2-15に、その来客応対の流れを示した。来客の応対には、どのような場合でも迅速で正確な行動を要するが、冷静・沈着ではあっても、事務的な態度にならないように気をつけなければならない。通り一遍の応対・応接から一歩踏み込んで、より積極的な応対（応接処遇＝接遇）をし、ホスピタリティを発揮することによって、人間関係の深まりや秘書の仕事の面白さを実感することを心がけたい。

図表 2-13　困ったタイプのお客様

- 名前も用件も言わないお客様
- 口数が少なく遠慮がちで、話がはずまないお客様
- 面会の約束を取っていないが、強引に面会を求めるお客様
- いつも面会の約束時間より30分以上も早くお見えになるお客様
- 上司のプライベートなことばかり聞いてくるお客様
- 面談予定時間を大幅に過ぎてもなかなか腰を上げようとしないお客様

上司が会う客・会わない客

　面会の約束をせずに現れた同じ客であっても、先方の希望どおり上司に会わせるべき客と、会わせることなくお帰りいただく（あるいは代理の者に会ってもらう）客がある。来訪者と上司の関係（重要度や親密度）をつかみ、上司が置かれている状況を判断し、上司の指示を仰ぎながら臨機応変に対応しなければならない。

図表 2-14　秘書のVIP対応

VIPへの対応と秘書のもてなし

　組織のトップに付いている秘書は、通常では会うことができないような立場の高い方（たとえば日本を代表する大企業のトップ、海外から迎える著名な建築家や芸術家、さらには政府高官など）と接する機会も少なくない。上司とともに、相手が一切のストレスを感じない配慮とスムーズな応対を工夫したい。そのためには、コーディネーターとしての力を存分に発揮して、各機関と連携しながら面会場所や接待内容の検討をし、アクシデントへの対処も含めて事前の段取りを怠りなく、シミュレーションを綿密に行って当日に備えたい。

図表 2-15 秘書業務における受付・来客応対の流れ

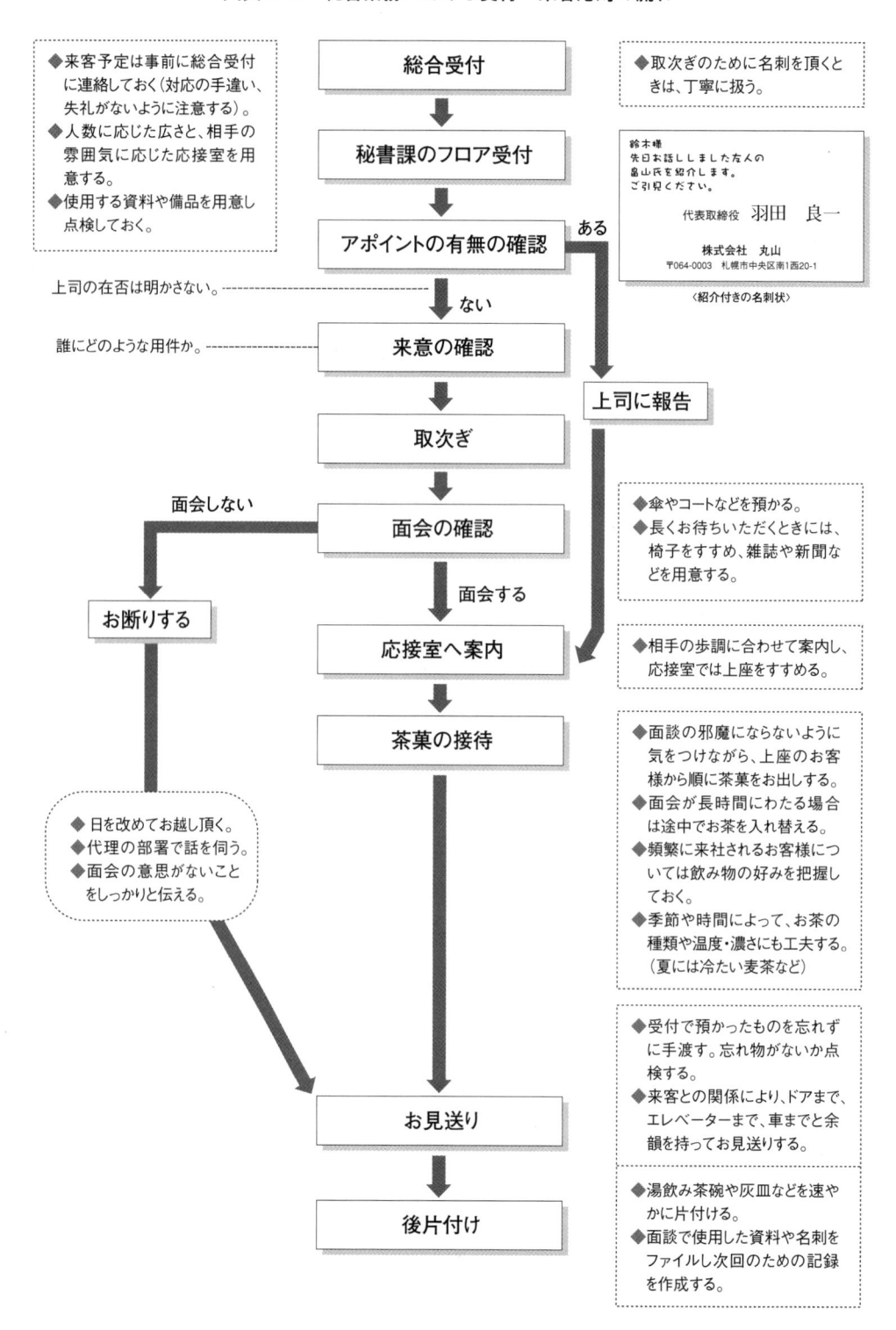

```
                        ┌─────────────┐
                        │  総合受付     │
                        └──────┬──────┘
                               ↓
                        ┌─────────────┐
                        │秘書課のフロア受付│
                        └──────┬──────┘
                               ↓
                        ┌─────────────┐   ある
                        │アポイントの有無の確認├──────→ 上司に報告
                        └──────┬──────┘
                            ない↓
                        ┌─────────────┐
                        │  来意の確認   │
                        └──────┬──────┘
                               ↓
                        ┌─────────────┐
                        │   取次ぎ     │
                        └──────┬──────┘
                               ↓
        面会しない      ┌─────────────┐
     ←─────────────────│  面会の確認   │
                        └──────┬──────┘
                           面会する↓
                        ┌─────────────┐
                        │ 応接室へ案内  │
                        └──────┬──────┘
                               ↓
                        ┌─────────────┐
                        │  茶菓の接待   │
                        └──────┬──────┘
                               ↓
                        ┌─────────────┐
                        │   お見送り    │
                        └──────┬──────┘
                               ↓
                        ┌─────────────┐
                        │   後片付け    │
                        └─────────────┘
```

【総合受付の左側】
- ◆来客予定は事前に総合受付に連絡しておく（対応の手違い、失礼がないように注意する）。
- ◆人数に応じた広さと、相手の雰囲気に応じた応接室を用意する。
- ◆使用する資料や備品を用意し点検しておく。

【総合受付の右側】
- ◆取次ぎのために名刺を頂くときは、丁寧に扱う。

【アポイントの有無の確認の右側】
```
鈴木様
先日お話ししました友人の
畠山氏を紹介します。
ご引見ください。
                代表取締役  羽田　良一
                  株式会社　丸山
                  〒064-0003　札幌市中央区南1西20-1
```
〈紹介付きの名刺状〉

【来意の確認の左側】
- 上司の在否は明かさない。
- 誰にどのような用件か。

【お断りする】
- ◆日を改めてお越し頂く。
- ◆代理の部署で話を伺う。
- ◆面会の意思がないことをしっかりと伝える。

【面会の確認の右側】
- ◆傘やコートなどを預かる。
- ◆長くお待ちいただくときには、椅子をすすめ、雑誌や新聞などを用意する。

【応接室へ案内の右側】
- ◆相手の歩調に合わせて案内し、応接室では上座をすすめる。

【茶菓の接待の右側】
- ◆面談の邪魔にならないように気をつけながら、上座のお客様から順に茶菓をお出しする。
- ◆面会が長時間にわたる場合は途中でお茶を入れ替える。
- ◆頻繁に来社されるお客様については飲み物の好みを把握しておく。
- ◆季節や時間によって、お茶の種類や温度・濃さにも工夫する。（夏には冷たい麦茶など）

【お見送りの右側】
- ◆受付で預かったものを忘れずに手渡す。忘れ物がないか点検する。
- ◆来客との関係により、ドアまで、エレベーターまで、車までと余韻を持ってお見送りする。

【後片付けの右側】
- ◆湯飲み茶碗や灰皿などを速やかに片付ける。
- ◆面談で使用した資料や名刺をファイルし次回のための記録を作成する。

3）電話応対

電話応対は、相手の顔が見えない、声のみのコミュニケーションであるため、丁寧な言葉遣い、配慮のある対応が必要になる。特に秘書には、一般社員以上に、余裕のある態度と品位で信頼と安心を与える応対が求められる。そのため組織をよく知り、上司の状況を把握して、図表2-16のような電話応対のポイントをつかみ、どのような電話にも慌てず対応するよう心がけたい。とりわけ声の調子が与える影響は大きいため、明るく爽やかな声で、言語明瞭に話すことが大切である。

図表2-16　電話応対のポイント

- **迅速であること**
  - ◆3コール以内に出る
  - ◆たらい回しにしない
- **取り次いではいけない電話を判断**
  - ◆できるだけ用件を聞く
  - ◆担当者へ回す
- **丁寧であること**
  - ◆敬語遣い、クッション言葉で印象よく
  - ◆受話器はゆっくり置く
- **正確であること**
  - ◆メモをとる
  - ◆復唱をする
- **簡潔であること**
  - ◆要点を押さえる
  - ◆貴重な時間を奪うという意識で
- どんなこともメモにする

電話の内容によっては、取り次ぐ電話と取り次いではいけない電話がある。秘書の段階で処理できるものは極力上司には繋がない。さらに、たらい回しにしたり、長く待たせたりはしない。顔を合わせている時よりも、顔の見えない電話は時間が長く感じるため、30秒以上待たせるような時は、素早く判断して折り返しかけ直すようにする。

上司の不在時に受けた電話については、メモを作成して上司の机上に置くが、上司が戻ったときに「メモを置きましたが…様からお電話がありました。どのようにいたしましょうか」と声をかけて、その電話の処理をスピーディに進める配慮が必要である。

図表2-17に、電話応対の流れを示した。一つは、上司が出張中で不在のときに「電話を受ける場合」の流れであり、もう一つは上司の代理で「電話をかける場合」の流れである。実際によくあるケースなので、しっかりとポイントを把握し、迅速で的確に電話応対ができる力を付けておきたい。

用件を正確に、スピーディに把握し、相手との呼吸を合わせて必要な情報をやりとりし、お互いに心地よいビジネスの時間を過ごすことができれば、信頼できるビジネスパートナーとしての信頼感が生まれ、今後の仕事もうまくいく。

図表 2-17　電話応対の流れ

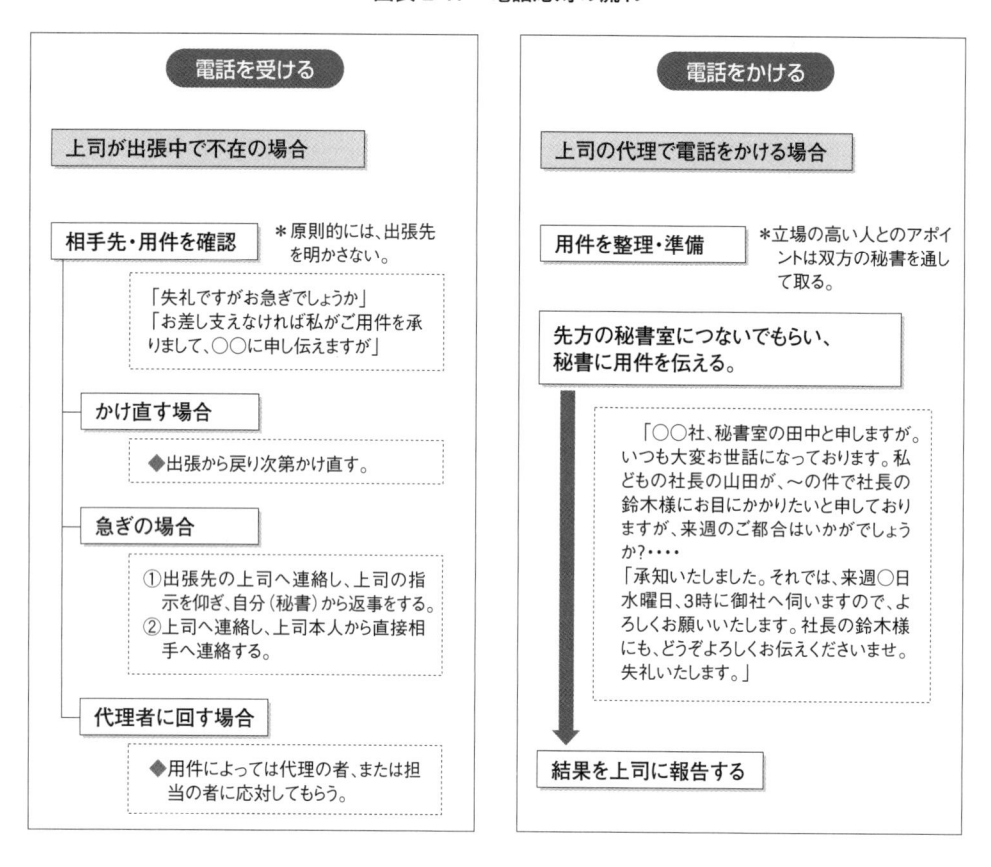

電話を受ける

【上司が出張中で不在の場合】

- 相手先・用件を確認　＊原則的には、出張先を明かさない。
  - 「失礼ですがお急ぎでしょうか」
  - 「お差し支えなければ私がご用件を承りまして、○○に申し伝えますが」
- かけ直す場合
  - ◆出張から戻り次第かけ直す。
- 急ぎの場合
  - ①出張先の上司へ連絡し、上司の指示を仰ぎ、自分（秘書）から返事をする。
  - ②上司へ連絡し、上司本人から直接相手へ連絡する。
- 代理者に回す場合
  - ◆用件によっては代理の者、または担当の者に応対してもらう。

電話をかける

【上司の代理で電話をかける場合】

- 用件を整理・準備　＊立場の高い人とのアポイントは双方の秘書を通して取る。
- 先方の秘書室につないでもらい、秘書に用件を伝える。
  - 「○○社、秘書室の田中と申しますが。いつも大変お世話になっております。私どもの社長の山田が、〜の件で社長の鈴木様にお目にかかりたいと申しておりますが、来週のご都合はいかがでしょうか？‥‥
  - 「承知いたしました。それでは、来週○日水曜日、3時に御社へ伺いますので、よろしくお願いいたします。社長の鈴木様にも、どうぞよろしくお伝えくださいませ。失礼いたします。」
- 結果を上司に報告する

（2）情報ネットワーク業務

1）スケジューリング（日程管理）

　秘書は上司と社内外の情報ネットワーク業務を行う。秘書の情報ネットワーク業務のなかでも、スケジューリング業務は重要な仕事のひとつである。アポイントメント（予約）の申し込みや受け入れ、スケジュールの編成と変更・調整など、上司のスケジュール管理は秘書の最も重要な仕事である。

　スケジュール表には、図表2-18のように、いくつかの種類がある。図表2-19には週間予定表、図表2-20には日程表を載せておいた。図表2-21の作成上の留意点を参考にして、効果的にスケジュール管理を行うことが望ましい。たとえば、上司の体調や様子を見て休憩時間を適宜入れるなどの配慮をし、スケジュールを組み立てていく。限られた時間内に上司が効率的に、かつ余裕をもって行動できるように、先読みの力を発揮して不測の事態でも機転を利かせて柔軟に対応する。日々頻繁に発生する予定変更をいかにスムーズに調整するかは、秘書の腕の見せ所でもある。

　また、複数の役員のスケジュールをグループウェア（スケジューラ）などパソコン上で管理する場合は、内容の守秘について十分に配慮する必要がある。

第2章　秘書の役割と業務

図表 2-18　予定表の種類と活用

年間予定表	会社の創立記念日や株主総会など、年間の定例行事を書き込んでおく。
月間予定表	月例の会議や主要行事、出張予定や来訪者予定などを書き込んでおく。ひと月の動きが一覧できるように1枚のシートにする。
週間予定表	1週間の各曜日の日程について、朝8時から夜9時位まで記入できるシートを用意する。毎週末に翌週の予定を確定し、上司や関係者に見せて確認する。会議名や外出予定、来訪者名などを書き込み、備考欄には連絡先住所や電話番号など備忘録として情報をこまめに書き込んでおくようにする。
日々の予定表	その日1日の予定を1枚のシートに書き込む、分刻みの克明な予定表。朝の打ち合わせ時に上司に渡し、最終確認をする。変更、追加項目を確認し、業務の指示を受ける。実行の記録も付記する。

図表 2-19　週間予定表（例）

	8　9　10　11　12　13　14　15　16　17　18　19　20　21	備　考
3 (月)	9:30　　　　　　　　　　13:30　　　　　　　　18:00 ①販売促進会議　　　　　①日本商事　　　　　　①経済交流会 （第2会議室）　　　　　高田氏来社　　　　　　ローヤルホテル	①高橋常務同行連絡 ②交流会年会費持参（出金済み）
4 (火)	10:00　　　　　　　　　　13:00 常務会　　　　　　　　　①米国ソフト社 　　　　　　　　　　　　ピーター氏昼食会	①本社レセプションルーム 　ピーター氏にお土産を用意しておく。（手配済み）
5 (水)	大阪出張 10:30千歳発 12:10関西空港着	8:00自宅お迎え ・商品パンフレット用意 ・大阪ホテル泊(06-223-1111)

図表 2-20　日々の予定表（例）

12日（金曜日）					
	予　定	備　考		予　定	備　考
8：00 9：00 10：00 11：00 12：00	北海建設　篠田氏来社　中山常務同席 広報部長打ち合わせ	第1応接室 来期広報予算資料12部用意	13：00 14：00 15：00 16：00 17：00 18：00 19：00	14：30～経済倶楽部例会 ニッサン食品　岡田氏を訪問 （同窓会の件）	シティホテル 3階葵の間 （配車） N2W11山林ビル5階

図表 2-21　スケジュール作成の留意点

スケジュールの組み方	◆過密なスケジュールにならないように注意する。たとえば、出張や会議直後に来客など重要なスケジュールを入れないようにし、移動時間に余裕を持たせるなどの配慮をする。上司の健康状態や好みなども考慮して予定を組む。
アポイントメントの取り方	◆役職が高い方へアポイントメントを申し入れる場合は、先方の秘書室や秘書を通して、失礼のないように対応する。 ◆アポイントメントを取る際には、日時・場所など勘違いによるミスが生じないように十分に確認（数字の読み合わせ、復唱）して、予定を確定する。
スケジュール表の作成	◆上司用のスケジュール表と同じものを秘書が携帯するほか、関係部署（他の役員、総務部長、運転手など）にも配布する。 ◆上司のプライベートな予定（友人や家族との予定、病気や怪我の通院など）は、上司と秘書のスケジュール表にのみ記載する。 ◆スケジュール表記載時にも転記ミスがないように十分に注意する。
スケジュールの変更	◆予定には変更がつきものなので、変更がわかった時点で速やかに関係者に連絡し、お詫びと事情説明を丁寧に行う。臨機応変に弾力的な対応を心がける。 ◆変更になったスケジュールは、スケジュール表上に痕跡が残るよう二重線を引いて消しておく（修正ペンで消したり、完全に削除したりせず、次のスケジュール作成に役立てられるようにしておく）。

2）文書業務

上司宛に郵送・配布される公文書や私信、社内の回覧文書や書類の数は膨大なものである。秘書はそれらの文書の開封、分類、整理、保管、翻訳、返信代筆などの仕事を担い、上司の事務負担を軽減するように務める。

①文書の受信

図表2-22は、上司宛に届いた郵便物や書類の取り扱いの手順についてまとめたものである。宛名を確認し、管理を必要とする文書には受付印を押す。文書の種類によって分類し、開封しないものは上司に直接手渡し、開封するものは緊急度や重要度に応じて、上司に渡すもの、他部署に回すもの、秘書が処理、破棄するものに分ける。

図表2-23は、上司に手紙を渡すときの留意事項について、具体的に示したものである。封筒を文書の下に添付し、上司が目を通しやすいように束ねて渡すこと、会議案内などは、日時、場所をラインマークして、既に入っている予定などをメモしておくことなど、知っていて実行すると便利なことばかりである。

秘書は経験を積みながら、このような実務から生まれた知恵を一つひとつ身につけていくことになる。情報ネットワーク処理のプロは、経験の積み重ねから誕生する。

図表 2-22　上司宛に届いた郵便物や書類の取り扱い手順

```
[宛名の確認・受信印の押印]
   ◆管理を必要とする文書（現金書留、書留等）については受付印を押し、受信簿に受付日、差出人名、文書の様式や種類を記入する。
    ↓
[分類・開封]
   ◆個人宛、速達・書留、回覧文書、ダイレクトメールなど内容によって分類する。
    ├─[開封しない]──私信、書留、親展表示のある郵便物は開封せず、上司に直接手渡す。
    └─[開封する]──緊急度・重要度に応じて分類
                    ◆上司に渡す
                    ◆他部署に回す
                    ◆秘書が処理、破棄する
    ↓
[上司に渡す手紙]
   ◆内容を簡単にまとめたメモを付ける（英文レターの場合は和訳しておく）。
   ◆こちらから出した手紙の返信の場合は出した手紙の控えを添付して渡す。
   ◆要点、日時、締め切り日などにラインマークする。
    ↓
[処理・ファイル・破棄]
   ◆直ちに返信、あるいは関係先へ連絡し処理する。
   ◆ファイル保存しておく。
   ◆ダイレクトメールなど上司に見せる必要のない手紙は破棄する。
```

図表 2-23　上司に渡す手紙

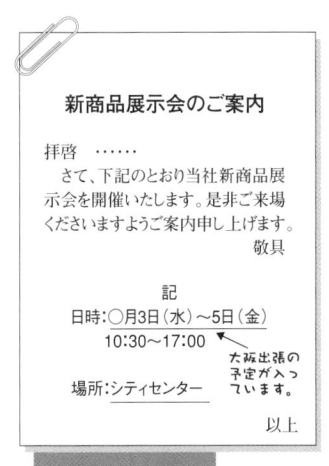

新商品展示会のご案内

拝啓　……
　さて、下記のとおり当社新商品展示会を開催いたします。是非ご来場くださいますようご案内申し上げます。
　　　　　　　　　　　敬具
　　　　　記
日時：○月3日(水)〜5日(金)
　　　10:30〜17:00　　大阪出張の予定が入っています。
場所：シティセンター
　　　　　　　　　　　以上

＜上司に手紙を渡すとき＞

　封筒を文書の下に添付し、上司が目を通しやすいように束ねて（バインダーに挟めるなどして）渡す。
　会議案内などは、日時、場所をラインマークして、既に入っている予定などをメモしておくと、出欠の判断がしやすい。

封筒を添付しておく。

②機密文書の取り扱い

　秘書の手元には多くの機密文書が集まるので、その取り扱いには細心の注意が必要である。図表2-24に示したような、㊙扱い文書を受け渡しする際は、必ず封筒に入れて持ち運び、直接本人に手渡して受領の確認印をもらう。コピーをとる場合は余分な枚数を取らず、またコピー台の上に原稿を置き忘れるなどということがないように十分に注意する。保管する時は鍵のついた金庫やキャビネットに入れ、不要になった㊙扱い文書はシュレッダーを使って確実に破棄する。郵送する場合は、書留扱いにし、親展表示をつけて本人以外が開封しないようにする。到着した頃、電話で確認するなど漏えいがないように厳重に注意して取り扱う。

図表 2-24　㊙扱い文書の種類

極　秘	会社の経営などに関する事項で、役員など少数の関係者以外には秘密にするもの。
秘	極秘ではないが、社内の一部の関係者以外の目には触れないようにするもの。
社外秘	会社の文書は基本的に社外秘ではあるが、特に注意が必要なもの。
人事秘	人事に関する書類は、公示になるまでは機密として慎重に扱う。

③文書の作成

　会議の開催案内や依頼文など、上司の名前で発送される文書の文案を作成して発信するのも秘書の仕事である。ビジネス文書の基本フォームに従い、過去の文例を参考にしながら起案し、上司の点検を受けて発信する。

　また、秘書は上司が行う講演や雑誌などへの寄稿文、弔事等の原稿作成をサポートすることもあるが、その際には事前に上司の要望を聞いて主旨をつかみ、情報収集をしてから下案を作成する。上司の点検を受けて修正し、完成させる。作成した書類は、作成日時を入れて保管する。

上司が書いた原稿を清書する際には、次のことに気をつける。
ア．必ず辞書を側に置き、漢字や送り仮名に誤りがないように注意する。
イ．常用漢字でないものを使用している場合は、必ず上司に確認してから書き直す。
ウ．書き終えたら読み合わせをし、必ず控えをとっておく。
エ．手書きで書く場合は、楷書できれいに書く。

④秘書が取り扱う社交・儀礼の文書

　円滑な取引関係を進めるために、秘書は上司に代わって、図表 2-25 のような社交文書を作成・発信することもある。たとえば、図表 2-26 のような出張後のお礼状など、上司に指示される前に起案し、上司の確認を得て速やかに発送するようにする。社交文書は儀礼的な意味合いが強いが、それゆえに、心のこもった文書が届くと嬉しいものである。上司の手を煩わせることなくタイミングよく、気持ちを伝える文書を作成できるようにしたい。手書きで代筆する場合は、読みやすい字できれいに仕上げることを心がける。

図表 2-25　社交・儀礼文書の種類

挨拶状	異動、転任、着任など人事に関する挨拶。新築落成、支店開設等の挨拶とそれに伴う組織変更、電話番号変更通知など
礼　状	相手の好意に対して感謝の気持ちを伝えるもの。お祝い品など頂き物をしたときのお礼、出張先でお世話になったときなど
案内・招待状	祝賀行事（創立記念祝賀会など）への招待状、催事・展示会・親睦会・ゴルフコンペへの参加案内など
慶弔・見舞いの手紙	お祝いの手紙（結婚お祝、受賞お祝、栄転お祝など）、お悔やみの手紙、病気見舞い、火災・災害を見舞う手紙など
季節の挨拶状	年賀状、寒中見舞い、暑中見舞い、残暑見舞い、お中元、お歳暮の送り状など

図表 2-26　お礼状（例）

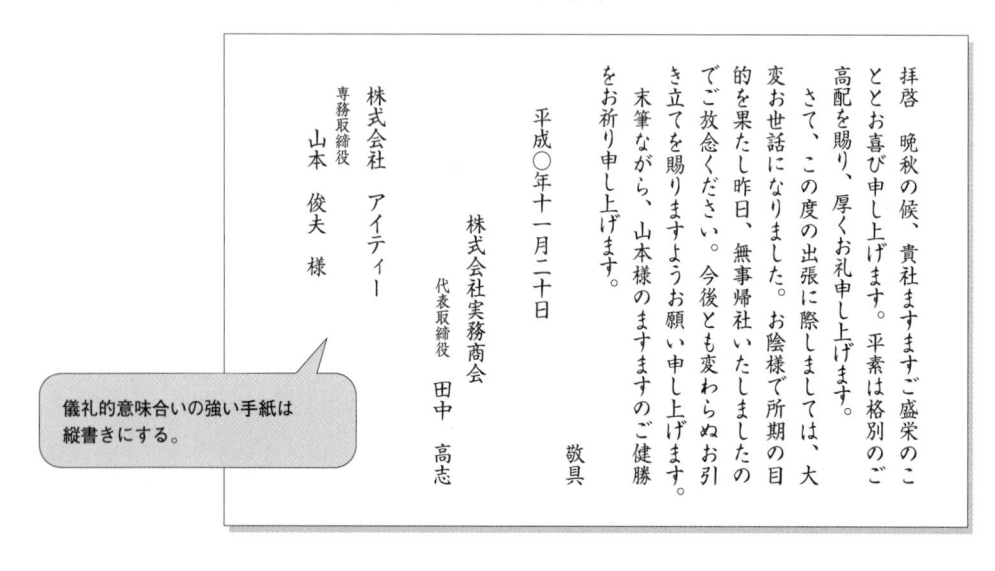

拝啓　晩秋の候、貴社ますますご盛栄のこととお喜び申し上げます。平素は格別のご高配を賜り、厚くお礼申し上げます。
　さて、この度の出張に際しましては、大変お世話になりました。お陰様で所期の目的を果たし昨日、無事帰社いたしましたのでご放念ください。今後とも変わらぬお引き立てを賜りますようお願い申し上げます。
　末筆ながら、山本様のますますのご健勝をお祈り申し上げます。
　　　　　　　　　　　　　　　　敬具

平成〇年十一月二十日

株式会社実務商会
代表取締役　田中　高志

株式会社　アイティー
専務取締役　山本　俊夫　様

（儀礼的意味合いの強い手紙は縦書きにする。）

⑤文書の発送

　書類や書籍、現金や小切手などを取引先などに送る場合、内容物とその形状、納期を考えて最も相応しい郵送方法を選ぶ。通信コストを考えると同時に、安全・確実性などを考慮して適切な郵送方法を選択できるように、図表２-27のような知識をもとに、「ゆうびんホームページ」などを参考にして常に最新情報を入手しておくように努める。

　図表２-28のような返信のハガキを出す場合は記述に誤りがないかを確認してから出す。配送の際は、投函前に同封物に不備がないか、相手先の住所や会社名・肩書き・名前が正確かどうか、料金不足とならないか、発信の記録をとったかなどを再確認する。

図表 2-27　郵便・配送の知識

- ●封書とはがき
  - ◆第1種郵便物（封書）定形と定形外　◆第2種郵便物（はがき、往復はがき、小包はがき）　◆第3種郵便物（定期刊行物）
  - ◆第4種郵便物（通信教育、盲人用点字、学術刊行物など）
- ●郵便小包と宅急便
  - ◆ゆうパック　◆レターパックなど
- ●特殊取り扱い料金
  - ◆書留　◆速達　◆引受時刻証明　◆配達証明　◆内容証明　◆特別送達　◆配達日指定郵便
  - ◆配達記録郵便　◆代金引換　◆本人限定受取郵便など
- ●料金支払い方法
  - ◆料金別納　◆料金後納　◆料金計器別納　◆料金受取人払　◆料金着払　◆クレジットカード払　◆代金引換など
- ●業務用郵便
  - ◆翌朝10時郵便　◆新特急郵便　◆コンピュータ郵便　◆ハイブリッドめーる　◆電子内容証明　◆バイク便
- ●国際郵便、小包
  - ◆国際スピード郵便（EMS）　◆航空小包・エコノミー航空（SAL）小包・船便小包　◆小型包装物

図表 2-28　出欠はがきの返信

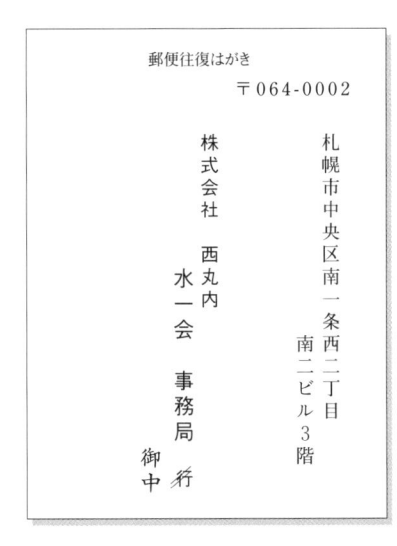

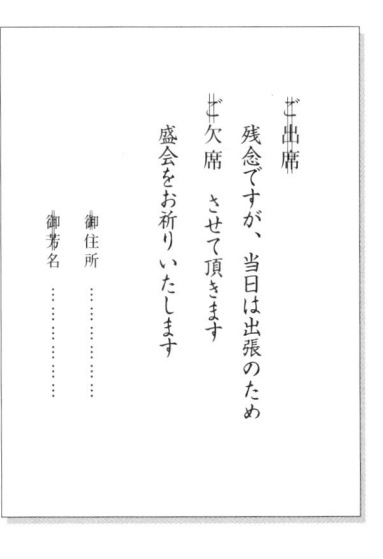

郵便往復はがき
〒064-0002

札幌市中央区南一条西二丁目
南二ビル３階
株式会社　西丸内
水一会　事務局　御中
行

ご出席
残念ですが、当日は出張のため
ご欠席　させて頂きます
盛会をお祈りいたします

御住所………
御芳名………

⑥通信手段の選択〜手紙・ファックス・電子メールの使い分け

　送信先の相手や連絡の内容（用途）に応じて、手紙・ファックス・電子メールの通信手段を使い分ける。メールは時間を問わず送受信できるメリットがあるが、面識のない方への依頼などに使用すると失礼になることがあるので、安易な使用は避ける。

　ファックスは、手書きの地図などを瞬時に送ることができて便利であるが、送信先のだれが目にするかわからないので、内容記述に注意しなければならない。大量の枚数を送る場合は迷惑になることがあるので、事前に電話で許可を取っておくようにする。

　また、謝罪（お詫び）の目的でファックスや電子メールを安易に使用することも避けたい。お詫びは直接会って、あるいは電話で言葉を交わして、または手紙で心を込めて思いを伝えたいものである。ファックス、メールとも、番号やアドレスの入力の間違い一つが大きなミスにつながってしまうので、送信時には細心の注意が必要である。

３）ファイリング

　ファイリングとは情報の有効活用のために文書類を保管・保存・廃棄する一連のシステムのことである。組織内におけるファイリングは、自分だけが活用できればよいというものではなく、だれもが速やかに必要書類を取り出せるようにしておかなければならないため、共有化のためのルールやシステム（ファイリング規定）に従って確実に処理していくことが重要である。日常から緻密で確実なファイリングをすることによって、上司が求める書類を速やかに取り出せるようになる。

　ファイリング業務は毎日のことであり、オフィス内の書類の種類や数は膨大になるので、不要書類の廃棄をこまめに行うこと、また使用する用具の選定や保管場所などを工夫してファイリングに費やす時間を短縮することも大切である。

①文書ファイリング

　ア）ペーパーファイリング

　文書の電子化が進む今日でも、ペーパーでのやり取りが完全になくなることはなく、紙ベースでの保管・管理はいずれの企業でも行われている。その主な方法としては、文書をフォルダーに挟み、キャビネットやファイルボックスを利用して垂直に立てて保存するバーチカルファイリングや、書類をバインダーに綴じて保管・管理するバインダーファイリングなどがある。

　イ）電子ファイリング

　文書管理の電子化は、図表２-29のように、その利便性から着実に導入が進んでおり、さまざまな電子ファイリングシステムが開発されている。組織内の文書利用・保存、管理をサーバー上で行うことによって、情報の共有化・省力化・省スペース化が可能となり効率よい文書管理ができる。ただし、現状では電子化の進み具合は企業によって差がある。

図表 2-29　ファイリング方法の変化

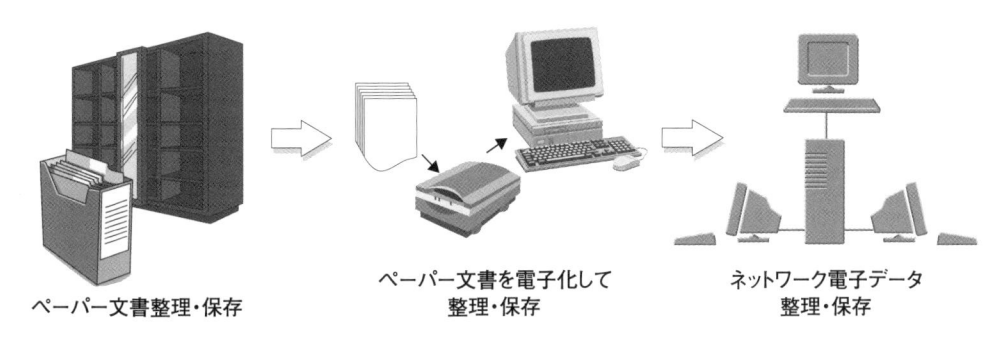

ペーパー文書整理・保存　→　ペーパー文書を電子化して整理・保存　→　ネットワーク電子データ整理・保存

②新聞・雑誌の切り抜きファイル法

　上司は、全国紙・経済新聞や業界新聞・業界関連雑誌には必ず目を通し、経営判断に必要な最新の情報の収集にあたっているが、秘書も上司の指示による切り抜きファイルは当然のことながら、自分自身の判断で経済・社会・業界情報に耳を傾け、タイミングよく情報を提供できるようにする。

　個人が目を通せる情報量には限界があるので、新聞社が提供するクリップサービス[3]などを活用するのも有効である。上司が出張等で新聞に目を通す時間がない場合は、その穴を埋められるように確実に必要な箇所をチェックしておく。

　新聞や雑誌の切り抜きは、スクラップブックやホルダーを使用して管理・保存する。特に、新聞記事は形や大きさがさまざまなので、貼る台紙の大きさを揃えて取り扱いがしやすい状態にしておく。また、情報を有効に活かすためには、新聞あるいは雑誌の出所、日付を忘れずに記入しておく。スピーディにファイルするために、新聞名、日付が入ったゴム印を活用するなどの工夫をするのもよい。

③名刺の管理

　秘書は図表2-30のように、上司が受け取った名刺の整理・分類・保管を行う。名刺整理は面会者の連絡先の把握と同時に顧客管理の意味合いも持つので、受け取った日付、場所、状況（来社、○○の会、出張先など）、その人の特徴（食事・飲み物の好み、趣味など知り得た情報）をメモとして書き込んでおき、次回の面会に役立てるようにする。

　分類の方法は、①五十音順、②ABC順、③業界別、④分野別（友人、加盟団体など）、⑤地域別というように、検索の便利さを考えて分類し、名刺箱やホルダーに収納して管理する。

　情報は常に最新の状態にするように配慮し、住所や電話番号、肩書きの変更があった場合は、速やかに書き込み、訂正する。また新しい名刺をいただいた場合は、古いものを破棄して入れ替える。数が膨大になる場合は名刺読み取りスキャナを活用しパソコンに情報を入力し、データベースとして管理・活用の効率化をはかる。

3）予め関心あるテーマを登録しておき、新聞社からインターネットを通じて関連記事情報を配信してもらうサービス

図表 2-30　名刺の整理・保管

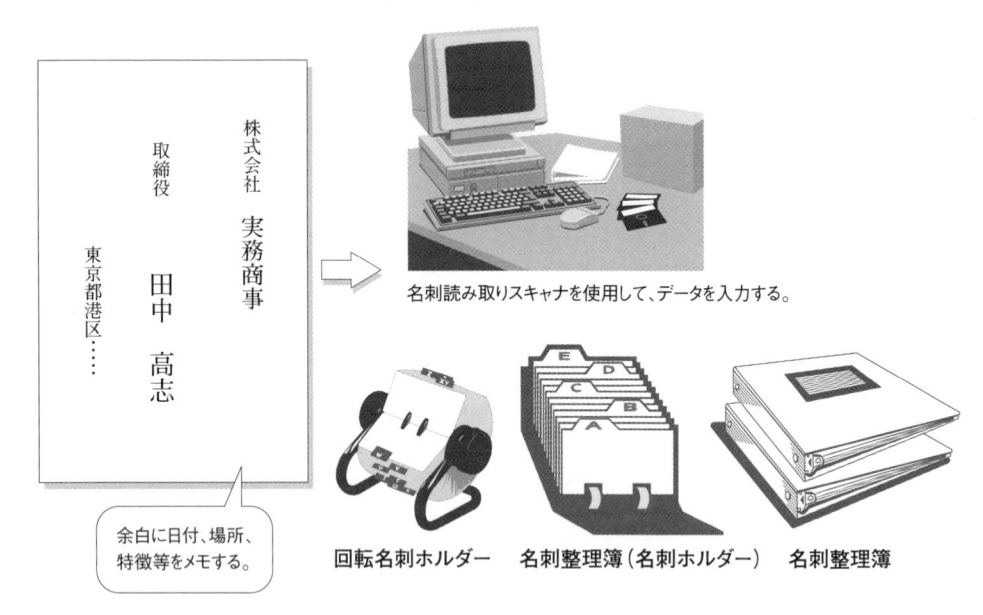

株式会社　実務商事
取締役　田中　高志
東京都港区……

余白に日付、場所、特徴等をメモする。

名刺読み取りスキャナを使用して、データを入力する。

回転名刺ホルダー　　名刺整理簿（名刺ホルダー）　　名刺整理簿

（3）総務・庶務的業務

　上司の職務から派生する出納（諸会費の支払い手続き、香典の出金など）、出願・届出等の事務手続きや、種々雑多な総務・庶務的業務をこなすのも、秘書の仕事である。社内の規則・規定事項に関する知識を持ち、上司の職務を側面から積極的にサポートすることによって、上司の業務量を軽減するように努める。

　1）印鑑の管理
　秘書は上司が使用する印鑑について押印管理を任されることがある。事故が起きないように、印鑑の管理は確実に行う必要がある。特に代表者印は、台帳を作って押印個数を管理する。図表2-31、2-32のような、印鑑の種類や押印申請書の知識を身につけておこなう。

図表 2-31　印鑑の種類

●代表取締役印（社長印、代表者印）
　◆法務局に届出をしてある印鑑で、個人の実印に相当するもの。申請によって印鑑証明を受ける。
●社　印
　◆会社名を表示した印章で、角型の印鑑が多い。
●部署長印
　◆支店長印、工場長印など部署名と役職名を表示した印。
●銀行印
　◆銀行に届け出ておき、預金、手形、小切手などの使用の際に押す印鑑。
●認　印
　◆一般的な書類の作成時や確認印として使用する印鑑。

図表 2-32　捺印申請書（例）

印章押捺申請書		申請日　　年　　月　　日		
区　分	1．代表者印　2．会社印　3．社長認印　4．その他			
件　名	（使用目的）			
提出先				
連絡先		TEL		
部　　　　　　課		担当者名　　　　　　　㊞		
備　考		部長㊞	課長㊞	担当㊞

2）稟議書と決裁

　稟議書とは、図表 2-33 のような、社員や各部署の権限で決定できない事項について、上司や組織の上層部の承認を求める場合に作成する文書である。会社によっては「起案書」「伺い書」「回議書」等という場合もある。提案された稟議書には合議先の押印がされ、最終的な決裁者によって決裁印が押されるとその効力が発生する。

図表 2-33　稟議書書式（例）

＜極秘・秘＞　稟　議　書			決裁番号　　-　　　号	
決裁者	㊞	意　見	発議	年　月　日
社　長			決裁	年　月　日
専　務			起案	部
常　務				㊞
			添付書類：	
下記の件につき、ご許可くださるようお願いいたします。				
件　名				
受付　　月　　日　　総務部			原簿番号　　　—	

秘書は、総務課から回覧される稟議書を最終的な決裁者、またはその合議先になっている上司に対して受け渡しを行う。稟議書回覧から決裁までには時間がかかるため、なるべく速やかに処理できるよう、特に急ぐものを先に決裁してもらうように配慮する。日々のスケジュールのなかに決裁の時間を確保しておくことも大切である。

　最近では、図表2-34のように、時間がかかりすぎて意思決定が遅れがちになるという稟議制度の欠点を克服できる電子稟議書システムが開発され、効率よくスピーディに決裁ができるようになってきている。

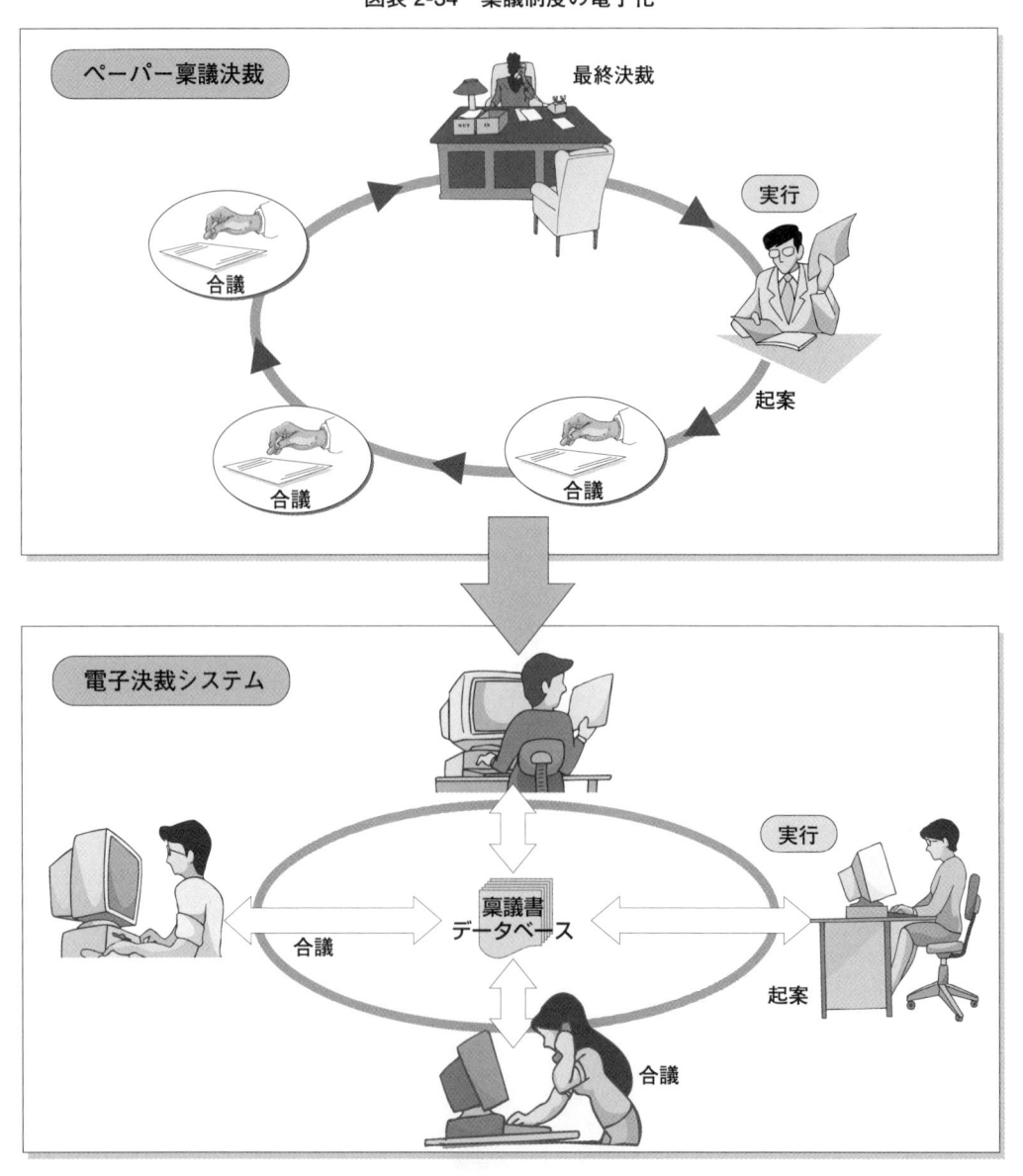

図表2-34　稟議制度の電子化

3）冠婚葬祭関連業務（慶弔管理）

　冠婚葬祭は、人と人とのつながりを大切にし、企業活動を円滑にする上で重要な役割を果たしている。秘書は日頃から、図表2-35、36、37のような冠婚葬祭にまつわる知識や情報を得ておき、状況に応じて適切な対処と行き届いた心配りができるように準備しておく。たとえば、時期を失することなく状況に見合った適切な贈答品を選定し、前例を参考にして御香典・御祝儀を用意するなど、できるだけ上司の手を煩わせないように進んで情報を収集し、その準備と手配をする。また実際に行った慶弔時の対応については詳細を記録に残しておき（データベース化）、次回に同様のケースが発生したときの参考とする。

図表 2-35　慶弔管理の対象とする領域

慶　事 （祝賀行事・祭事・催事）	昇進・昇格、栄転・転勤、賀寿（長寿のお祝い）、退官・定年退職、新築（地鎮祭、上棟式）、新社屋落成、改装・改築、開業・開店、新商品等の発表記念、創立記念、展覧会、受賞・叙勲・表彰、出場、当選、結婚など
弔　事 （お悔やみごと）	通夜・葬儀・告別式、弔問、法要（初七日〜忌明け、忌明け後の法要）、追悼会など
お見舞い・贈答・ 年中行事	病気見舞い、事故・災害見舞い、快気祝い・全快祝い、年賀、中元、歳暮など

図表 2-36　慶弔・贈答マナーの基本

年　賀	取引先、顧客などに年賀状を郵送する。1月7日（松の内）を過ぎたら「寒中見舞い」とする。
暑中見舞い	7月22日から8月7日頃までに郵送する。それ以降は「残暑見舞い」とする。
お中元	相手の年齢、嗜好などを考えて、企業のイメージに合うセンスの良い品を選んで贈る。7月初旬から15日頃までに贈るようにする。品物を送る際には挨拶状を添えるか、手紙を書いて別便で送るのがマナー（品物だけを送りっぱなしにしない）。
お歳暮	12月初旬から25日頃までに贈るようにする。品物を郵送する場合は挨拶状を添える。
一般的な御祝	就任、栄転、開店など一般的なお祝いに現金を贈る場合は、用途に合わせた熨斗（のし）袋に入れて、「ご祝儀」「お祝い」「○○祝い」などのように上書きする。品物を贈る場合は、相手の立場に立って選定する。
賀　寿	年齢によるお祝いのこと。祝宴の日に合わせて記念の品物やお酒などを贈る。 満60歳―還暦、70歳―古稀、77歳―喜寿、80歳―傘寿、88歳―米寿、90歳―卒寿、99歳―白寿、100才―百寿
病気見舞い	病気見舞いのときは、病状に合わせて果物や花などを贈る。香りのきつい花や花びらが落ちやすい花、鉢植えなどを病室に持ち込むことは避ける。最近は花を持ち込めない病院もあるので注意する。現金を贈るときには熨斗や水引のついていない白い封筒に入れる。
通夜・告別式	宗教、宗派によるしきたりの違いに注意して準備する。弔電を打つ、香典を包む、供物、供花、参列の手配をする等。
結婚式・披露宴	祝電を打つ、お祝い金またはお祝いの品を用意する。熨斗袋の水引は、必ず「結びきり」のものを使用する。出欠の返信はがきを出す（欠席の場合は必ずひと言書き添えるのがマナー）。お祝いの品を届けるときは、吉日の午前中に持参する。
新築・落成祝	色の赤い品や、火に関係するもの（ライターや暖房器具など）を贈ることは避ける。

図表 2-37　弔事対応の流れ

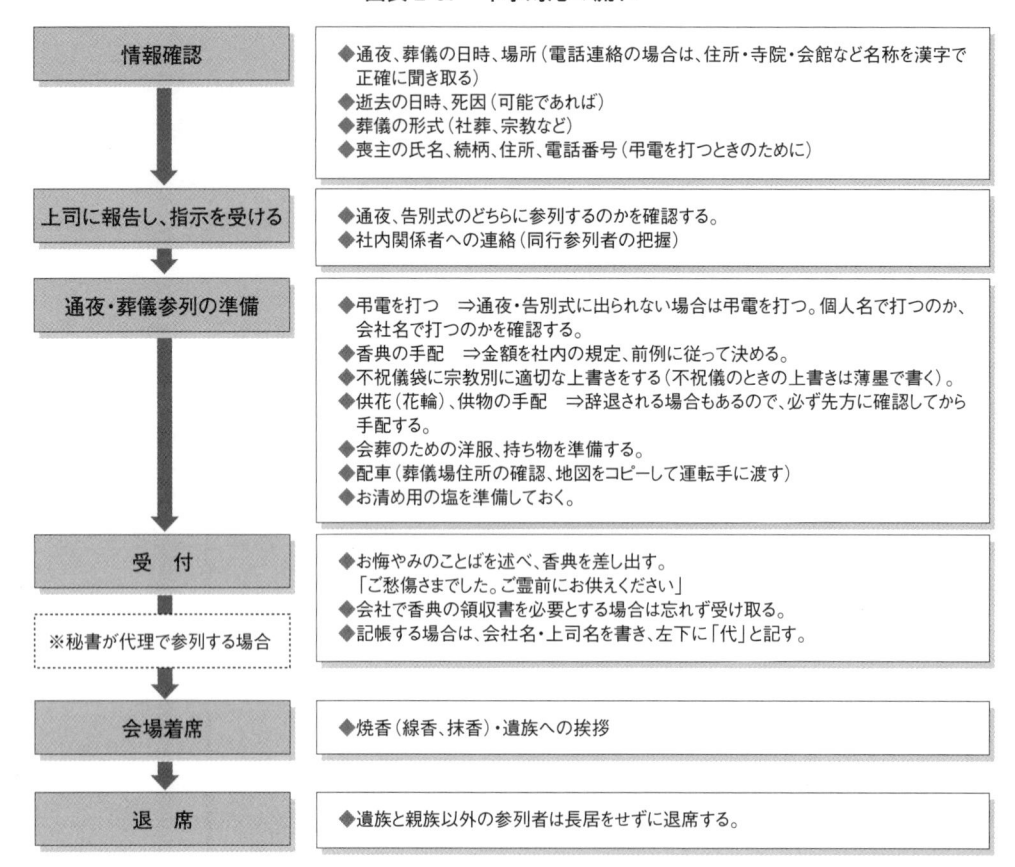

情報確認
- 通夜、葬儀の日時、場所（電話連絡の場合は、住所・寺院・会館など名称を漢字で正確に聞き取る）
- 逝去の日時、死因（可能であれば）
- 葬儀の形式（社葬、宗教など）
- 喪主の氏名、続柄、住所、電話番号（弔電を打つときのために）

上司に報告し、指示を受ける
- 通夜、告別式のどちらに参列するのかを確認する。
- 社内関係者への連絡（同行参列者の把握）

通夜・葬儀参列の準備
- 弔電を打つ　⇒通夜・告別式に出られない場合は弔電を打つ。個人名で打つのか、会社名で打つのかを確認する。
- 香典の手配　⇒金額を社内の規定、前例に従って決める。
- 不祝儀袋に宗教別に適切な上書きをする（不祝儀のときの上書きは薄墨で書く）。
- 供花（花輪）、供物の手配　⇒辞退される場合もあるので、必ず先方に確認してから手配する。
- 会葬のための洋服、持ち物を準備する。
- 配車（葬儀場住所の確認、地図をコピーして運転手に渡す）
- お清め用の塩を準備しておく。

受付（※秘書が代理で参列する場合）
- お悔やみのことばを述べ、香典を差し出す。「ご愁傷さまでした。ご霊前にお供えください」
- 会社で香典の領収書を必要とする場合は忘れず受け取る。
- 記帳する場合は、会社名・上司名を書き、左下に「代」と記す。

会場着席
- 焼香（線香、抹香）・遺族への挨拶

退席
- 遺族と親族以外の参列者は長居をせずに退席する。

4）危機管理（突発的な出来事への対処）

　秘書の仕事は、予定どおりに確実にこなしていくものと思われがちであるが、実際には日々変更がつきもので、常に臨機応変な判断と柔軟な対応が求められる。このため図表2-38、39のように、突発的な事態を、ある程度予測して職務にあたることになる。たとえば、スケジュール管理では、予定表どおりに進む日の方が珍しいといってもよく、面談者の優先順位も次々に変わることも珍しくない。変更や調整のための先方とのやりとりなど柔軟かつスピーディな対処が必要である。交通機関の遅れへの対処、代行者の依頼見通し、商品のクレーム、上司の怪我・病気の際の対処やマスコミへの対応など、非定型的に起こる出来事への対処法や危機管理については、日頃から総務部や広報部など他の担当部署と連携して準備しておくことが望ましい。

図表 2-38　アクシデントの予測と解決策

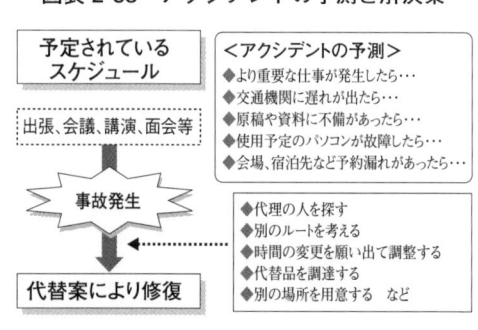

予定されているスケジュール
↓
出張、会議、講演、面会等
↓
事故発生
↓
代替案により修復

＜アクシデントの予測＞
- より重要な仕事が発生したら…
- 交通機関に遅れが出たら…
- 原稿や資料に不備があったら…
- 使用予定のパソコンが故障したら…
- 会場、宿泊先など予約漏れがあったら…

- 代理の人を探す
- 別のルートを考える
- 時間の変更を願い出て調整する
- 代替品を調達する
- 別の場所を用意する　など

図表 2-39　秘書室のアクシデントと危機管理

アクシデント：
- 自然災害
- 商品事故・クレーム
- 情報漏洩
- 事故・火災
- 不渡り・倒産危機
- 社員の不祥事
- 病気・けが
- マスコミのバッシング

→
- 前兆を捉えて対策を打つ
- 緊急連絡先一覧表の常備
- 他部署との連携・訓練
- 正確な情報の収集
- 冷静な判断と迅速な対応

5）環境整備

　秘書は上司が快適に執務できるように、また上司の立場にふさわしい品格を保てるように執務室や応接室などの環境整備を行う。図表２-40のように、動線に配慮した家具や什器のレイアウト、消耗品の管理と補充、室内の整備・清掃などを進んで行うことによって、上司の仕事効率をあげるように助力する。

図表 2-40　秘書の環境整備

■執務室のレイアウト
- ◆上司のデスクは入り口から離して配置し、ドアを開けてすぐに姿が見えないようにする。
- ◆上司デスクと秘書デスクを同室内に配置する場合は、向かい合わせにならないようにする。
- ◆上司室の外に秘書デスクを置く場合は、来客が必ず秘書デスクの前を通るように配置する。
- ◆パソコンや電話の位置や配線に注意する。
- ◆利用頻度の高いファイルは上司デスク近くのキャビネットや書棚に配架・保管する。
- ◆応接コーナーは上座、下座の位置に注意してソファーとアームチェアを配置する。

■机上の整理
- ◆机上トレイの整理（未決・既決書類の整理、分類）をする。
- ◆文房具類、事務用品を整備補充しておく（鉛筆削り、朱肉、用紙、メモ帳など）。
- ◆新聞、雑誌を整頓する。
- ◆電話は左手で受話器を取れる位置に置き、配線が執務の邪魔にならないようにする。
- ◆キャビネットや引き出し、金庫の鍵を管理する。

■定期的な清掃
- ◆カーテン、ブラインド、窓の汚れや埃に気をつける。
- ◆テーブルクロスや椅子カバーをクリーニングに出す。
- ◆応接室や会議室の整備と管理、部屋全体の清掃、電話機、PCなどの乾拭き、灰皿やゴミ箱の点検。

■部屋の環境整備
- ◆照明器具、空調機械の点検（照度、温度・湿度調節）をする。
- ◆手元の照明は左側（または左後ろ）から採れるようにする（手暗がりにならないようにする）。
- ◆カレンダー、時計の時刻を合わせる。
- ◆花や観葉植物の管理、絵画・美術品の配置と管理をする。

（4）秘書が行うコーディネート業務

秘書は、図表2-41のようなコーディネート業務を遂行するために、上司から指示された仕事をどんどん先取りする全体を見渡す目と、必要なことを押さえてすぐに対処する行動力が必要である。また、漏れのない仕事をするためには、図表2-42のように、常にPDCAサイクルを頭に浮かべて行動する習慣をつけておくとよい。

図表 2-41　秘書が行うコーディネート業務例

- ◆出張の手配
- ◆会議の準備、運営の手伝い
- ◆行事・イベント等の企画・運営
- ◆会食のコーディネート　など

図表 2-42　コーディネートのプロセス

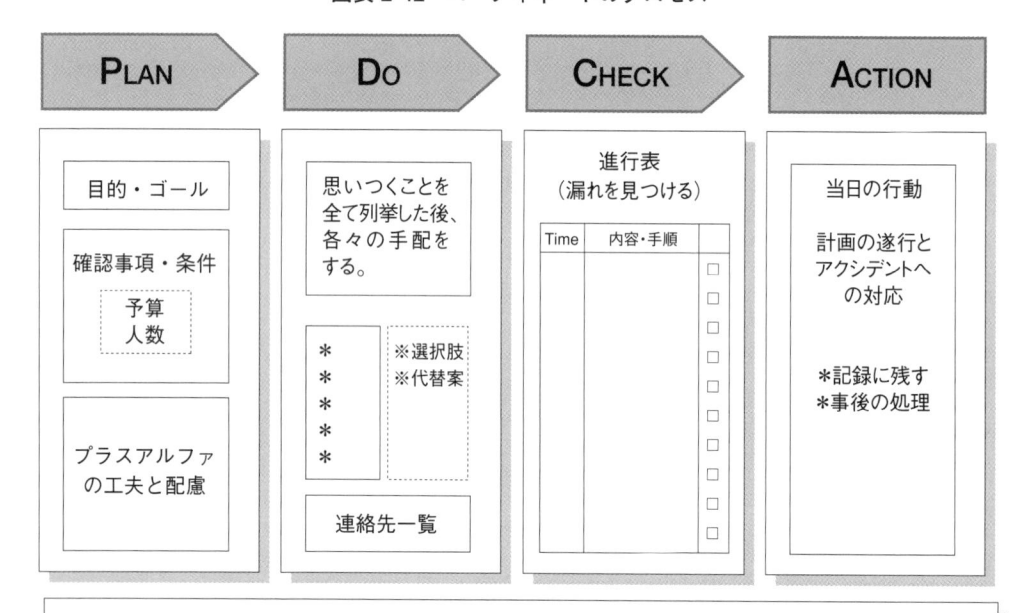

PLAN	DO	CHECK	ACTION
目的・ゴール	思いつくことを全て列挙した後、各々の手配をする。	進行表（漏れを見つける） Time／内容・手順	当日の行動 計画の遂行とアクシデントへの対応
確認事項・条件 予算　人数	※選択肢 ※代替案		＊記録に残す ＊事後の処理
プラスアルファの工夫と配慮	連絡先一覧		

PDCAとは　PLAN（計画）⇒ DO（実行）⇒ CHECK（点検）⇒ ACTION（調整・改善）

STEP1. 結果と目的を明らかにする。例：「上司が出張に行き、所期の目的を果たす」ためにサポートする。
STEP2. 目的のためのプロセスを全て挙げる。思いつくことを全て書き出し、A案B案など選択肢も用意する。
STEP3. 足りないパーツを見つけ出す。全体を見渡して、漏れがないかを点検する。
STEP4. 計画に従って実行する。計画通りにいかない点を修正する。

1）出張業務

上司が出張の目的遂行に集中しスムーズに移動できるように、秘書は上司の要望を聞いた上で、細かな時間調整やさまざまな手配を行い、出張の段取りを整える。上司の出張予定が入ったら、次の点を確かめてから準備をすすめる。

①出張の目的地
②用件（営業、依頼・交渉、講演、会議・パーティー出席等）
③訪問先、面会予定者
④同行者の有無
⑤利用交通機関の利用クラス（ビジネスクラス、グリーン車等）、宿泊先ホテルの部屋タイプ（シングル、ダブル、ツイン、スィート等）の希望
⑥準備すべき書類その他

図表2-43の出張業務のコーディネート例を参考にして、旅程を立ててみよう。

図表2-43　出張業務のコーディネート例

仕事発生	上司に確認	準備・手配	結　果
札幌出張	◆どこへ（出張場所） ◆何のため（出張目的） ◆いつ（何日間） ◆誰と（同行者） ◆航空機、ホテルの希望 ◆面会者の有無 ◆資料作成や用意するものの確認	◆旅行代理店、インターネットで航空機、ホテル等の手配 ◆参加申し込み手続き ◆出張日程の組み立て ◆出張先での面会者との連絡 ◆出張先での宴会の設定 ◆手土産手配 ◆地図を準備（訪問先を確認）	◆9月20日(月)9:00発 JAL1011便、9月21日(火)18:00発JAL1030便 ◆山王プラザホテル1泊 ◆日本経営者会議懇親会（パレスホテル）14:00～17:00 ◆㈱東洋商事 小林専務と面会 21日(火)14:00 （パレスホテル1階ラウンジ） ◆旅費の仮払い

スケジュール確定

月日	時間	日程	備考
9月20日(月)	9:00～10:30	JAL1011便 東京→札幌	
	14:00～17:00	日本経営者会議懇親会	パレスホテル 011-333-3333（代表） 山王プラザ泊 011-555-5555
9月21日(火)	14:00～15:00	㈱東洋商事 小林専務と面会	パレスホテル 1階ラウンジ
	18:00～19:20	JAL1030便 札幌→東京	

資料を手渡し、見送り

◆出張スケジュール表（上司、留守宅用）
◆航空券、ホテルクーポン券
◆地図
◆会議資料
◆名刺予備
◆必要に応じてお土産

上司帰着後

◆出張の感想を確認
◆出張中の報告
◆出張旅費精算
◆お世話になった人への礼状、電話
◆持ち帰った名刺、資料の整理

◆出張先の上司との定時連絡
◆緊急連絡

2）会議・会合

会社・組織内では、株主総会や役員会から部長会、日常のミーティングまで大小さまざまな会議が開かれ、日々、問題解決のために討議・意思決定がなされている。秘書は、会議の目的や出席者の顔ぶれなどを考慮して最もふさわしい会場を選定するなど、綿密な手配と準備を行うことによって、スムーズに運営できるようにサポートする。

図表2-44　返信はがきと委任状

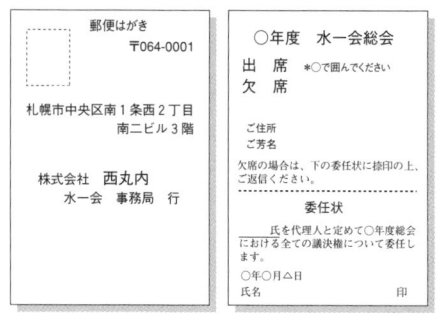

郵便はがき　〒064-0001
札幌市中央区南1条西2丁目　南ニビル3階
株式会社　西丸内　水一会　事務局　行

○年度　水一会総会
出席　＊○で囲んでください
欠席
ご住所
ご芳名
欠席の場合は、下の委任状に捺印の上、ご返信ください。
委任状
氏を代理人と定めて○年度総会における全ての議決権について委任します。
○年○月△日
氏名　　　　　印

※委任状　判断・決定・実行を代理人に任せることを承知する文書のこと。

また上司は社外の会議や会合、祝賀会やパーティーに出席する機会も多いので、出欠の返信、委任状の提出（欠席する場合）をはじめ、会場までの所要時間の計算、地図の用意、服装のコード（ドレスコード）情報の収集など、当日に向けての準備や手配を行う。

図表2-44、45を参考に会議などの準備にあたってみよう。

図表2-45　上司が主催する会議の準備・運営にまつわる秘書の仕事

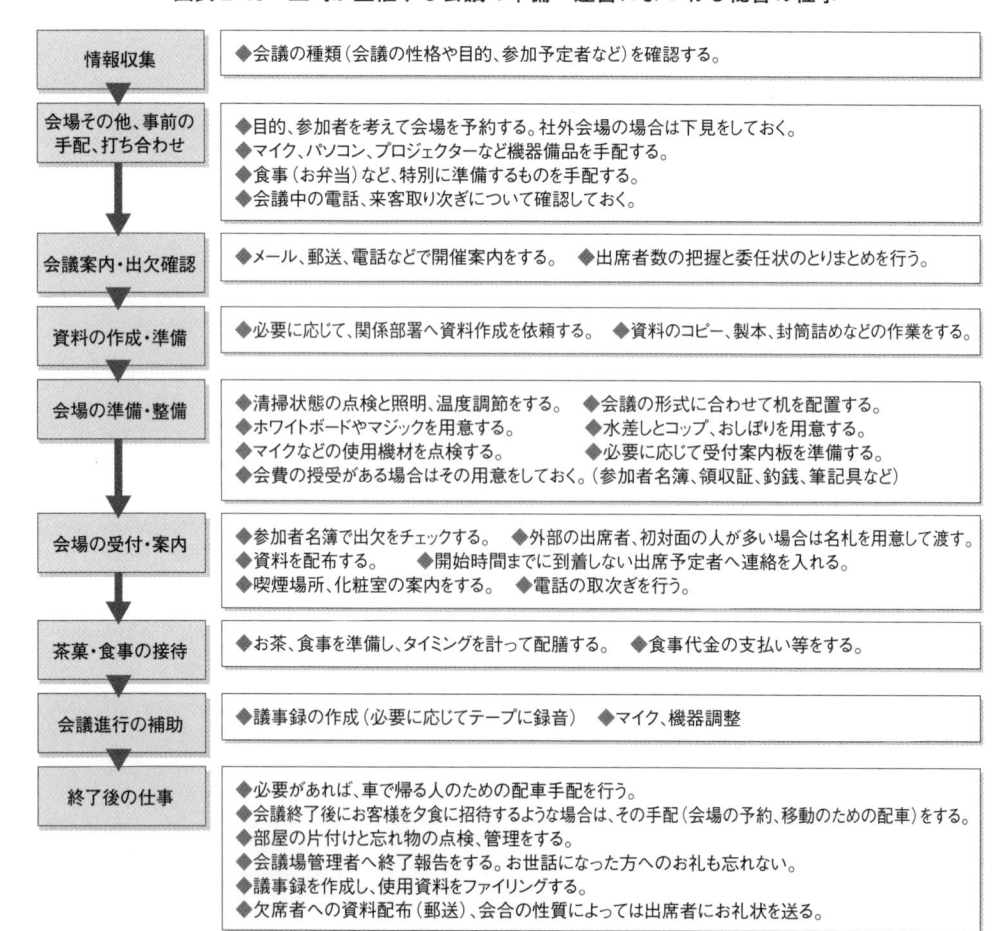

情報収集	◆会議の種類（会議の性格や目的、参加予定者など）を確認する。
会場その他、事前の手配、打ち合わせ	◆目的、参加者を考えて会場を予約する。社外会場の場合は下見をしておく。 ◆マイク、パソコン、プロジェクターなど機器備品を手配する。 ◆食事（お弁当）など、特別に準備するものを手配する。 ◆会議中の電話、来客取り次ぎについて確認しておく。
会議案内・出欠確認	◆メール、郵送、電話などで開催案内をする。　◆出席者数の把握と委任状のとりまとめを行う。
資料の作成・準備	◆必要に応じて、関係部署へ資料作成を依頼する。　◆資料のコピー、製本、封筒詰めなどの作業をする。
会場の準備・整備	◆清掃状態の点検と照明、温度調節をする。　◆会議の形式に合わせて机を配置する。 ◆ホワイトボードやマジックを用意する。　◆水差しとコップ、おしぼりを用意する。 ◆マイクなどの使用機材を点検する。　◆必要に応じて受付案内板を準備する。 ◆会費の授受がある場合はその用意をしておく。（参加者名簿、領収証、釣銭、筆記具など）
会場の受付・案内	◆参加者名簿で出欠をチェックする。　◆外部の出席者、初対面の人が多い場合は名札を用意して渡す。 ◆資料を配布する。　◆開始時間までに到着しない出席予定者へ連絡を入れる。 ◆喫煙場所、化粧室の案内をする。　◆電話の取次ぎを行う。
茶菓・食事の接待	◆お茶、食事を準備し、タイミングを計って配膳する。　◆食事代金の支払い等をする。
会議進行の補助	◆議事録の作成（必要に応じてテープに録音）　◆マイク、機器調整
終了後の仕事	◆必要があれば、車で帰る人のための配車手配を行う。 ◆会議終了後にお客様を夕食に招待するような場合は、その手配（会場の予約、移動のための配車）をする。 ◆部屋の片付けと忘れ物の点検、管理をする。 ◆会議場管理者へ終了報告をする。お世話になった方へのお礼も忘れない。 ◆議事録を作成し、使用資料をファイリングする。 ◆欠席者への資料配布（郵送）、会合の性質によっては出席者にお礼状を送る。

第 2 章　秘書の役割と業務

3）行事・イベント等のコーディネート

　秘書が関わる行事やイベントには、図表 2-46 の創業記念式典や祝賀会、社屋等の新築に行う地鎮祭・竣工式、上司の栄誉を称える叙勲祝賀会、上司の子息・子女の結婚式等さまざまなものがある。その多くは秘書が単独で企画立案することはなく、関係部署や上司と相談をして大枠を決め、会場の予約や招待者のリストアップ、案内状やプログラムの作成、席次の決定、出席者名簿作成等の準備を行う。また当日会場で、祝辞や乾杯の挨拶などをしていただく方には事前にお願いをして承諾を得ることや、特別のお客様に対しての車の手配等、事前に綿密な準備をすることになる。

　行事やイベントは内外から多くの人が参加する特別なものであるため、ミスが起こらないように、細部にわたるシミュレーションを行い、万全を期さなければならない。

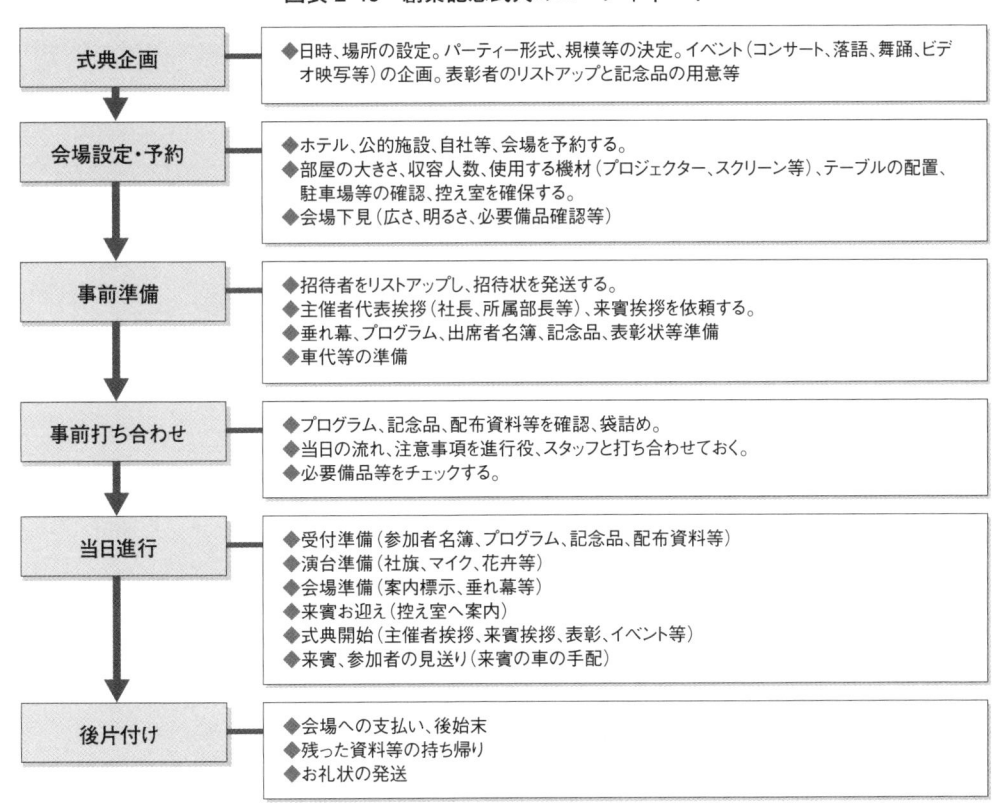

図表 2-46　創業記念式典のコーディネート

段階	内容
式典企画	◆日時、場所の設定。パーティー形式、規模等の決定。イベント（コンサート、落語、舞踊、ビデオ映写等）の企画。表彰者のリストアップと記念品の用意等
会場設定・予約	◆ホテル、公的施設、自社等、会場を予約する。 ◆部屋の大きさ、収容人数、使用する機材（プロジェクター、スクリーン等）、テーブルの配置、駐車場等の確認、控え室を確保する。 ◆会場下見（広さ、明るさ、必要備品確認等）
事前準備	◆招待者をリストアップし、招待状を発送する。 ◆主催者代表挨拶（社長、所属部長等）、来賓挨拶を依頼する。 ◆垂れ幕、プログラム、出席者名簿、記念品、表彰状等準備 ◆車代等の準備
事前打ち合わせ	◆プログラム、記念品、配布資料等を確認、袋詰め。 ◆当日の流れ、注意事項を進行役、スタッフと打ち合わせておく。 ◆必要備品等をチェックする。
当日進行	◆受付準備（参加者名簿、プログラム、記念品、配布資料等） ◆演台準備（社旗、マイク、花卉等） ◆会場準備（案内標示、垂れ幕等） ◆来賓お迎え（控え室へ案内） ◆式典開始（主催者挨拶、来賓挨拶、表彰、イベント等） ◆来賓、参加者の見送り（来賓の車の手配）
後片付け	◆会場への支払い、後始末 ◆残った資料等の持ち帰り ◆お礼状の発送

4）会食のコーディネート

　上司が、遠来のお客様や海外からの訪問者等を招待してもてなす場合、秘書は図表 2-47 のように、先方との日程調整やメニューの決定、会場予約の段取り等をして、その準備にあたる。普段から多くのレストランや料亭などの情報を入手するように心がけ、年齢や立場の異なるさまざまなお客様の好みや雰囲気に合わせたコーディネートができるようにしておく。当日は来客に満足してもらえる宴席にするために心を配り、もてなすことに徹する。

図表 2-47 会食のコーディネート

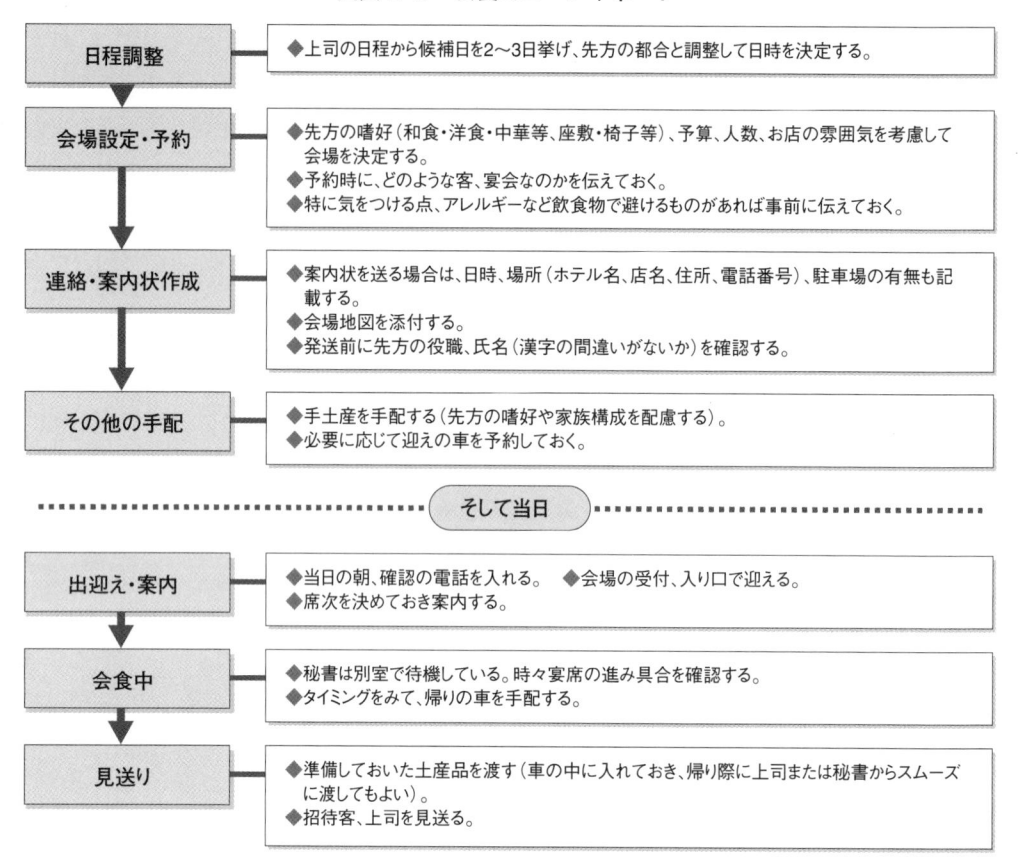

- **日程調整**
  - ◆上司の日程から候補日を2〜3日挙げ、先方の都合と調整して日時を決定する。

- **会場設定・予約**
  - ◆先方の嗜好（和食・洋食・中華等、座敷・椅子等）、予算、人数、お店の雰囲気を考慮して会場を決定する。
  - ◆予約時に、どのような客、宴会なのかを伝えておく。
  - ◆特に気をつける点、アレルギーなど飲食物で避けるものがあれば事前に伝えておく。

- **連絡・案内状作成**
  - ◆案内状を送る場合は、日時、場所（ホテル名、店名、住所、電話番号）、駐車場の有無も記載する。
  - ◆会場地図を添付する。
  - ◆発送前に先方の役職、氏名（漢字の間違いがないか）を確認する。

- **その他の手配**
  - ◆手土産を手配する（先方の嗜好や家族構成を配慮する）。
  - ◆必要に応じて迎えの車を予約しておく。

········· そして当日 ·········

- **出迎え・案内**
  - ◆当日の朝、確認の電話を入れる。　◆会場の受付、入り口で迎える。
  - ◆席次を決めておき案内する。

- **会食中**
  - ◆秘書は別室で待機している。時々宴席の進み具合を確認する。
  - ◆タイミングをみて、帰りの車を手配する。

- **見送り**
  - ◆準備しておいた土産品を渡す（車の中に入れておき、帰り際に上司または秘書からスムーズに渡してもよい）。
  - ◆招待客、上司を見送る。

資　料：秘書業務一覧表

	項　目	仕事の概要	具体的な仕事の内容
人的ネットワーク業務	社内外の連絡・調整	上司の仕事を効率よくスムーズに進めるために、社内外の連絡・調整をタイミングよく行う。	◆アポイントメントを取り、面会の段取りをする。 ◆報告、連絡、相談を確実に行う。 ◆変更事項の連絡・調整
	来客応対	上司を訪ねて来る来客の接遇をする。	◆受付応対・案内 ◆茶菓の接待・電話取次ぎ、伝言など
	電話応対	社内外からの電話への対応と取次ぎを行う。	◆電話の相手、用件に応じた対応 ◆取次ぎ、伝言 ◆代理でかける電話

	項　目	仕事の概要	具体的な仕事の内容
情報ネットワーク業務	スケジューリング（日程管理）	上司の行動予定にもとづき、来客、会議、外出などのスケジュールを作成し、その運営および社内外の人びととの連絡・調整にあたる。	◆年間、月間、日々予定表の作成 ◆関連部署への連絡、変更への対処、スケジュール調整 ◆アポイントの調整（取る・受ける） ◆配車（役員運転手との連携） ◆関係部署との連携
	文書管理と情報管理（レコードマネジメント）	文書の作成・清書や受発信文書の取り扱いとファイリングを行う。 社内外から情報を収集、適宜情報を提供する。	◆案内文、礼状、挨拶状の作成と発送 ◆書類、資料の翻訳 ◆郵便、宅配便・メールの受発信と記録 ◆ファイリング ◆上司のプロフィール管理 ◆慶弔記録、議事録等の管理 ◆新聞・雑誌・資料スクラップ ◆名刺、顧客情報・名簿の管理

	項　目	仕事の概要	具体的な仕事の内容
総務・庶務的業務	総務・経理・庶務業務	上司個人の経費管理など届出や手続きを要する業務の補佐や、昼食の準備、家族との連絡など、必要に応じサポートを行う。	◆株主総会、株式の事務と手続き ◆規則、規定に関わる事務 ◆小口現金の管理 ◆官公庁に対する届出、報告 ◆登記、登録、出願の事務と手続き ◆稟議書の取り扱い ◆契約書と印鑑の取り扱い ◆諸会費の支払い手続き ◆消耗品、備品の購入 ◆健康管理 　（薬、病院、人間ドックの予約など） ◆上司の家族との連絡
	冠婚葬祭関連業務	冠婚葬祭への参列のための準備や、贈答の手配などを行う。受付業務や上司の代理出席をする場合もある。	◆慶事、弔事の手配（祝電、弔電） ◆贈答、見舞い（見舞金、お花手配） ◆年賀状、暑中見舞い発送 ◆受付業務 ◆上司の代理出席など
	危機管理業務（突発的な仕事）	病気や事故、自然災害など緊急時の対応に加え、業務上のアクシデントへの対応を行う。	◆病気、事故 ◆災害 ◆業務上のアクシデント、クレームへの対応 ◆マスコミ対応
	環境整備業務	上司が快適な場で仕事ができるように上司室のレイアウトを考え、什器備品の管理や清掃・整頓を行う。	◆オフィス什器の配置（レイアウト検討） ◆役員室の整備、清掃 ◆消耗品や備品の補充、騒音や空調など

項　目		仕事の概要	具体的な仕事の内容
コーディネート業務	出張業務	上司の出張にあたって、旅程の作成からチケットの予約手配、携行資料の準備や、出張先との連絡などを行う。	◆旅程表作成 ◆各種チケットの手配、ホテルの予約 ◆海外出張時の各種手続き ◆出張先との連絡
	会議・会合業務	上司が召集する会議の準備・運営の補佐をする。また外部会議・会合・パーティーに参加する際の手続きと準備を行う。	◆案内通知、出欠管理 ◆資料や機器などの準備 ◆必要に応じて食事の手配 ◆会場準備、設営 ◆会議運営補助 ◆議事録の作成
	行事・イベント業務	社内行事や催事の準備と運営を行う。	◆式典、会食、パーティーの企画と運営 ◆ゴルフコンペの準備と運営 ◆商品やお土産の選定と手配 ◆接待場所、メニューの選定と予約手配 ◆出席者への連絡・外国人客の通訳など

【振り返り問題】

　あなたが考える秘書の仕事の難しさとやりがいを列挙し、秘書という職業についてグループでディスカッションしなさい。

【発展問題】

　あなたは大学の卒業祝賀会のコーディネートを任された。企画から実行までのすべての仕事（準備から当日の運営、終了後に行うこと）をあげて、作業一覧表を作成しなさい。

第 3 章

秘書とパーソナリティ

3章のねらい

　有能な秘書になるためには、上司のサポート業務に関するさまざまな技能が培われている必要がある。しかし、どんなに高い技能を習得したとしても、秘書にふさわしいパーソナリティを備えていなければ秘書の職能を果たすことはできないといっても過言ではない。

　それでは、パーソナリティとは一体どのようなものであろうか。この3章では、まずパーソナリティについての基礎知識を得るとともに、社会性のある人間のパーソナリティとは何かを知る。その上で、秘書に求められるパーソナリティについてその要件を詳しく学ぶ。また、パーソナリティの研鑽についても学生時代にできる方法を教わり、今後の自己向上の指針とする。

　さらに、秘書も含めた職業人全体に必要な「最低必要努力量」という考え方に基づき、職業人としての心構えについても認識を新たにする。

1 秘書とパーソナリティ

(1) 秘書とパーソナリティ
　1) パーソナリティとは

　社会生活を営むなかで、私たちは頻繁に自分の性格や他人の性格を話題にする。対人関係でうまくいかなかったときには、しばしば相手の性格のことを問題にしたりする。就職活動などにおいて自己PRをするときには、自分の性格をできるだけ肯定的に表現しようとする。このように、私たちは、いわゆる「性格」というものと常に向き合って生きていかねばならない。

　では、私たちが一般に「性格」といっているものと、「パーソナリティ」というものとの関係は、一体どのようになっているのだろうか。

　「パーソナリティ（personality）」という言葉は、もともと心理学用語であるが、昨今は一般的な日本語としても使われるようになった。その場合、私たちは「パーソナリティ」という言葉を「人柄・その人らしさ・人となり」などという意味で使っていることが多い。最近の心理学者たちの多くが認めているパーソナリティの意味は「人の行動には、時と状況に関係なく、一貫性と独自性がある」というものである。すなわち「人びとはいろいろなときに、いろいろなところで、いろいろな行動をするように見えても、その行動には一貫したものがあり、また他の人とは違ったその人なりの独自性がある」ということである。

　図表3-1は、宮城音弥の考えに基づいてパーソナリティの構造を描いたものである。「気質」とは性格の中核をなす部分で、遺伝によって決定されるといわれている。その気質を基盤として、後天的に彫り込まれた特徴が「狭い意味での性格」と呼ばれるものである。さらに、狭い意味での性格の外層に態度や習慣的行動様式を含む「広い意味での性格」ができる。この二つの性格を一般に「キャラクター」と呼んでいる。

　一番外にある役割性格とは、その人に与えられた社会的役割とその経験によって身につけた態度や行動パターンである。これを私たちは「パーソナリティ」と呼んでいる。また、この言葉は劇などの登場人物という意味ももっているので、テレビドラマなどでは出演者のことをパーソナリティとも呼んでいる。

　私たちの性格は、気質を核にして、生まれ育った環境のなかで作られてきたものであるが、図表3-1の同心円の外へ行けばいくほど、環境の影響を強く受ける。環境の影響を強く受けるということは、環境などの外界の影響によって変化するということである。すなわち、気質やキャラクターは変えにくいのに対して、外側にあるパーソナリティの方は環

図表3-1　パーソナリティの構造

（気質／狭い意味での性格／態度を含む広い意味での性格／役割性格）

境や自らの意思によって変えることができるのである。

　人間は、ただ受け身の存在ではない。自分はこうありたい、こう生きたいと理想を描くことができる生き物である。そして、理想に向かって自分を変革し高めようと努力することができる。たとえば、内気な性格であるが努力して積極的に振る舞う、小さな失敗にくよくよしがちな性格であるが、物事を大きく見るように努める、などといった自己変革に始まり、職業人としての目標や価値観をもち、それに向かってパーソナリティを磨いていくことができる。そして、秘書に必要とされるパーソナリティについても、それらの要件を学び、ありたい姿をイメージし、目標に向かって研鑽することにより、有能な秘書をめざすことができる。

　２）社会性とパーソナリティ

　パーソナリティ発達の研究において、「成人期初期のパーソナリティは、その後の人生を通してのパーソナリティのよい指標になる」ことが指摘されている。今、この学生時代に、自己のパーソナリティについて振り返り、望ましいパーソナリティに向かって自己研鑽することは、これからの人生に大きな影響を与える。

　では、人は、どのような態度や行動パターンをもつ存在へと発達していけば、社会性をもったパーソナリティとして評価されるのであろうか。これについては、社会性の心理学研究において、次の二つの側面が挙げられている。

図表3-2　パーソナリティの二つの側面

①社会（他者）に対する態度	他者への肯定的な態度や関心などを意味し、協調的である、思いやりがある、誠実である、自分の責任や役割を果たすことができる、などといった行動傾向
②自己に対する態度	自信、有能感、成長、価値ある存在、などの肯定的な感情や認識

　双方とも大切なのだが、どちらかといえば、①の「社会に対する態度」、つまり、他者と協力し、お互いを認め合い、よい人間関係を保っていくこと、すなわち社会性が十分に備わったパーソナリティが、社会人として最も重要であり、生き生きとした職業生活を営むことができる基盤となる。そして、この基盤の上に、秘書として求められるパーソナリティを培ってこそ、秘書の職能を大いに発揮することができるのである。

（２）秘書として求められるパーソナリティ

　パーソナリティという言葉は、ラテン語のペルソナ（persona）を語源とするといわれている。ペルソナとは舞台仮面のことで、観客は俳優がつけた仮面の役柄にふさわしい振る舞い方を期待する。すなわち、パーソナリティとは、社会において、その人が受けもつ「役割」であり、その役割にふさわしい振る舞い（役割行動）が期待されているのである。

したがって、秘書という役割を遂行するためには、職業人として社会性のあるパーソナリティの上に、さらに必要とされる要件がある。

1）業務内容に対応した秘書のパーソナリティ

中村健壽らは、「秘書の心理的資質と業務効力感の関連について[1]」の研究において、「秘書としての心理的資質（性格特性）」として、「心理的資質に関する因子分析の結果」を踏まえて、「積極性」と「堅実性」の2要素を挙げ、それぞれの要素を構成する項目を、図表3-3のように分類した。

図表3-3　心理的資質に関する因子分析の結果

積　極　性	堅　実　性
①チャレンジ精神がある	①謙虚である
②積極的である	②慎重である
③行動力がある	③誠実である
④表現力がある	④協調性がある
⑤自主性がある	⑤思いやりがある
⑥創造性がある	⑥責任感がある
⑦社交的である	⑦几帳面である
⑧明朗である	⑧従順である
⑨先見性がある	⑨自己コントロールができる

出所：「ビジネス実務論集」第20号　p.52

これらの要素項目、すなわち性格特性がいろいろと組み合わされることによって、秘書に必要なパーソナリティが形成されていくと考えられる。

それでは、今までの秘書研究ではどのような事柄が秘書のパーソナリティとして採りあげられているのだろうか。まず、全国短期大学秘書教育協会が編纂した『秘書学概論』のなかで、佐藤啓子は、秘書に求められるパーソナリティとして、機密を守る慎重さ、正確性、勤勉、先見性、臨機応変な態度、忠実、謙虚を挙げている。また、武田秀子らは、『新秘書・ビジネスワーク論』において、情緒の安定、直感力、責任感、心配り、自己のパーソナリティの認識などを挙げている。さらに、森脇道子は、その著『ビジネス実務』のなかで、サービス実務を支える資質として、共感的な態度、気配り、機転、豊かな感受性などを挙げ、あわせて「感じる知性」の重要性を強調している。

このような先行研究を基にして、本書では、秘書の業務内容に対応したパーソナリティとして、次の五つの要件を挙げる。

①口が固い

第2章の「秘書の役割」でも述べたように、秘書（secretary）は、言葉が示すとおり秘密の

---

[1]「ビジネス実務論集」第20号

事項を扱う。しかし、人は、自分が認知されたいという欲求から自分の知っていることを他者に話したがる傾向がある。その欲求を、職務に対する責任感や誠実性、慎重などといった堅実性というパーソナリティ構成要素でコントロールすることによって、機密を守るという秘書の本来業務を担うことができる。

②わきまえがある

　秘書の役割は、基本的には上司のサポート役であり、上司をめぐる人的ネットワークや情報ネットワークのコーディネーター役である。森脇によれば、サポート業務には、上司の日常業務活動をサポートする「付随的補佐」と、ネットワーク作りなど補佐活動の創造をする「主体的補佐」がある。

　また、1章や2章で述べたように、秘書がより積極的に上司を取り巻くネットワークのコーディネートを行う時、ただ従順で、謙虚であるだけでなく、自主的・積極的にチャレンジ精神をもって行動していく必要がある。これらの要素がバランスよく培われたパーソナリティをもち、その上で、どのような業務を行うにせよ、秘書は決して越権行為をしない分別すなわち「わきまえがある」ことが肝要である。

③機転が利く

　「機転が利く」とは、気を利かせ、とっさにその場にふさわしい行動をとることである。経営管理者である上司に起こるさまざまな場面に対して、いかに先見性をもち、臨機応変に対処するかが秘書の職能でもある。そのためには、上司の立場や客の立場などに対する誠実な思いやりだけでなく、幅の広い対応ができるための柔軟性や先見性というパーソナリティ要素も重要である。

④丁寧で落ち着きがある

　トップマネジメントである上司の来客には、自ずとそれなりの客層というものがある。ときには、自分の立場では会うことのできないVIPと接する機会もある。この点が他の部署と異なる特徴でもある。にこやかで明るい応対に加え、丁寧な言葉遣いや、落ち着いた立ち居振る舞いができることが必要である。これらの日々の積み重ねによって、丁重さや格調のあるパーソナリティへと一層磨かれていくのである。

⑤自分のパーソナリティを知っている

　人は、生まれもった気質を核にそれぞれの養育環境で性格を培ってきた。初めから秘書に必要なすべてのパーソナリティを完璧に備えている人間はいない。だからこそ、まず自分のパーソナリティ特性に気づくことが必要である。客観的に自分を見ることによって、自己のパーソナリティに対するバランスの程度がわかるようになる。自分の長所短所を自覚すれば、他人からのアドバイスも謙虚に受け止めることができる。さまざまな感情をコントロールし、客観的に自分を励まし、自己研鑽をしていくことによって、秘書にふさわしいパーソナリティが築かれていく。

　以上、個人付き秘書やグループ型秘書、兼務秘書といった秘書の形態や、外資系秘書やリー

ガル秘書、メディカル秘書などという専門的な秘書特性にかかわらず、秘書という業務内容に共通したパーソナリティについて述べてきたが、それらに加え、専門性などによって、さらに必要とされるパーソナリティもある。

たとえば、リーガル秘書やメディカル秘書といった専門秘書では、慎重で丁寧な仕事ぶりだけでなく、一般企業の顧客とは異なり、クライアントと呼ばれる相談者や患者とのコミュニケーションをとらなければならない。問題を抱えている人や病んでいる人に対するコミュニケーションには、相手の話を傾聴し、共感するという姿勢が重要である。そのためには、強い思いやりとともに傾聴や共感することができるパーソナリティが必要である。傾聴や共感といったコミュニケーション方法についても機会を見つけて学ぶことが望ましい。

その他、国会議員の秘書や行政などの首長秘書については、積極性という要素が強く要求されると考えられるので、専門性による特徴的なパーソナリティについて研究するのも興味深い。

2）パーソナリティの研鑽

以上、業務内容に対応した秘書のパーソナリティについて考えてみた。それは、口が固く、越権行為をしないわきまえがあり、機転が利き、丁寧さや落ち着きがある人柄であった。そして、何よりも自分のパーソナリティを知ることが肝要である。私たちは自分が大変不完全な人間であることを自覚する。そのような自覚があって初めて人は自らを向上させようと思い立つ。

それでは、これら秘書に必要とされるパーソナリティを研鑽するために、学生時代のうちにできることを「知性」「感性」「良識」の三つに分けて、その開発方法を考えてみる。

① 「知性」の開発

「知性」とは、考える力、わきまえる働き、そして、認識や判断などの知的な働きを営む能力のことをさす。知的とは、知識に富んでいるさまであるといわれる。また、知識に富んでいることを一般に教養があるともいう。したがって、「知性」は、「教養」によって培われる。

「教養」とは総合的な知のあり方である。単に物事を知っているというのではなく、いろいろな方面の知識を採り入れて、そのなかで自分の判断力の基礎を作っていくのが教養である。「自分の周りに生じるさまざまなことに関心や問題意識をもち、それに対する知識を得ていくこと」が知性向上の第一歩である。しかし、ただ教養があるだけでは本当の知性にはならない。学習とともに体験が必要である。学習したことが体験によって裏打ちされ、それが真の教養として知性になり、知性によってパーソナリティが高められていく。そのためにも、「学校行事、サークル、地域、ボランティアなどの諸活動に積極的に参画すること」は絶好のチャンスである。また、身の回りの限られた体験の場だけでなく、さまざまな人びとの生き方について、本などを通じて疑似体験することも効果的な方法である。

② 「感性」の開発

私たちが一般的に使う「感性」は、「物事に感じる能力、物事を深く感じとる動き、感受性、感覚など」のことをさしている。そして、「豊かな感性を育てる」「感性が鋭い」などというよう

に使われている。しかし、一方で、この言葉はまさしく感覚をさしているため、個々人が特有にもっている感受性や感覚によってとらえ方に差異が生じ、その結果として、私たちは感性という言葉の定義をあいまいに使っていることが多い。

この機会に、感性を育てるために効果的でしかも普遍的な方法として、「感動すること」、「感謝すること」、そして、「自分の得意なことをもつ」ことの三つを日常の生活に採り入れていきたいものである。

③「良識」の開発

「良識」とは、「健全ですぐれた見識や善悪を下せる判断力」をいう。その下地となる「見識」とは「しっかりした考え」のことである。それでは、私たちが頻繁に使う「常識」とは何であろうか。「常識」とは、「そこの人びとの間に広く承認され、当然もっているはずの知識や判断力、共通感覚」のことをいう。言い換えれば、常識は時代や社会環境によって変化するものであり、かつての常識が現在の非常識になるという極端な場合も生じる。それに対し、良識の方は、善悪という理性や人間性に立脚しているものであり、時代や民族などを超えた普遍的なものであるといえる。私たちが健全な社会生活を営み、優れた秘書として活躍するためには、さまざまな局面にこの良識が必要とされる。そのためにも、「モラルやルールを守ること」や、「ボランティア活動をすること」、また、「地球環境に対する意識と配慮」を実行することを通じて良識を開発し、パーソナリティを研鑽していきたいものである。

2 職業人としての心構え

昨今の社会情勢は刻々と変化している。経済社会では「CSR（Corporate Social Responsibility：企業の社会的責任）」経営が注目されている。社団法人日本経済団体連合会は、CSRの視点から『企業行動憲章』を2004年5月に改定した。それは、「企業は、公正な競争を通じて利潤を追求するという経済的主体であると同時に、ひろく社会にとって有用な存在でなければならない」として、「お客様満足」、「法令遵守」、「従業員のための職場環境の整備」、「環境問題」などを盛り込んで明文化したものである。この企業行動憲章は企業経営者に対する申し合わせ事項であるが、ここに流れる精神は企業の経営者ばかりでなく、そこで働く人びとにとっても、働く上での行動指針となるものである。特に組織の中枢に近い位置にいる秘書にとっては、上司とともに常に意識していなければならない事柄である。

それでは、職業人としてどのような心構えをもち、仕事に携われば、社会にとって有用な存在としての働き方ができるのだろうか。

（1）働く目的と現状課題

私たちはしかるべき教育を受けた後は、特別の場合を除いて職業人として社会生活を営む。

生活を維持するため、自分の能力を試すため、自己実現のためなど、人はいろいろな目的をもって働いている。

　財団法人社会経済生産性本部における新入社員の「働く目的についての意識調査」報告書によると、新入社員の働く目的の上位３項目は、20年前から変わらず、「楽しい生活をしたいため」、「自分の能力を試す生き方をしたいため」、そして「経済的に豊かな生活を送りたいため」となっており、2004年には「楽しい生活をしたいため」が群を抜いて高い数値となっている。この「楽しい生活」とは、職業生活の楽しさ、余暇生活の楽しさ、仕事と生活の調和といったことを意味していると分析されている。

　これらは新入社員という立場で考える「働く目的」の一例である。そして、職業生活の経験を重ねていくにつれ、私たちは「働く目的」に社会性を加えていくのである。

　人は、まず自立した生活を営むために働く。そして、自分の能力を発揮するために職業を選ぶ。すべての職業は社会に必要なものであるから、人は社会の一員として、社会のために働いていることがわかってくる。社会貢献への自覚である。それが人間的成長を促進し、職業意識を向上させる。そして、職業生活を継続し、社会に貢献していく。

　しかし、一方では、ニート（NEET[2]：Not in Employment, Education, or Training）の人口が2005年３月には85万人にも達したという報告がある。１章でも学んだように、ニートは、働くという社会参加に対する意欲を喪失し、または奪われている若者たちである。現在、日本でも社会問題化している。加えて、新規学卒者の早期離職も大きな問題となっている。離職する時期が早すぎる若者たちの増加である。2005年３月の「労働経済白書」によると、2003年就職者における入社１年以内の離職率は、高卒者が25％、大卒者は15.3％となっている。離職の理由は、「仕事の内容が自分の能力・適性に合わない」とする人の割合が最も多く、20％以上もあるという。一般的には７・５・３といわれ、入社３年以内での離職率が、中卒で７割、高卒で５割、大卒で３割もある。

　このような現状があることを認識しながら、では、どのような意識をもてば、働く意欲を喪失せずに職業人として社会生活を送ることができるのかについて考えてみよう。

（２）職業人としての心構え

　古くから「石の上にも３年」ということわざがある。「辛抱して努力すれば必ず報われること」のたとえである。最近は「MER（Minimum Effort Requirement）：最低必要努力量」といわれる考え方が提唱されている。その仕事が自分に合っているのかを理解するためには、最低限必要な努力量というものがあるということである。自分で選んだ仕事は、仕事を覚え、一人前になるまでの期間は、ともかく一生懸命やってみる。これが「最低必要努力量」といわれるものである。昨今の早期離職には、最低の努力もしないまま、自分に合わないという安易な判断をして

2）NEETとは、職業・学業・職業訓練にも就いていない人。また、就こうとしない人のことをさす。

やめた場合も多いのではないだろうか。

　夢や理想とする職業に向かって興味のおもむくままに何にでもチャレンジするよりも日々の仕事に向き合い、取り組む努力をしていく方が、結果として満足のいくキャリアができていたという研究結果が報告されている。「最低必要努力量」の積み重ねが、能力を発揮できる充実した職業生活につながるということが裏付けされたといえよう。自分の夢や仕事のやりがいは必ずしも初めからあるものではない。仕事に一生懸命に取り組む中で生まれてくるものなのではないだろうか。

　最近は、自分に合った仕事を見つけるために、転職や転社が当然のような風潮があるが、自分のために作られた会社や仕事などどこにもないことを認識しなければならない。そういう会社や仕事を探し求めても出会うことはなく、かえって不平と不満を並べ続けることになりかねない。よい会社、よい仕事を探す努力をすることも大切かもしれないが、自分が入った会社を自分がよくする努力をする方がさらに大切である。そのためには、入った会社、出会った仕事をともかく続けていくこと、すなわち、「努力」と「継続」こそが、職業人としての心構えであるといえる。

　そして、「努力」と「継続」を支えるための「健康」の維持管理もまた重要な職業人の心構えである。

【振り返り問題】

1．パーソナリティのセルフチェック

　秘書のパーソナリティを構成している性格特性について、現在の自分を点検してみましょう。0％から100％のなかで、該当するレベルまで塗りつぶしてください。できあがった棒グラフで自分のバランスを見ることができます。

図表3-4　パーソナリティのセルフチェック表

積極性	堅実性
①チャレンジ精神	①謙虚
②積極的	②慎重
③行動力	③誠実
④表現力	④協調性
⑤自主性	⑤思いやり
⑥創造性	⑥責任感
⑦社交的	⑦几帳面
⑧明朗	⑧従順
⑨先見性	⑨自己コントロール

2．パーソナリティ研鑽のためのセルフチェック

パーソナリティを研鑽するためには、まず現在の自分の態度・行動パターンを知ることが重要です。次の項目について自己点検してみよう。

図表 3-5　Self Check!!

◆新聞や本を読みますか？	いつも　ときどき　めったにない
◆何かの活動に参加していますか？	いつも　ときどき　めったにない
◆身の回りのできごとに感動しますか？	いつも　ときどき　めったにない
◆感謝の気持ちを言葉で表しますか？	いつも　ときどき　めったにない
◆社会のルールを守っていますか？	いつも　ときどき　めったにない
◆地球環境問題に対して協力していますか？	いつも　ときどき　めったにない

【発展問題】

1．自己のパーソナリティ研鑽を考える

自分のパーソナリティ研鑽のためにこれから何をしていきたいと思いますか。具体的な方法を考えてみよう。

項　目	具体的方法
①知性の開発	
②感性の開発	
③良識の開発	
④その他	

2．職業人としての心構えを考える

職業人の心構えとして、学生時代から準備しておいた方がいいと思われることについて、どのようなことがあるか考えてみよう。

第4章

情報ネットワーク形成と秘書

4章のねらい

　この章では、高度化する情報通信技術の仕組みとその活用方法を理解するとともに、情報化が進展するビジネス環境における秘書の位置づけや必要とされる知識や技能について考える。

　秘書は上司をめぐる社内外の情報ネットワークの中心に位置して、情報ネットワークの形成に関わっている。上司の情報基地として、上司に入ってくるおびただしい情報を効率的・効果的に処理し、活用する役割を秘書は担っている。上司の情報コーディネーターとしての役割である。

　本章では、この高度情報社会の進展と秘書の情報ネットワーク形成に関する役割などをめぐって学習する。

第4章　情報ネットワーク形成と秘書

1 高度情報社会と秘書

(1) 情報化社会と職場環境

　高度情報化社会の到来は、情報通信技術が水道や電気などと同じように、国民生活を営む上で、なくてはならない重要な社会基盤のひとつとなっている。この技術を利用したコミュニケーションや情報サービスにより、職場環境が大きく変化し、働き方そのものにも大きな影響を与えている。ここでは、情報化社会の理解とビジネス環境および秘書業務との関係について取り上げる。

1）情報化社会

　情報化社会とは、情報通信技術が水道や電気と同じように、人間にとってなくてはならない存在になった社会のことである。水道の水は、人間が生きるために必要な物質であり資源であり、電気はたとえば火力発電の場合は、一般的には石油などの化石燃料を原料としたエネルギー資源であり、なくてはならないものである。そして、今日、第3の資源として「情報」が利用されるようになり、これもまた、生活にとって欠かすことができないものとなっている。この時代を情報化社会と考える。

　歴史を遡ってみると、18世紀後半の産業革命において、蒸気や電気などのエネルギーを利用することにより、大量生産が可能となり産業社会が実現していった。20世紀半ばを過ぎたころから、人類は大量の情報や知識を生産することができるようになった。この情報や知識の生産、伝達、蓄積を行うことが社会活動にとって大変重要な役割をもつ社会を情報化社会と考える。そして、この活動を支える技術が、情報のデジタル化と情報流通のネットワーク化の二つであり、この技術を情報通信技術（ICT：Information and Communication Technology）といい、この技術はコンピュータの利用によって一層拡充される。

　情報資源の特徴は、モノやエネルギー資源が消費され消滅するのに対し、情報は消費してもなくならない点にある。このことは、情報資源が無尽蔵に存在することになる。しかし、それを使いこなす能力がなければ、何にもならないわけであり、情報活用能力の開発は、情報化社会を生きるために、大変重要なことといえる。

2）情報環境とビジネス環境

　ICTを用いた情報環境について説明を行う。情報通信分野においては、1985年の電気通信事業法の改正により通話料金、データ通信をはじめとする電気通信市場の自由化が行われた。また、1990年代後半からはインターネット等の情報通信技術が急速に普及し、携帯電話や電子メール、ウェブサイト、電子商取引等が企業や個人に広く利用されるようになってきた。しかし、日本はアメリカや韓国などに比べその成長は低く、世界に遅れをとってしまった。そこで、2000年11月には「高度情報通信ネットワーク社会形成基本法（IT基本法）」が成立し、「e-

Japan戦略」がまとめられ、ネットワーク基盤の整備が行われることとなった。それによって、DSL (Digital Subscriber Line)、ケーブルインターネット、FTTH (Fiber To The Home) などの高速ネットワークの普及が行われた。また、電子商取引、電子政府などの情報サービスの構築が進み、サービス面においての高度化も推進されてきた。

さらに、2003年12月には、東京・名古屋・大阪の3大都市圏で地上デジタル放送が開始され、2006年末までに全国で放送を開始し、ICT基盤としての放送のデジタル化を推進することにより、テレビを通して多様で高度なサービスの提供が行われ始めている。その他、高速無線ブロードバンドの整備、次世代携帯電話、ICカード、ICタグなどさまざまな活用と高度化が行われている。

そしてこの基盤整備のもとに、1章でも述べたような「いつでも、どこでも、何でも、だれでも」が情報通信ネットワークに簡単につながるユビキタス社会が構築されつつある。

このように、距離や時間に左右されないで情報の大量伝送が低価格で利用できる社会の到来は、企業のグローバル化の進展に拍車をかけている。企業においては販売市場の拡大、製造コストの削減、企業全般のグローバル化を行うために、海外への進出を続けている。他方、社会一般には、金融、通信、電力などをはじめとする規制緩和や海外企業の進出など競争のグローバル化がすすめられ、研究開発分野においてもグローバルな提携が行われてきた。言い換えるとグローバル・レベルの競争であるメガ・コンペティション[1]とグローバル・レベルの融合であるメガ・コンバージェンス[2]の状況下におかれた企業においては、グローバル・スタンダードに従ったビジネスの展開が重要である。この目的を実現するために、企業内ビジネスプロセス[3]の改革や企業間におけるバリューチェーン改革[4]、電子商取引による商取引の変革など促進するために、ICTは重要な役割を担っている。

3）情報化社会の職場環境

少子高齢化、情報化、グローバル化社会の変化に伴い、オフィス環境も大きく変化が求められている。情報化により、消費者に対してさまざまな情報がインターネット上で交換される現在、企業は時間や場所の制約を取り払い「顧客が満足する仕事」をいかに効率的に行うかが重要な課題となっている。時間と距離については、グローバル化に対応して24時間どこの国からでも取引が可能な環境が必要となる。また、少子高齢化においては、仕事と家事・育児・介護の両立など、男女が共同して参画する社会を実現することができるかが、今後の労働力問題の大きな課題となっている。

このような諸問題を背景に、従来型の決められた就業時間に、決められた作業場所で、決められたメンバーが業務を遂行するオフィス形態から、距離や時間にとらわれない環境で、協調

---

1) メガ・コンペティション：Mega-Competition　大競争
2) メガ・コンバージェンス：Mega-Convergence　大きな収束化
3) ビジネスプロセス：Business Process　ビジネス業務の流れ
4) バリューーチェーン改革：Value Chain　価値連鎖。企業活動が付加価値に貢献している量的・質的な関係を示すツール。

作業を行う新しいオフィス形態へ変わりつつある。企業においては、BPR（Business Process Reengineering）を行い、ERP（Enterprise Resource Planning）などの情報システムを導入し業務プロセスの再構築がなされている。また、イントラネットを構築し、ネットワークを利用したグループウェアやデータウェアハウス、ERPなどの、企業情報基盤が整備され、スケジュール管理、ワークフロー、電子会議、文書管理など活用した協調作業が行われ、時間や場所にとらわれない知的生産活動が実現されている。

このことは、従来のオフィスワークの概念を大きく変化させようとしている。事実、個人専用の机や椅子、ロッカーを持たないフリーアドレスというオフィス環境も現れている。

また、サテライトオフィスや在宅オフィス（SOHO）などに代表されるICTを活用したテレワークも行われている。テレワークとは、「情報通信手段を週8時間以上活用して、時間や場所に制約されない働き方」を行うことであり、高齢者、女性、身障者等への雇用機会を拡大し、場所に依存しない柔軟な勤務形態を可能にするため、生産性の向上や通勤時間の解消、渋滞緩和によるCO_2の削減、東京一極集中の是正など効果が期待されている。図表4-1にその概念をあらわす。

図表4-1　テレワークの概念図

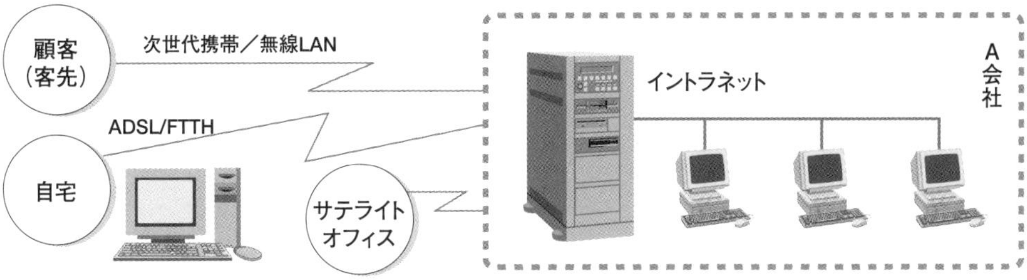

テレワークの実施形態は対象者、場所、頻度により分類されている。対象者の就業形態の違いによる分類では、雇用型テレワーカー、自営型テレワーカー、内職副業型テレワーカーとなり、雇用型はさらに、外勤型テレワーカー、内勤型テレワーカー、通勤困難型テレワーカーに分けられている。

外勤型テレワーカーとは、営業マンやサービスマンなど、あらかじめ定められた勤務場所（オフィス等）以外の場所を中心として仕事をする被雇用者のテレワークであり、書類の作成やメールの受発信など特定の場所に限定されることなく、自宅や立寄り型のオフィス、さらには喫茶店や車中といった場所が活用されることもあり、一般にモバイルワークと呼ばれる勤務形態をとることが多い。実施形態としては、週に1～2回程度の頻度で営業会議や必要に合わせて自分のオフィスに行くほかは、自宅から直行・直帰するワークスタイルをとる。モバイルワークは、移動時間の短縮により、顧客との面談時間を増やし、顧客満足度の向上を図り、営業効率を上げることができる。さらには、会社に行く頻度が週に1～2回程度なので、個人デスクのフリーアドレス化によるコスト削減を図ることができる。グループウェアなどを利用した

情報の共有化、帳票の電子化等を整備し、外部から社内の情報を入手し、交通費等の精算処理をできるようにすることが外勤型テレワークを成功させるポイントである。

　内勤型テレワーカーとは、スタッフ部門の企画・人事・総務など、あらかじめ決められた勤務場所（オフィス等）を中心として仕事をする被雇用者のテレワークであり、仕事（業務）の内容に合わせ、勤務先のデスクに限らず、自宅やサテライトオフィスなどを含めて、その仕事を遂行する上での適切な場所と時間を自由に使った柔軟な働き方をする。ITの進展に合わせ、本来のオフィスを離れて遂行できる業務の割合が増えており、最適な場所と時間を選んでの業務遂行はその効率を高めるだけではなく、新しいアイディアを生み出すことができる。たとえば、自宅で行うことが最適な業務であれば、電話などで集中力を中断される心配がないので、「業務の効率化」がはかれるだけでなく、「通勤疲労の軽減」にもつながる。内勤型のほとんどの職種では「思考する」「まとめる」「企画する」「書く」などテレワークと適合する業務が必ず含まれている。このような業務が発生したときに最適な場所と時間を自由に選んで働くことができる仕組みをつくることが内勤型テレワークを成功させるポイントになる。

　通勤困難型テレワーカーとは、通勤が困難な身体障害者や出産・育児・介護など、在宅勤務を中心として仕事をする被雇用者のテレワークであり、下肢障害などを持ち恒常的に通勤が困難なケースと、骨折等の怪我あるいは妊娠・出産・育児・介護などの理由で一時的に通勤が困難になるケースがある。ワークスタイルとしては、困難さの度合いにより、必要に応じてオフィスに出向くケースもあるが、常時在宅勤務となるケースが多い。働きたいと願っている身体障害者や出産・育児・介護などで通勤が困難な人びととの継続雇用を可能にし、優秀な人材を確保したい企業にとっても有効な手段となる。通勤困難者は多様なケースがあるので、対象者によって最適なテレワークの実施形態を考えることになる。特に、恒常的、または長期にわたる通勤困難者については、テレワークが可能な業務に分担を絞るとか、いつでもコミュニケーションがとれる手段を考えておくこともポイントになる。

　自営型テレワーカーとは、ITを活用して場所と時間を自由に使った働き方をしている個人事業者や個人に近い小規模事業者で、このような新しいビジネス形態を社団法人日本テレワーク協会では「マイクロビジネス（MB）」と呼んでいる。なお、自営型テレワーカーの被雇用者がテレワークを行う場合は雇用型テレワーカーに分類される。

　内職副業型テレワーカーとは、ITを活用し、主に自宅でアルバイト的な仕事を行っている人びとで、育児や介護で家を離れられない女性や、リタイアしたシニアが多く、一般的には在宅ワーカーと呼ばれている。

　実施場所による分類では、施設を利用する場合と施設に依存しない場合とで分けられ、施設利用型テレワークでは、テレワークセンター（公設、私設）、サテライトオフィス（単独利用型、共同利用型）、立ち寄り型オフィス（スポットオフィス、レンタルオフィス等）と自宅利用型テレワークなどがあり、施設に依存しないテレワークでは、モバイル型テレワークがある。実施頻度による分類では、通勤困難者など比較的長期にわたって恒常的にテレワークを行う勤務形

態としての常時テレワークと、週１〜２回とか午前だけなど、実施日数や時間をあらかじめ決めないで、必要な時に随時テレワークを行う勤務形態の随時テレワークがある。

この様に、情報通信技術の進化は、オフィスの概念自体を変化させ、さまざまなワークスタイルの可能性が期待されている。

（２）高度情報化に対応する秘書

このように高度情報化社会が進展し、働く環境も変化しているなかで、当然、秘書の働き方も変化してきている。この節では、情報のコーディネーターとしての秘書に必要とされる知識について学ぶ。

１）秘書と情報技術

情報化社会と職場環境で述べてきたように、情報の進展によって、業務の処理内容やワークスタイルも大きく変化してきた。文書、画像、映像など人間生活のあらゆる分野での情報のデジタル化が行われ、高速データ通信網を通して世界中に瞬時に情報伝達が行われている。また、従来であれば特殊な機器と専門家が必要であった画像や映像通信においても、簡単にだれでも利用できるようになっている。

大きく変化しているように見える情報化に共通な点は、現実社会の実態をいかにデジタルに置き換え、どのように処理を行うのかの問題に挑戦し実現をしていることだ。一般に現実の実態をアナログと考えデジタルに変えることをＡ／Ｄ（アナログ・デジタル）変換と言う。変換されたデータはコンピュータによりソフトウェア技術を利用して新たに処理を加え、高速通信回線で送られたり、あるいは、データベースとして保存されたりしている。このことは、コンピュータがデジタルコンピュータである限り続くことになる。利用者においては、取り扱いたいデータの種類とそれを取り扱えるソフトウェアの使い方を知っていればよいことになる。

こうした環境のなか、上司をめぐる社内外の情報ネットワークの中心にいて上司をサポートする働きをしている秘書にとって、重要なことは何だろうか。それは２章でも述べたように、どのような現実社会の何を上司が必要としているのか、いつまでにその情報や文書が必要であるのか、どの範囲で必要であるのかなど、コンピュータやソフトウェアで管理できにくい情報処理を行うことである。そのために、社内で利用されているソフトウェアに熟知し、人間でなければできない情報処理の部分を理解することが求められる。

２）情報コーディネーターとしての秘書

まず、情報コーディネーターとして、最も大切なことは、知的生産者である自覚をもつことである。ともすれば、秘書は上司の補佐役であり指示を待っているだけのイメージが強いのだが、上司からの依頼などの資料や文書作成は、知的生産活動そのものであり、その活動をいかに効率よく行うかが重要となる。そのことを理解するために、文書作成の場合を例にその活動

の過程を図表4-2に示してみる。

　まず、秘書はテーマにしたがった情報を選択し、アイディアの生成を行う。本や書類、Webなどのデータベース、口頭での指示などの外部情報とパソコンに蓄積した個人データや自分の知識などの内部データから選択を行う。アイディア生成の後は、文書化の作業を行い、その後、作成された文書は個人の情報としてパソコンに蓄積される。この繰り返しを行うことにより、秘書としての知的データがどんどん蓄積される。よく利用する情報はほとんどがパソコンに蓄積され知的生産活動の効率化がはかられることになる。

　次に、秘書は情報通信の変化に従ったコミュニケーション手段とそのツールの利用方法を十分に理解し、その場に合った活用が行えるように心がけることが大切である。ビジネスでは、face to face、ビデオ会議、電話、テレビ電話、携帯電話、FAX、電子メール、ボイスメール、手紙、宅配便などを利用してのコミュニケーションが行われている。一般的に、face to face を除いたものをビジネス・コミュニケーション・ツールと呼び、時間軸で考えると即時性の高いビデオ会議、電話（テレビ電話、携帯を含む）、若干のタイムラグのあるFAX、電子メール、ボイスメール、1日以上時間のかかる手紙、宅配便に分類される。また、情報伝達の量からいえば、宅配や手紙が優位となる。また、確実性からいうと、ビデオ会議、電話を除けばすべて活字で残るために同様と考えられる。FAX、手紙、宅配便については、社内での手作業がかかわってくる。

図表4-2　秘書の文書作成の流れ

　このように、それぞれのツールには、その特徴があり、また、相手の状況を考慮する必要がある。コミュニケーションは人と人との間で行われる事を十分に理解したうえで、自分が使いたいツールを一方的に選択するのではなく、ツールの特徴や長所・短所を見極め、受け手の立場、状況やコミュニケーション・デバイド（コミュニケーションに関する考え方の格差）を考えてツール選択を行うことが大切なのである。

　最後に、コーディネーターとしての秘書に求められる課題を考えてみる。年間でのルーチンワークについては、上司の判断業務をサポートするために、必要な書類、データなどの作成や各部署からの情報検索など秘書自らが主体的に上司の必要とするデータの調査や作成を行うことができる。しかし、新規プロジェクトや特別な出来事、長期計画などともなると、高度な分析や高付加価値情報の収集、人的ネットワークの活用など、その範囲も広く、また時には短時間での判断が必要となる場合も少なくない。このような通常業務ではない創造的な情報収集も考える必要がある。

　このような情報収集を効果的にするためには、普段からの秘書同士での連携や、他の会社の秘書とのネットワークや異業種間ネットワークなど人的ネットワークづくりが、とても重要と

なってくる。信頼できる人的ネットワークがあれば、必要な情報が入手できるのである。

　また、適切な処理を行う場合、プライオリティ（優先順位）が大切となる。今日のようにめまぐるしく社会環境が変化する状況では、日々優先順位が変わることもある。プロジェクトの進捗状況を判断し、上司との連絡を密にし、修正を加えながら仕事を行っていくことも重要な課題である。

（3）情報のルール

　職場だけでなく、社会全体が高度情報化するなかで、近年、特にその重要性が注目されるようになってきた情報のルールに関連する領域がある。本節では、そのなかで個人情報と知的財産権を取り上げる。

1）個人情報の保護

①個人情報とは何か

　個人情報は、「個人に関する情報であって、個人が識別可能なもの」等と定義される。たとえば、1963年9月10日という日付を考えてみよう。これだけだと何を意味するのかわからないが、これにたとえば「××社の○○部長の生年月日である」という情報が付加されるとどうだろうか。上記の日付は○○部長という特定の個人と結びつくことによって個人情報になるのである。したがって、氏名・性別・生年月日・電話番号・住所・学歴・病歴・資産・収入等、個人と結びつく情報はすべて個人情報である。また、個人情報は以下のように分類することもできる。しかしこれは一つの考え方であって、ベース情報ならば自由に取り扱ってよいという意味ではないので注意が必要である。

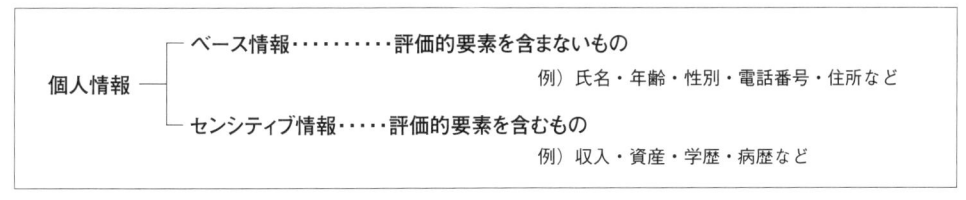

```
個人情報 ─┬─ ベース情報・・・・・・・・評価的要素を含まないもの
          │              例）氏名・年齢・性別・電話番号・住所など
          └─ センシティブ情報・・・・・評価的要素を含むもの
                         例）収入・資産・学歴・病歴など
```

②個人情報をめぐる状況変化

　近年、個人情報保護の重要性が強く意識されるようになってきたのには理由がある。

　第1に、ビジネスにおける個人情報の財産的価値が増大したという背景がある。高度成長期には、「品質のよい」商品を「より安く」「大量に」作れば、よく売れた。したがって、この時期、企業がマス（大量）マーケティングを指向したのは当然のことである。ところが現在は違う。全ての人のニーズに合う商品を作り出すことはほぼ不可能で、それぞれの人の好みにあった提案をしなければ商品やサービスは十分に売れない。こうしたワンツーワン（1対1）マーケティングの時代には、顧客一人ひとりについていかにたくさんのデータを保有しているかがビジネス成功の鍵となる。そのため、企業は個人情報の収集に大いに力を入れることになった

のである。

　第2に、処理能力の向上が挙げられる。デジタル化されたデータは複製や転送などの処理が極めて容易である。また、たとえば氏名と生年月日と住所の入った「データベースA」と、氏名と生年月日と電話番号と勤務先名が入っている「データベースB」があった場合、その二つを統合して（氏名と生年月日が一致した場合同一人物と判断して）、より情報量の多い新たな「統合データベースC」を作ることも可能である。こうした処理能力の向上は、逆に、自分の個人情報がどこでどのように加工・利用されているのかわからないという漠然とした不安感を社会全体に作り出した。その結果、個人情報保護の問題が浮上したといえる。

　第3に、人びとの意識の変化がある。「電話帳に番号を載せていないのに知らない会社からセールスの電話がくる」「ダイレクトメールが頻繁に舞い込む」といった事象の増加は、企業が個人情報を重視し、その処理能力の向上によりさまざまな手段で個人情報を活用している証拠である。こうした状況に多くの人は不安を持ち、自分についての情報は自分できちんとコントロールしたいという意識（＝プライバシーの権利）が高まってきたのである。

　以上のような背景から、個人情報の取り扱いについてルール化が必要であるとの声が高まり、個人情報保護法が成立、2005年4月から施行されている。

③個人情報保護法

　多くの企業は、その業種や業態にあわせた個人情報取扱いのルールを決めているが、それらは個人情報保護法に沿ったものでなければならない。法の基本原則を見てみよう。

- ■適正な方法による取得・・・個人情報は、適法かつ適正な方法によって取得されなければならない。
- ■利用目的による制限・・・利用目的を明確にし、目的外に使用してはならない。（取得時の目的以外に使用する場合はあらたに本人の許諾を得る必要がある）。
- ■内容の正確性の確保・・・個人情報の内容が正確かつ最新のものに保たれるよう努めなければならない。
- ■安全保護措置の実施・・・漏洩などの事故が起こらないよう適切な安全保護（セキュリティ）措置を講じたうえで取り扱わなければならない。
- ■透明性の確保・・・個人情報の当人に対しては透明性を確保しなければならない。（自分の個人情報がどのように取得され、扱われているのか当人から問い合わせがあった場合、答える義務がある）。

④認定マーク制度

　個人情報保護については、法規制とは別に、認定マークの制度がある。これは個人情報保護の取り組みが一定の条件をクリアしている企業を優良として認定するもので、代表的なものに「プライバシーマーク」（主催：財団法人日本情報処理開発協会）がある。

⑤秘書と個人情報

　秘書はその職務上、顧客リストなどの個人データを大量に取り扱う可能性は少ない。しか

し、個人情報の漏洩は企業トップの責任に直結する問題であり、その取扱いには全社あげての体制、そして社員一人ひとりの心構えが何より重要である。秘書は、情報の取扱いのプロとして、社内の模範となるよう、わずかな個人情報の扱いにも十分に配慮をしなければならない。

図表4-3　プライバシーマーク

2）知的財産権

知的生産活動によって生み出されたものについて、その権利を保障するのが知的財産権（または知的所有権）である。保護されるものは、発明、アイディア、意匠、商標、音楽、小説、映画、写真、絵画、ゲームソフト等多岐にわたる。これらはすべて情報であり、モノとは違って簡単にコピーできるので、その保護のルール化が重要になるのである。知的生産物は個人だけでなく、企業ビジネスを展開するうえでも重要な要素であり、多くの企業は知的財産部等の担当セクションを設け、その管理・保護にあたっている。

①知的財産権の体系

知的財産権は、大きく以下のように体系化される。産業財産権（または工業所有権）は知的財産のうち、主に産業の側面から生み出された創作物を、著作権は文化の側面からの創作物を保護するための権利である。

図表4-4　知的財産

```
知的財産権 ─┬─ 産業財産権……産業目的の創作
            │          例）発明・アイディア・工業デザイン等
            └─ 著作権………文化目的の創作
                       例）小説・論文・音楽・写真・絵画・映画等
```

②産業財産権

生み出された創作物の種類によって以下のような産業財産権が保障されている。

- ■特許権・・・技術的思想に基づいた「発明」を保護するもの。特許として認められるためには高度な新規性と進歩性が求められる。保護期間20年。
- ■実用新案権・・・物品の形状、構造、組合せ等についての「アイディア」を保護するもの。保護期間10年。
- ■意匠権・・・視覚的な美感をともなう「デザイン」を保護するもの。保護期間15年。

その他、営業上の標識として社名・商品名・会社のロゴマークなども保護されるが、これは「商標権」と呼ばれる権利で、保護期間は10年（更新可能）である。

産業財産権を得るためには、発明やアイディアを生み出すだけではだめで、その内容を監督官庁に申請し、認可を得なければならない。同一あるいは類似の内容については、先に申請した方が優先される。この原則を先願主義といい、日本を始めほとんどの国がこの方式を採用している。

③著作権

知的財産のうち、文化目的の創作物を保護するのが著作権である。この権利は産業財産権の場合とは異なり、著作物が完成した時点で自然に発生する。何ら特別な手続きを要しないことから、これを無方式主義と呼ぶ。著作権は大きく以下のように分類される。

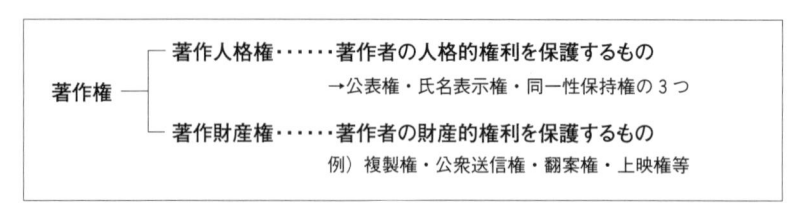

```
著作権 ┬─ 著作人格権・・・・・・著作者の人格的権利を保護するもの
       │              →公表権・氏名表示権・同一性保持権の３つ
       └─ 著作財産権・・・・・・著作者の財産的権利を保護するもの
                      例）複製権・公衆送信権・翻案権・上映権等
```

このうち、ビジネス上の係争等にもつながりやすいのは、財産権の一つである複製権である。複製すなわちコピーを作る権利は、著作権が英語でコピーライト（Copy Right）ということからもわかるように、著作権のなかで最も基本的かつ重要な権利である。複製の手段は複写・印刷・録音・録画・デジタル的な再生のほか、絵画やイラストを模写した場合等も含まれる。また、情報を多数の人びとに送信する公衆送信権も、インターネットの普及により、その権利としての重要性が増している。

著作権は、著作者に独占的に付与される諸権利であるが、以下のような場合には著作者の許可なく複製を行ってもよいことになっている。

- ■私的利用・・・家庭やそれに準じる範囲での複製。ホームビデオでテレビ番組を録画し、個人的に楽しむようなケースが該当する。
- ■公的使用・・・図書館や教育機関等における一定の条件のもとでの利用が該当する。
- ■引用・・・公表された著作物の一部を自分の著作物で利用する場合が該当する。

上記例外規定のうち、ビジネス現場でよく見られるのは「引用」であろう。ただしこれには

条件があり、正当な範囲（引用される側がメインになってはならない）において、また必ず出所（だれによる何という作品が出典か）を明示したうえで引用することがルールになっている。上司の作成した論説や挨拶文などに引用が見られた場合、少なくとも出所表示がきちんとなされているかどうかは秘書としてもさりげなくチェックしたい。

（4）情報のマナー

情報のマナーについて考えてみよう。高度情報化社会における秘書として、あふれる情報にどう対処するか、情報処理やコミュニケーションの自由度が増すなかで気をつけるべき点は何か、といったテーマは重要である。これらは必ずしもルール化されているものではないが、必須のマナーとしてきちんと身につけたい。

1）ネチケット

インターネットに代表される情報ネットワークを利用するうえで、守るべきことや考え方をネチケットと呼ぶ。これはネットワーク（network）とエチケット（etiquette）を合わせた造語である。ネチケットにはさまざまなものがあるが、その基本的な考え方は三つに集約できる。これをネチケットの三原則とよぼう。

【ネチケットの三原則】
①現実世界と同じ常識で行動する。
　情報ネットワークの世界（サイバースペース）に、現実世界と異なる常識があるわけではない。本人に面と向かって言えないことは、掲示板やメールでもやはり言うべきではないのである。あくまでも日常生活の常識にそってその言動を考えるべきである。
②相手の気持ちに十分な配慮をする。
　電子コミュニケーションは非言語的手がかりが少ない。たとえば電話ならば声の調子などで自分の気持ちをある程度伝えることができるが、こうしたことはメール等では難しい。ニュアンスが伝わらない分、コミュニケーションが率直になりがちである。したがって、メール等の電子コミュニケーションでは、対人の場合よりもさらに想像力を働かせ、相手の気持ちに十分な配慮した表現を心がけなければならない。
③ネットワークや端末の環境に配慮する。
　たとえば添付のファイルを送る場合、受け手の端末の環境によっては、対応するソフトが入っていなかったり、バージョンが違ったりして読むことのできない可能性もある。こうしたことに関する配慮のほか、コンピュータウイルスの発信源にならないようにチェックを怠らない等、ネットワークや端末特有の事情に心配りをすることが求められる。

２）秘書のネットワークマナー

　秘書は原則的には一般のビジネスパーソンと同様、上記のネチケット原則を心にとめて業務を行えばよい。ただし、ビジネス電子メールは通常は簡素に書くのが原則であるが、秘書という立場上、時と場合によっては、より丁寧な表現が求められることもある。

　また、秘書が特に留意しなければいけないのは、上司にかわって電子メールを発信する場合である。上司のアドレスを使って秘書からメールが発信された場合、情報の受け手は秘書に対する態度で返信するべきか、上司に対して返信するべきか、迷うことがある。秘書がメール発信を代行する場合は、以下のようにその立場を明確にしておくとよい。

①完全な発信代行の場合

　メールを打つことを指示されたが、上司のアドレスから発信し、返信は上司が直接読む場合である。この場合は、秘書が代行していたとしても、上司が直接メール送信をしている形をとったほうが、混乱が少なくてよい。

②秘書と先方のやりとりを上司が閲覧する場合

　秘書としてメールを発信し、そのやりとりを上司が閲覧する場合である。発信の責任者は秘書であるので、そのことを示し、あわせてCC（カーボンコピー：「参照」の意）に上司の氏名を表示することで閲覧の事実を先方に示すのがよい。

③上司の指示で秘書としてメールを発信する場合

　秘書として先方とやりとりをし、やりとりのプロセスについては原則として上司が関知しない場合である。この場合は、原則的には混乱を避けるため、秘書個人のメールアドレスを使用して発信する方がよい。

３）情報処理サイクルにおける心構え

　職場における情報処理業務においても、高度情報化の環境に対応する心構えが必要である。処理サイクルに沿って概観しよう。

①情報収集・作成

　情報収集の際は、その信憑性・正確性に十分配慮する。調査の場合は、一つの出所からの情報に頼るのではなく、必ず複数の情報源（ソース）にあたる習慣をつけることが必要である。また収集したデータをまとめて文書にする場合は、①簡潔に書く、②要点をまとめる、③事実と意見（所見）を区別する、④ビジュアル化してわかりやすくする、の４点を心にとめておきたい。

②情報更新・蓄積

　情報は「なまもの」であり、たえずアップデイトしていかないと陳腐化してしまう。何事も変化のはやい近年では、その傾向がとみに強まってきた。秘書の場合、取引先の人事情報は十分にチェックし、新しい名刺を入手した際には速やかに差し替える等、基本を忠実に行いたい。また、秘書の扱う情報は原則的にすべて取扱注意の情報であると考え、漏洩などの起こらぬよ

うセキュリティに十分気を配ることが大切である。
③情報発信

　情報発信は、メールであれ、文書であれ、電話であれ、簡潔で要点を得た内容にするのは当然のことだが、ここで軽視してはならないのは、発信のタイミングである。モノとは違う情報の特性に「価値の個別性」がある。これは情報の価値は時、場所、場合、受け取る人等によって変幻自在であるということを意味している。来週の月曜日の朝一番に伝えるのがよいのか、一刻も早く伝えた方がよいのか、見極めて発信するようにする。

4）メディアの選択

　ビジネスにおけるコミュニケーション・メディアとして、メールに代表される電子コミュニケーションは必ずしも万能ではない。社交の場面を始め相手の心に訴えるならば、依然として文書による情報発信が有効であるし、先方の微妙なニュアンスを確認したい場合は、電話や面談にするべきであろう。メディアにはそれぞれ得意と不得意の分野がある。図表4-5に示すように、それぞれのメディアの特性を理解して、適切に使い分けられるようにしたい。

図表4-5　機能・特性からみたビジネスメディアの比較

機能・特性↓　　　　　　　　　　　　メディア→	電話	文書	Eメール
すぐにフィードバックが得られる（即時性）	◎	▲	○
多数の相手に同じ情報を発信できる（同報性）	▲	○	◎
相手と時間を合わせなくてよい（非同期性）	▲	◎	◎
コミュニケーションの記録を残せる（記録性）	▲	◎	◎
交渉・調整のメディアとして機能する	◎	▲	○
社交・儀礼のメディアとして機能する	▲	◎	▲

出所：池内健治編『ビジネスと情報』実教出版　2002年　p.104

2　秘書業務と情報ネットワーク形成

　ここでは、1節の情報社会に関する学習を踏まえて、秘書に必要とされる情報ネットワークの活用と企業情報システムの役割について理解を深める。さらに、今後ますます進展を続ける情報通信システム技術における、秘書のあり方を模索する。

（1）秘書と情報ネットワーク形成機能

　現代のビジネスシーンにおいては、顧客や得意先、商品情報など、さまざまな大量なデータが発生し、日々刻々変化している。このような、データに対し敏速かつ適切に対応を行うためには、コンピュータと情報通信ネットワークを活用することが重要となってきた。また、オフ

ィス業務も、定型的業務から創造的知識を必要とする業務への転換が行われており、組織も部制からプロジェクト制へ、仕事も上からの流れから横の流れ、縦社会から横社会へと変わり、個人が独立した業務からチームワークで問題を解決する型のワークスタイルへ変わりつつある。

　秘書業務においては、コンピュータと情報通信ネットワークを最大限に活用し、そこで発生するデータを有効に活用できる情報として取り扱う必要がある。具体的には、情報の収集、加工・編集、解析、蓄積、消去の処理サイクルを基に、デジタルデータの有効活用や知的生産活動を支援するノウハウを生かせる能力（情報活用能力）が重要である。

　秘書業務と情報ネットワーク形成において必要とされる秘書の情報活用能力を「個別の情報活用」と「協同の情報活用」の立場から説明する。

１）個別の情報活用
①パソコンの特徴

　パーソナルコンピュータの高性能化、低価格化が進展している現状において、オフィスのディスク機能がパソコンに置き換わることとなった。紙と鉛筆での文書作成は、文章作成ソフトウェアに、辞書や地図は電子辞書や電子地図に、ファイリングは、パソコンディスクの電子ファイリングにとってかわるデジタルディスクワークに変化している。ここでは、パソコンをパーソナルワークで利用する際に必要なことについて説明を行う。

　まず、パソコンでのパーソナルワークを行う場合に必要な操作について簡単に説明する。電源を入れると、ディスプレイにプログラムが表示され、利用者はマウスやキーボードの操作が可能となる。その状態で、作業を行い印刷が必要な場合はプリンタを利用し、また結果の保存が必要な場合はデータとしてハードディスクなどに保存を行う。このように、パソコンに仕事を行わせる場合の手順を記述したプログラムをソフトウェアと呼び、その中核にあって、基本的なソフトウェアの役割を果たすものをOS（オペレーティングシステム）と呼ぶ。パソコンの操作は命令（コマンド）をキーボードから入力するCUI（キャラクタ・ユーザ・インターフェース）が中心であったが、最近ではマルチウィンドウ表示やマルチタスク機能ができるウィンドウシステムを用いたOSの開発によりマウスを利用したGUI（グラフィカル・ユーザ・インターフェース）のものに進化した。

　このような進化にともない、パソコンでの作業効率は大きく進化した。その特徴は、画面上で文字や図形、画像などのマルチメディアのデータが表示でき、マウスでアイコンやツールバーを選ぶことによって、いろいろな仕事ができるようになっている。マルチウィンドウシステムにより、複数の窓（ウィンドウ）を同時に表示することができ、ウィンドウを切り替えることにより、別の作業や処理を実行することができ、このような特徴をもとに、より効率のよい作業が行える。

②データ管理

　次に、情報を保管するコンピュータのファイル管理についてファイルキャビネットを例に説

明を行う。キャビネットは何段かの引き出しからなり、各引き出しはいくつかのフォルダから構成され、そのなかにファイルが入っている。コンピュータのファイル管理においては、キャビネット自体が、ハードディスクやフロッピーとなり、引き出しやフォルダがまとめてフォルダまたはディレクリとなり、紙ファイルにあたるものがファイルとなる。ま

図表 4-6　フォルダ管理

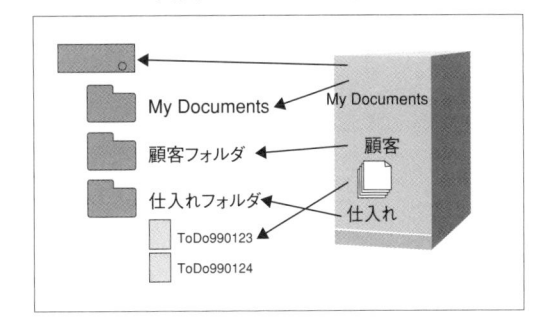

た、ファイルとフォルダ、フォルダ間には要素間の階層関係（親子関係）が存在するツリー構造によって管理されている。

　さらに、パソコンでの情報管理は、階層構造のフォルダやディレクトリで管理されるが、ファイルの名称やキーワード、作成・更新日付をもとに、データ検索を行うこともできる。

③データの加工

　作成される個人データには、文字データ以外に、表や図、イメージ、グラフなどいろいろな形式のものが必要とされる。文書を作成する場合に、鉛筆や消しゴム、定規やコンパスなどの文房具が必要なように、パソコンには、ソフトウェアが必要になってくる。一般には、ビジネスソフトウェアと呼ばれる、文書作成機能が中心のワープロソフト、表計算やグラフ機能が中心の表計算ソフト、住所管理や人事管理などを管理するためのデータベースソフトを統合した製品がよく利用される。

　このようなソフトウェアを利用する場合、それぞれのソフトウェアにどのような機能があり、どう利用するかパソコン活用の大きなポイントになる。特に、ワープロソフトと表計算ソフトでは、文書作成で、また表計算ソフトとデータベースソフトではデータの抽出などのデータ活用機能では似通った機能が用意されている。このことは、鉛筆と万年筆、ボールペンの違いの部分に似ていて、ある程度は、個人の好みに依存される場合もある。

　しかし、データベースとワープロでは、同じ書類を作成する場合でも大きく作成方法が異なっている。つまり、ワープロは、データを作成しながら体裁を整えていくが、データベースは、あらかじめ印刷結果やデータ入力の形式などの枠組みを設計した後データの入力を行う作業となる。このことは、文房具でたとえれば、レポート用紙を選ぶ場合と領収書や伝票を選ぶ場合の違いのようなものである。つまり、定型の処理を何回も行う場合は専用の形式の領収書や伝票のほうが、不定形の文書作成の場合はレポート用紙のほうが使い勝手がよい。

　このように、上記の3種類のソフトウェアは、その実務の処理形態や、取り扱うデータによって選択することが必要となる。また、それぞれのソフトウェアで作成したデータは、相互のソフトウェアで利用可能な場合が多いため、各ソフトウェアの特徴をよく理解することが重要である。

2）協同の情報活用

秘書業務において情報通信技術をうまく活用するために、まず、パーソナルコンピュータと情報通信技術の発達により、情報技術を利用する立場においての変化を理解することが重要である（図表4-7参照）。一言でいうと情報通信技術の進展は、オープンでフラットな組織のなかで、人とコンピュータが協同作業の環境を高め、さまざまな表現力をもった、質の高い知的生産活動を求めてくることになる。ここでは、情報通信をグループワークで利用する際に必要なことについて説明を行う。

図表4-7　情報通信技術の利用による諸局面でのパラダイム・シフト

	From	To
コンピュータの役割	計算するための道具	コミュニケーション・メディア
システムの開発・運用	専門家	エンドユーザ
ワーカー活動支援	パーソナル・コンピューティング	グループワーク・コンピューティング
情報技術利用のねらい	情報技術を合理化、効率化、省力化のために利用	情報技術を戦略的に利用
人間とコンピュータとの役割分担	情報処理のコンピュータによる置換	人間とコンピュータの協働
パフォーマンス基準	コスト、品質	コスト、品質、サービス、スピード
状態	静的、安定	動的、変化、イノベーション
管理	命令、報酬、コントロール	参加意識、権限委譲、自己管理
組織	階層組織	フラットなネットワーク組織
範囲	内的、クローズド	外的、オープン

①協同作業を支える情報技術

　グループワークに必要な情報環境として、ネットワーク環境、ネットワークサービスがある。ネットワークを利用するにあたって必要なことについて説明する。コンピュータネットワークの目的は、「コンピュータ間の通信手段の提供」、「コンピュータ資源の共有」、「分散処理の実現」などであり、コンピュータは、コンピュータネットワークに接続することにより、接続する可能性のあるコンピュータと、それぞれに対し2地点間の回線を敷設する代わりにネットワークを通して接続することができる。現在はインターネットの技術を利用して世界規模での接続ができるようになり、さまざまな情報を瞬時に利用できる。

　インターネットは、LANが互いにつながり、それが大きな基幹ネットワークとつながり世界規模のネットワークとなっている。TCP/IPと呼ぶ通信プロトコルを採用してネットワークが相互に接続したネットワークである。インターネットでは、電子メール、ファイル転送、WWW（World Wide Web）をはじめとする多様なサービスが用意されている。

- ■電子メール（Electric Mail、E-mail）…インターネットにおいて、もっともよく用いられるコミュニケーション手段であり、ネットワークを利用している他の人やグループに対しメッセージを送る郵便サービスである。SMTP（Simple Mail Transfer Protocol）によってサービスが提供される。
- ■ファイル転送…ネットワークで接続されている異なったホスト間で、ファイルの転送（あ

るホストのファイルを別のホストにコピーする）を行うサービスで、大量のデータを転送する場合に用いられる。FTP（File Transfer Protocol）によってサービスが提供される。
■WWW（World Wide Web）･･･ネットワーク上にあるホームページをリンクしたマルチメディア情報サービスである。

　図表4-8は、インターネットのサービスを伝達方向と伝達の同期・非同期で表したものである。同期とは情報の発信から受信までの時間がほぼ同時であると考え、非同期とは、その時間に遅れのあることをいう。左上の同期・双方向が最も人対人のコミュニケーションに近く、左下が本や資料などに近くなると考える。今後もサービスの種類は増えてくると考えるが、そのサービスがどのような特性であるかを考えることにより、利用方法を見出すことができる。

図表4-8　インターネットのサービス

		伝達の同期非同期	
		同　期	非同期
伝達方向	双方向	チャット インターネット電話 インターネットビデオ会議	電子メール メーリングリスト 掲示板 ネットニュース
	片方向	ストリーミングサービス インターネット放送	メルマガ 電子ジャーナル ファイルアーカイブ ホームページ

②企業ネットワーク

　現在の一般的な企業情報ネットワーク環境を図表4-9に示す。ネットワークはファイアウォールによって、外部と内部に分割され、外部ネットワークは一般的にインターネットに接続される。内部のネットワークはイントラネットとよばれる。インターネットの技術を利用した企業内情報システムから構築され、Webサーバ、グループウェア・サーバ、文書サーバ、データベースサーバ、アプリケーションサーバなどのサーバの資源を利用者はクライアントとなるパソコンからWebブラウザーを用いて実行する。そして、企業内外のさまざまなコンピュータ資源やネットワーク機器を活用し経営活動の実施を行う。

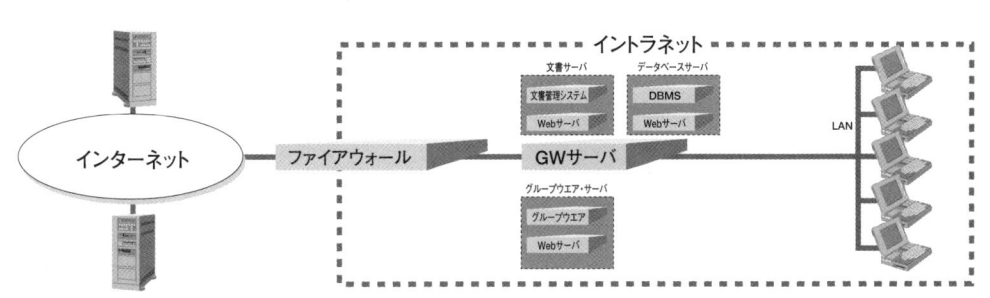

図表4-9　イントラネットの概念図

3）秘書業務とグループウェア

　企業情報ネットワークのなかで特に秘書業務に関係の深いグループウェアについて、考えてみよう。グループウェアとはネットワークを用いてグループで仕事を遂行するための電子メール、電子掲示板、電子決済、電子会議、スケジュール管理、ドキュメント管理などのアプリケーション・ソフトウェアのことをいう。

　グループウェアの概念を、クラレス・エリスは「共通の仕事や目的を持って働くグループを支援し、共同作業環境へのインターフェースを提供するシステムである」と定義している。

　つまり、グループウェアは複数の人間（グループ）が関与するオフィスワークやコミュニケーションなどに焦点を当て、その生産性向上や効率化を図り、創造的・知的活動を支援するシステムである。そして、このシステムを導入することにより、協調作業の生産性向上を行うことができる。グループウェアの機能はコミュニケーションを支援する電子メール系、文書管理やデータベースなどの情報が蓄積されたデータを共有する情報共有系、電子会議などの協働作業を支援するコラボレーション系、ビジネスプロセスの自動化と管理を行うためのワークフロー系に分類される。グループウェアの主な機能について、次に示す。

①文書管理

　文書管理は、オフィスで生産されるさまざまな情報をグループ間で有効活用することを目的にしている。さまざまな情報とは、パソコンで作られた文書ファイルやスプレッドシート、受信したファクスや電子メール、キャビネット、机にしまわれた文書類、覚え書き、メモなど多種多様な情報である。文書管理導入の効果としては、「あらゆる種類の情報を蓄積できる」、「蓄積された文書をあらゆる角度から敏速に検索できる」、「どんな文章も再利用、加工ができる」「ペーパーレス化を促進する」などが挙げられる。

②スケジュール管理

　グループウェアを構成する各メンバーの行動予定を一括して管理する機能である。各自が自分のスケジュールを登録することによって他のメンバーが参照し、会議や顧客訪問の日時設定に利用することができる。また、会議の参加者リストと予定時間を入力することにより参加者のスケジュールを検索して開催可能な日時をリストアップする機能もある。さらに、参加者に対し会議開催の電子メールを自動発信する機能を持つものもある。また会議室、共同利用施設や設備のスケジュール管理にもこの機能を利用することができる。スケジュール管理の効果は、「スケジュール調整作業の軽減」「作業時間に対する意識向上」「プロジェクト作業進捗状況の把握」などが挙げられる。

③電子会議

　会議には各種形態がある。グループのメンバーが同一の場所に一堂に会して行われるのが一般的であるが常に集中すればよいものであれば掲示板的なものですむ。統一当初、文字通り会議を行う場合は、各メンバーにはLANで接続されたパソコンが用意され、共通の検討事項は大型スクリーン表示されるようなシステムがある。

また、時間は統一だが各メンバーが異なる場所で各自のパソコンを利用して会議ができる形態としてパソコン会議システムがある。時間も場所も異なる場合には、各自のパソコンとネットワークを利用しての電子会議システムもある。パソコンの高性能化やネットワークの高速化、パソコン会議システム技術の標準化に伴い、今後はそれぞれを目的に応じて各種会議形態が行われるものと思われる。電子会議の効果としては、「出張などの移動時間の節約」「会議の効率化」などが挙げられる。

④ワークフロー管理

ワークフロー管理は、業務の流れと業務間を流れる文書や伝票などを事前にシステム上に定義することにより、無駄のない効率的な業務処理の実現を目的としている。対象とするのは事前に流れがある程度決まっている業務である。電子化された伝票を決められるルールに従って回覧する電子伝票システムや、決裁書や稟議書、出張申請書などの決裁を必要とする文書を所定のルートに自動回覧する電子決済システムがある。

秘書業務においては、グループウェアは上司との協働作業のツールであり、導入されたグループウェアを十分に理解し、それぞれの目的にあった活用方法を行う必要がある。また、秘書間での情報共有として、掲示板や会議室の作成や連絡調整のためのワークフローの開発など、効率化や情報の質の向上も積極的に取り組み、協働作業環境の改善を行う必要がある。

このように、多様で複雑化する企業環境において、敏速にビジネスチャンスをつかむことは、大変重要な課題である。企業のもつ情報をコントロールし、新たなビジネスチャンスを得るために、情報技術を駆使して戦略的情報システムの構築が行われている。

秘書はこうした企業情報システムの動きに呼応して、上司と社内外の情報ネットワークを効果的に構築して、情報ネットワーク形成のプロとして、常に質の高い業務を執り行うことが望まれている。

第 5 章

人的ネットワーク形成と秘書

5章のねらい

　本章では秘書をめぐる人間関係をさまざまな角度から検討する。まず職場組織の成立条件、マネジメントの考え方と、職場の人間関係をとらえる基本的な視点として人間の欲求と動機づけを解説する。次に秘書の人間関係を構成する要素のなかで最も基本となる上司とのペアワークのとらえ方と、人的ネットワークの概要とその創造的な形成について紹介する。最後に、リーダーシップ、コーチングと秘書との関わりを理解する。

第5章　人的ネットワーク形成と秘書

1 職場の人間関係

（1）組織・マネジメント・人間関係

1）組織における「分業と協業」

　職場の組織とは何だろうか。そのなかで働くということはどういうことであろうか。職場の人間関係を理解する前にこの基本的なことを明らかにしておきたい。

　20世紀は巨大ビジネスの時代といわれる。資本、技術、情報、ネットワークなど企業を支える要素は大規模化し、高度なものになった。ビジネスの規模が大きくなるに従って、企業組織も複雑になり始めた。まだ会社組織が小規模な段階では、少数のメンバーで営業や生産などの業務をカバーできたが、やがて規模が大きくなると、仕事を細かい組織単位にまとめ、仕事を分割してメンバーに割り振るようになった。これが「分業化」で、分業を進めれば、一人あたりの仕事の範囲は相対的に小さなものになる。比較的小さな範囲でメンバーが仕事に専念すればよいのだから熟練が増し、効率は上がる。一方で、目標を達成するためにコミュニケーションを円滑にして、一つの方向にメンバーが力を合わせることも必要となる。これを「協業」という。「分業」のシステムと「協業」を組み合わせることで、組織的に仕事を進める基盤を確立することができる。

2）マネジメント

　近代的な組織においては、組織運営のためにより洗練された考え方が用いられるようになった。全体の足並みを揃えて、ゴールに向けて組織を動かしていくための考え方である。
①目標を明確にして、その達成に向けて計画を立てる。
②組織全体が計画通りに仕事が進行しているかを把握し、進度を調整する。
③期限が来たら計画通りに仕事が進んだか、目標を達成できたかを振り返り、問題点をつかむ。
④次の目標に反映させる。

　こうした活動をマネジメント（Management）とよび、マネジメント活動の一連の流れを「マネジメント・プロセス」という。マネジメント・プロセスのステップに注目して「Plan－Do－See」と呼ぶことも多い。またこのプロセスは一回限りで終わるのではない点に着目して、マネジメント・サイクルという「Plan－Do－See→次の段階のPlan－Do－See」の循環を重要視することもある。

　マネジメントは企業の全体活動レベルで行われているだけでなく、部門組織や働く個々人の仕事の基本的な進め方として定着している。

　経営目標や事業目標といった共通の目的を達成するために力を合わせてマネジメントを行う空間が職場であり、マネジメント・サイクルを繰り返しながら仕事の質を高めていく場であるといえる。

3）組織と個人を結ぶ条件

ところで、職場に集まるメンバーは、一人ひとり、独立した人間であり、さまざまな意思や価値観や背景を持っている。こうした多様な人びとがそれぞれの思いを持って組織に集い、一定の目標のために働いていることを理解することが、職場の人間関係を考える前提となる。ここで、組織と個人の関係を考えるために、極端なとらえ方をしてみよう。一つのとらえ方は、メンバーの自由や意思、利益を抑えて組織の目標・利益を最優先しようという組織優先のマネジメントの考え方で、もう一つは個人をすべての中心と考え、メンバーの自由と意思を最優先するマネジメントの考え方である。

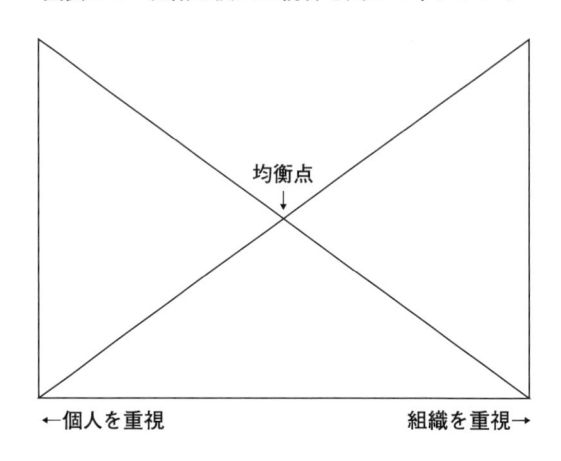

図表 5-1　組織と個人の統合を図るマネジメント

（図：均衡点を示す図。左端「←個人を重視」、右端「組織を重視→」）

結論からいうと、いずれの考え方によっても組織はうまく運営できない。両者の均衡点を探り、個人と組織の志向性のバランスがとれた、統合化されたマネジメントを行う必要がある。

統合化されたマネジメントが成り立つ条件は、①メンバーがともに働こうという意欲をもつこと、②メンバー間の良好なコミュニケーションがあること、③共通の目的があること、の3点があり、そのために組織をマネジメントする経営者に求められる役割には、①メンバーがともに働こうという協働意欲を引き出すために、さまざまな方法で個人の満足を高め、②コミュニケーションが円滑になるように配慮し、③共通目的を細かく分割して個々のメンバーに割り与えること、の3点が必要となる。

4）職場における人間関係

職場とは、多様なメンバーの集う共通の目標を持つ集団であることがわかった。組織はメンバーに役割を与え、各自はその役割を果たしていくことが求められている。目標達成のためには、さまざまな個性を持つ他のメンバーと協力していくことが不可欠であり、そのためには自分の長所を生かすことと同時に、他のメンバーを組織の一員として認め、連帯していくことが求められる。自己を理解し、他者を理解することが、よい人間関係を築く第一歩といえよう。

（2）人間関係の研究

1）人間関係のとらえ方

　前節でも述べたとおり、職場はそれぞれ異なる背景や価値観をもつ人間の集合体である。多様な人びとが集まり、目標を達成しようとする場合、お互いを理解し合うことはコミュニケーションの基本といえるだろう。また社外の人びととのコミュニケーションを行うことが多い秘書の仕事は、深い人間洞察を必要としている。

　ある人間を前にして、その人を理解しようとするときに、私たちはその人の発言や行動、振る舞いなどから判断の手がかりを得る。こうした行動は、その人を動かす内的な欲求によって生じている。欲求とは人間を行動に導く直接の原因になるものであり、その人がどのような欲求を持っているかを理解することは、人間を洞察する上で不可欠なことといえるだろう。

2）欲求5段階説

　マズロー（Maslow,A.H.）は人間の欲求に焦点を当てた心理学者である。ここではマズローの提唱した欲求5段階説を紹介する。

　マズローは多くの人間の観察から、人びとがもつ欲求を5種類に整理して、それらが重要性によって階層をなしていると指摘した。低次の欲求がある程度満たされるとその欲求に基づく行動は減り、高次の欲求に結びついた行動が現われてくると説明する。

　欲求は低い順から、図5-2のように、①生理的欲求、②安全の欲求、③所属と愛の欲求、④承認の欲求、⑤自己実現の欲求、の5段階構造になっている。

図表5-2　欲求段階とX理論・Y理論

段階	欲求	動機付け
⑤	自己実現の欲求	精神的欲求の充足による動機付け（Y理論）
④	承認の欲求	
③	所属と愛の欲求	
②	安全の欲求	物質的欲求の充足による動機付け（X理論）
①	生理的欲求	

　①「生理的欲求」とは人間の持つ最も低次の欲求とされ、空腹だから食事をしたい、眠いから眠りたいといった基本的な欲求である。この欲求がある程度満たされると、②「安全の欲求」が次の段階の欲求として生じてくる。恐怖や不安からのがれようとする欲求で安全、安定、保護を求める行動となって表れる。

　生理的欲求と安全の欲求が満たされると、次に③「所属と愛の欲求」が生じてくる。「社会的欲求」とも呼ばれるが、他者から否定され無視されるのではなく、仲間として認められることを願望し、また一定の集団の所属メンバーになろうとする欲求である。今日、多くの人はこの

段階から次の第4段階の欲求が満たされているといわれている。

　以上がある程度、満足されるようになると④「承認の欲求」が生じてくる。他者から高く評価されたい気持ちや、高い自尊心をもちたいという欲求であり、そうした欲求を満たすような行動がとられるようになる。

　この段階が満たされると最終段階の⑤「自己実現の欲求」が表れてくる。何か満たされないものを充足しようとする欲求ではなく、うちから湧き上がってくる何かによって、なれる自分になろうとする欲求であるという。自分の持っている能力すべてを最大限にのばし、発揮しようとする欲求であるが、本来、すべての人間が所有しているものだと考えられる。しかしマズローはこの段階に到達している人は非常に少ないと指摘している。

3）ビジネスパーソンの欲求階層

　マズローの説を、ビジネスの視点でみてみよう。「生理的欲求」は最低限の衣食住を満たすために、どのような仕事であれ、最低限の賃金が得られる職に就くことで満たされると考えられる。これに加え一定水準の賃金が与えられることや、正社員として身分が保障されることで、「安全の欲求」は満たされていく。

　「所属と愛の欲求」は、その会社や部署のメンバーとして、上司や同僚と信頼関係を持つことで満たされる。もし「所属と愛の欲求」が十分に満たされていないビジネスパーソンがいたら、その組織のなかで「信頼され、同じメンバーとして認められること」が、仕事への動機づけになる。

　「承認の欲求」は、昇進・昇格などの評価に基づき、一定の地位やポストにつくことや、周囲の人、とりわけ上司から、仕事の成果や業績が承認されることで満たされる。この欲求段階に到達しようとする人は、自尊心を満たすための行動や、他者から承認を求める行動をとりがちである。

　「自己実現の欲求」に基づく行動としては、創造的で芸術的な行動や、自己の能力をさらに高めるような活動、そして代償を求めずに他者に尽くす行為などがあげられるだろう。

4）仕事への動機づけ

　私たちはどのような条件や要因によって仕事に「やる気」を出すのだろうか。この「動機づけ」の問題を理解することも、人間理解の基本として重要である。

　1920年代まで「人間はそもそも仕事を嫌い、強制しなければ仕事をしない」というとらえ方が主流であった。そして組織で働く従業員を動かすには、報酬と外からの強制や懲罰が有効であると考えられていた。すなわちアメとムチによる動機づけが基本であり、人間の感情の側面は無視されていたのである。

　このとらえ方を大きく変えたきっかけとなったのが、アメリカで1920年代後半から30年代初頭にかけて行われたホーソン実験である。この実験はそもそも、生産能率と工場の照明の関係

を調べようとしたものだった。作業場の照明を明るくすると生産性が向上するが、しかしある時点で照明を暗くしても生産性は下がらないことが注目され、その後、継続的に工場労働者を対象にした調査・実験が行われた。その結果、職場のメンバー編成を従業員に任せ、気の合う同士で仕事をさせたところ、生産性が上がるという結果を得たのである。従業員は職場のなかに発生したグループのなかに作られた行動基準に強い影響を受け、仕事へのやる気は賃金や労働条件よりはむしろ、人間的・心理的環境によることが判明したのである。したがって従業員の人間関係を改善し、内面的な満足や安心を与えることが重要であるという「人間関係論」のとらえ方がこれ以降定着する。

5）目標による管理

1950年代以降、人間関係論は見直されるようになる。その代表的な理論がマグレガー（MacGregor,D）の提唱した「X理論・Y理論」であり、「目標による管理」というマネジメント技法である。

マグレガーは伝統的な人間観を、①普通の人間は生まれつき仕事が嫌いで、できるだけ避けようとする、②人間に仕事をさせるには、強制、統制、命令、処罰が必要である、③普通の人間は命令される方が好きで、自分から責任をとろうとせず、野心も持たず、何より安全を望んでいる、と整理し、この人間観を「X仮説（理論）」と表現した。

マグレガーは、マズローの提唱する高次の段階の欲求である、「所属と愛の欲求」「承認の欲求」「自己実現の欲求」を基盤に組織と個人の欲求の統合を研究し、「Y仮説（理論）」を提唱した。すなわち、①人間は生まれつき仕事をすることをいとわない、仕事は条件次第で満足の源となる、②進んで働きたいと思う人間には外からの統制や命令は役に立たない、③献身的に努力するかどうかは報酬次第であるが、最大の報酬は承認の欲求や自己実現の欲求である、④進んで働く人間は責任を積極的にとり、創意工夫して問題を解決する。

マグレガーはさらに「人間は本来働きたい。自発性を生かして自己実現をはかり、自分が参加し、立てた目標を達成しようとする」という人間観にたつマネジメント方法として「目標による管理」を提唱した。そのマネジメントの特徴は、組織の年度目標を全体目標から部門目標、個人目標へと細分化して設定し、個人別の目標をすべての従業員個人が参加して設定するというプロセスを踏む。これにより組織の全体目標と従業員の欲求が調和されるというものである。そして年度の終了時には、個人目標の達成度および、部門目標ひいては全体目標への貢献が明らかになるのである。

以上さまざまなマネジメントの考え方や理論を見てきた。秘書にとって大切なことは人間の洞察力が必要であり、そのためには人のもつ欲求を捉え、また何によって動機づけされているのかを知ることである。私たちはさまざま欲求や動機付けの要因を持っている。欲求のなかでも何を上位にしているか、何によって動機づけられているのかは個人差がある。その人の現在の状態がどうなっているのかを洞察することが必要となる。

（3）秘書をめぐる人間関係――ペアワークの深化
　1）上司との人間関係
　職場で求められる仕事の能力は、その内容やレベルとともに職場や階層によって異なるが、経営トップの補佐を行う秘書の視点でいえば、まず上司とのペアワークを円滑に行う基盤をつくること、次に、秘書として接する社内外の人びととの良好な人間関係をつくりあげることがあげられる。
　企業組織のトップに位置する経営者の役割は、企業が置かれている環境の変化を予測し、企業の進むべき方向性を決断して行くことである。経営者が意思決定に専念できるように、仕事環境を整えるのが秘書のミッションである。特に秘書は上司を巡る人間関係や対人的な業務をサポートするスペシャリストとして業務を行うのである。

　2）上司との信頼関係の形成――機密を守り、上司を理解する
　秘書がまず確立すべきことは、上司との信頼関係を形成することにつきる。信頼関係の基盤となるのは、機密を守ることである。秘書は文字通り、秘密事項を扱うことが多い。経営トップの上司のもとには、社内にもオープンにできない機密情報が集まってくる。このような情報を日常的に扱っているうちに、緊張感が薄れ、機密性をないがしろにするようなことがあってはならない。たとえば、上司がいつ、社外のだれと会ったかという情報がライバルに漏れただけで、企業に大きな損失をもたらすこともある。口が堅いことだけでなく、機密を他者に悟られない態度が上司に信頼される基本である。
　秘書のもとには多くの情報が流入してくる。そのなかで秘書は上司の目や耳の働きを果たしながらペアワークを進める。信頼関係がなければ、安心して秘書とペアワークはできないであろう。信頼関係を基礎に、上司をめぐる情報ネットワークをコーディネートする能力が秘書には求められている。
　信頼関係を形成するうえで必要なことは、上司を理解することである。上司の人柄や考え方を知ること、たとえば、上司の価値観や性格、人間のとらえ方、仕事の進め方、意思決定の仕方、キャリア、社内でのポジション、交友関係、家族構成、趣味、健康状態などを把握しておくことが第一歩になる。
　上司の人間関係やネットワークにも秘書は関与することが多い。このなかには公式的なつながりのほかに、インフォーマルなネットワークも含まれている。こうした、上司の人間関係を日頃から把握しておくことも重要である。いざというときにこれらの理解が、どれほど大切であるかは、多くのベテラン秘書が実感していることである。
　また担当する上司が替わった場合には、前例を踏襲しないで、新たに上司を理解することで相互信頼を深めることができる。

3）上司との相互信頼関係の構築

これと同時に秘書は、上司に自分のことをよく理解してもらう必要がある。秘書と上司がお互いを深く理解していることは、前節に述べたように、相互信頼関係を築き、ペアワークを進めるうえで重要である。特に秘書の人柄、性格、対人関係の処理能力、事務処理・情報処理の能力などを、弱みを含めて理解してもらうことである。

そのためには当然のことながら、コミュニケーションがとれることが基本となる。まず自分の伝えたいことを正しく伝え、相手の伝えたい内容を正しく聞けることができているかどうか、また、疑問や不明なことがあったときに、そのままにしないで確認することも基本となる。さらに、自分の意思が相手に伝わったかどうか、また、相手の言ったことがわかったかどうかを相手にフィードバックすることで、相互の信頼関係が構築できるだろう。

コミュニケーションを密にし、業務上のことだけでなく、現在取り組んでいる自己啓発の課題などの理解を深めてもらうことも重要である。

4）ペアワークの深化

上司と秘書は仕事を進めながら、学習を行っている。仕事に関する知識レベルの理解も重要であるが、ともに働く経験を蓄積することでペアワークを質的に深化させることができる。働く過程で学ぶ場合には、どのようなことに注意したらよいだろうか。田中篤子は「まず、不明なことが生じた場合、自分の判断で処理するのではなく、上司に判断を求めることが重要である」と指摘している[1]。

上司にはそれぞれ特有の仕事の進め方、仕事のとらえ方がある。上司のスタイルがつかめるまでは、秘書はためらわず指示を仰ぐことが必要である。また、一度秘書の判断で行った業務処理の方法に問題がなかったとしても、上司はそのやり方に満足していたかどうかはわからない。「この方法でよかったのか」と疑問をもち、折を見て、さりげなく相談することでペアワークが質的に深化するのである。

上司との信頼関係が確立し、業務に関するお互いの知識の共有が深まってくると、ペアワークが進み、上司にとって秘書の存在が今まで以上に不可欠になってくる。上司と秘書では同じものを見ていても見えるものやとらえ方が違う。息のあったペアワークが深化すると、上司はその視点の違いを秘書に求めてくるようになる。

5）秘書の葛藤解決

職場のなかで部門間や個人間で葛藤（対立や競争）は日常的に生じており、避けることができない。葛藤は組織的に見ると、社内の部門間の競合や、意思統一ができないで協力関係が築けない場合に発生する。また個人レベルで見ると、葛藤は異質な人との間で生じやすく、またとるべき役割があいまいである場合に発生しがちである。

---

[1] 田中篤子『新版 秘書の理論と実践』法律文化社 1989年

人間関係を良好に保つという視点であれば、組織のなかの葛藤（コンフリクト）は回避すべきものであるが、反対に組織全体の成長をもたらすきっかけともなる、というとらえ方もある。葛藤は組織内部に緊張感をもたらし、ユニークなアイディアや解決策の源になり、変化や変革のきっかけになるという考え方である。

　葛藤に対してどのように前向きに対応すべきであろうか。二つの観点から判断することが考えられる。第一に自分の利害を優先的に捉えようとする姿勢であり、これが過度に強い場合には攻撃的自己主張を行うことになる。もう一つは相手の立場や利害に配慮して協力的に対応する姿勢で、これが強すぎると、自己の立場を主張せずに回避的、妥協的になる。建設的に葛藤に対処するには、ことさらに競争することや、妥協、回避に走るのではなく、お互いにWin-Winの関係になるような解決法を探ることが望まれる。

　ただし秘書の葛藤解決は特有の配慮が必要となる。秘書は自分自身の立場を守ることを考えた行動をせず、上司の対人関係をよくするための行動をとることが求められている。コンプライアンス（法令順守）から逸脱してはならないものの、この点は秘書に特有の対人関係の考え方である。森脇は「場合によっては秘書があえて自分が悪者になるという潔さも必要である」と指摘している[2]。

　職業生活のなかで葛藤がないということはまずあり得ない。秘書の対人関係においても、葛藤を体験する場面が多い。ベテランの秘書になるほど数多くの深刻な葛藤を体験してきている。こうした葛藤をくぐり抜けてきた経験は、秘書としての判断やとっさの時の行動にプラスに貢献している。

2 秘書と人的ネットワーク形成機能

（1）秘書とネットワーク

1）人的ネットワークの形成――上司の社内ネットワーク

　秘書は上司だけでなく、社内外の人たちとの複雑な人間関係のなかで活動をしている。まず上司とのペアワークを円滑に行う基盤をつくることができたら、次に秘書として接する社内外の人びととの良好な人間関係をつくりあげること―人的ネットワークを形成する働き―がよい仕事をする上で必要になる。

　上司のネットワークでいえば、まず上司の上司、上司の部下、社内の各部門の責任者など社内の人間関係があげられる。日常の業務に直接関わるものなので、秘書は情報の中継点として、コミュニケーションを円滑に行い、よい対人関係を形成することが重要である。必要な情報を積極的に収集して上司に提供していくことが求められる。

　たとえば上司の耳に入っていない社内の情報がある場合や、上司の認識している情報と秘書の知り得た情報との間にズレがある場合などは、積極的に情報提供をすべきである。ただし注

---

[2] 森脇道子『新　女性秘書入門』ダイヤモンド社　1978年

意しなくてはならないのは、断定を避け客観的に伝えることと、上司の望む方法の伝え方やタイミングで行うことが必要である。

2）人的ネットワークの形成──上司の社外ネットワーク

　社外のネットワークを構成するのは、取引先の担当者やその上司、業界団体のメンバー、同業他社のトップ、異業種の知人、官庁の人脈、勉強会の仲間、マスコミ、同窓会のほか上司のプライベートな関係（友人、知人）などの人びとであり、国内だけでなく海外にわたって広く形成されていることも多い。こうしたネットワークは大きな価値を持っている。たとえば、こうした人びととのネットワークを起用することで仕事の展開を容易にすることがある。社外にどのような知己をもっているかで、その人の評価が決まる場合もあり、上司自身の社内外での存在価値やパワーを高める働きを持っているのである。秘書はこうしたネットワークを形成・維持し、深化させる際に大切な働きをする。日常業務の知識や技能の範囲にとどまらず、社外の人びとにも通用する秘書としての常識や教養、国際プロトコルの理解など自己啓発の努力がほしいところである。

3）人的ネットワークの形成──秘書にとってのネットワーク形成能力

　秘書にとって、社内の人的ネットワークは重要な役割を持っている。それは、秘書の所属する秘書セクションの上司、秘書仲間、後輩、他部門の同僚、社外の秘書仲間などの人間関係があげられる。

　秘書はしばしば社内で特別な存在としてみられることが多い。秘書としての適性や業務能力、対人能力や印象など、職業人として高度なレベルが求められ、また何よりも経営トップ層のもとで働くことに起因する尊敬や畏怖、嫉妬を招く可能性がある。また秘書に対して、過剰な配慮から、演技的に接してくる人もいるだろう。そうした他者のまなざしのなかで、秘書であることに妙な優越感を持たないようにしたい。あくまで「上司のサポート役」であり一般の職員であるという自分の立場と役割を冷静に認識し、いらぬ誤解を招かないように注意したい。

　上司の部下や他部門のメンバーに対しては、特に対人的な配慮が必要である。上司と部下の間に立つときに、秘書は自分のポジションをよく理解し、クッション役として機能するべきである。上司の命令や指示を部下に秘書が伝えるときなどには、あたかも上司のような口調でストレートに伝えたら相手がどのように感じるか想像力を働かせてほしい。上司の権威を笠に着ているなどと評価されることもあり、問題が起こりやすいのがこの関係である。

　先輩秘書には、その経験を学び、その組織のさまざまな仕事の進め方や注意点を謙虚に学ぶことである。同僚、後輩との接し方は、フランクに接し、仕事上で協力できる範囲のことは丁寧にサポートすることである。チームの一員であることを自覚して、お互いの役割を理解することが重要である。秘書仲間の社外ネットワークを作ることも、仕事の幅を広げ、能力開発のために有意義である。

（2）秘書業務と人間関係の形成

1）秘書の人間関係

　秘書は上司のパートナーとして上司との関係は当然のこと、上司の人間関係を創造的に形成していくことが重要であることは前項で強調したとおりである。秘書は複雑な状況のなかで活動を行うことが多い。あいまいな状況のなかで、限られた時間のなかで、見分けにくい対人関係のなかで、的確な判断をしていくことが求められている。

　ここでは、よりよい人間関係を形成するための方法を、特にコミュニケーションの観点から述べていく。以下、森脇道子の指摘をもとに、よりよい人間関係を形成するための視点を紹介していくことにする[3]。

2）相互理解の基本

　企業組織のなかでやりとりされる情報量が飛躍的に増加し、多くの情報処理を短時間で行わなくてはならなくなってきている。意思決定に必要な時間も短くなってきている。こうした傾向が強くなると、時間をかけて丁寧で確実に業務処理を行う余裕がなくなり、その結果、組織内で連絡ミス、情報の行きちがいや誤解、情報の偏在などの問題が生じてくる。大規模な事故の背景には、無数の小さなミスがあるといわれる。最近、信じられないような失敗を犯す企業が見られるが、その背景には組織内でのコミュニケーションの過程で、小さなつまずきや見過しが積み重なって、大問題に発展したものも多いと考えられる。組織が目標を達成するにはメンバー間の協力や連携、部門間のコミュニケーションが欠かせない。今日の組織内の情報処理の増大とスピード化は、効果的なコミュニケーションの必要性をますます増している。

　では効果的なコミュニケーションを行うにはどうしたらよいのだろうか。メンバー間の理解を深め、双方向のやり取りをきちんと行う、といういわば当たり前の事をしっかり行うことが基本である。しかし、異質なメンバーが集まって構成されている企業組織のことである。基本的なコミュニケーションから見直してみよう。

　日常の会話に目を向けてみよう。次のような例を体験したことはないだろうか。

　①声が大きく発言量も多い。得意の分野の話題になると話を独占する人。

　②伝えたいことを一方的にいって「じゃ、よろしく」と、用は済んだとばかりに話を終える人。

　③「きみにしてはよい考えですね」というような、相手を見下したような言い方をする人。

　こうした会話は、相互理解をもたらす「対話」を阻害する例である。どこが問題だろうか。

　①は発言のなかに「わたしは（わたしの場合）」という表現が多い傾向があり、自己アピールを好む自己中心的なタイプである。②は自分の発信した情報や意思が相手に十分に理解されたかどうかを確かめないため、一方向のコミュニケーションになっている例である。③は評価的に会話をするもので、相手の発言についてよい・悪い（合格・不合格）という判断を行う傾向

---

[3] 森脇道子『新　女性秘書入門』ダイヤモンド社　1978年

である。いずれも後味が悪い。自分ではあまり気がつかないことも多い。時には自分の話し方の癖や傾向がどのようなものであるか、こうした例に陥っていないか、自己チェックしてみるとよいだろう。

3）どうすればよく聴けるのか

　話し方だけでなく、私たちには「聴き方」にも特有の癖や傾向がある。次のような聴き方をする人がいる。
　①最後まで話を聞かないでうのみにして、自分に都合のよい解釈をする人。
　②相手の言いたいことを深く理解しようとしないで、表面的に聞き流す人。
　③こちらの話をほんとに聞いているのか、「それは要するに○○ってことですね」と勝手に納得している人。
　いずれも自分の立場・見方でしか相手の話をとらえることができない例である。効果的な聴き方の技法として有名な「積極的傾聴法」にはいくつかポイントがある。相互理解を深める聴き方として、次のようなことに留意したい。
　①相手の言いたいことは何なのか、こちらから積極的に理解しようする態度で聴く。
　②言葉じりを捉えるのではなく、その人全体に注意して聴く。身振りや表情など言葉として表現できない部分にも注目して、その人が伝えたいことは何なのかをつかもうとする。
　③とらえ方や理解のズレを少なくして聴く。「こう理解したがよろしいですか？」というシグナルを送りながら会話を進めると、誤解しにくくなる。
　④相手のものの見方や現在の感情、おかれている立場を推し量り、共感しながら話を聞くようにする。
　⑤いっぺんに理解しようとせず、時間をかけて、少しずつ聴くようにする。
　こうした積極的な傾聴ができるようになると、相手にも傾聴をする姿勢が生まれる。また緊張感や敵意が減少して自由に話せる雰囲気が生じる。秘書の場合、初対面の人やさまざまな背景の人と接することが多いが、上記のような相互理解のための話し方、聴き方の方法を身につけておくべきである。

4）秘書が直面する人間関係

　秘書の仕事の特徴として、さまざまな人間関係に対処しなくてはならないことがあげられる。経営トップのもとでは、一般の職員とは異なる人間関係が発生するからである。
　上司に接近するために、好意的な印象を演出して秘書に接する人がいる。秘書に対しては打算的に下手に出たり、本来とは異なる態度や姿勢で接する人もなかには存在する。上司や秘書のいる場と、そうではない場で矛盾する言動をする人がいる。
　人は他者に望ましい自己像を与えるようなペルソナ（仮面）をかぶっている、という考え方がある。印象を操作して、その時と状況（舞台）に応じて「演技」を行うというとらえ方であ

る。こうした行動に接すると人間不信に陥るかもしれない。しかし、善悪を判断するのではなく、まずはそのまま受け止めることである。そしてその人がなぜそうした行動をとるのか、意図をくみとる目を徐々に養うことが秘書としての能力向上に役立つ。

　また私たちは、他者を見るときに、自分の内面にある固定観念や先入観のせいで相手の言葉や行動を誤って理解することがある。過去の経験から、この人は「きっとこうするはずだ」という思いこみがあるものである。「○○すべき、○○すべきではない」という尺度に当てはめて人の行動をみると誤解しがちである。自分の価値観に反する人を見ると好ましく思えず、気に障ることが多いが、自分勝手な判断や解釈をしないことが求められる。

　だれしも、人を見るときにズレやゆがみをもっている。これは仕方がないことだが、放っておくと問題が起きる。それを認識した上で自分のクセを知ることが大切である。

図表5-3　リーダーシップの構造　2要因モデル

（3）リーダーシップ、コーチング
1）リーダーシップのスタイル

　リーダーとしての対人的な影響力をリーダーシップという。リーダーに必要な条件は、一般に、状況を察知する力、意見や考えを伝える力、監督能力などが重要とされている。しかし、この条件はやや漠然としている。

　リーダーの行動を観察すると、大きく分けて二つの行動スタイルがあることが知られている（図表5-3参照）。一つはメンバー間の人間関係を良好に保とうとする行動であり、人間への関心の高さや集団を維持しようとする志向性と関連している。もう一つの要素は目標達成のためにメンバーを方向付けようとする行動で、業績を上げようとする関心の高さや、課題を遂行しようとする志向性と関連している。いずれか一方のスタイルに偏っている場合、長期的にはその職場は生産性を高めることはできないと指摘されている。二つの要素をのばし、バランスをとることがリーダーシップの養成につながるのである。

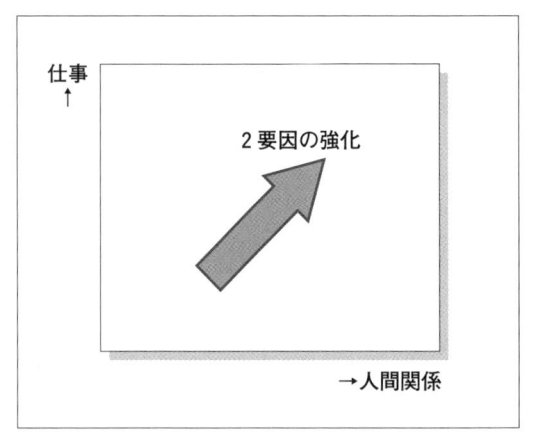

　ペアワークという相互補完的関係にある上司をリーダー、秘書をフォロワーとして、上司のリーダーシップスタイルを診断し、どのようなフォロワーシップが望ましいか考えてみるとよいだろう。

2）リーダーとフォロワー、状況要因の関係

　フォロワーがいなければ、リーダーシップは発揮できない。リーダーがリーダーとして受け入れられるには、フォロワーによる受容がなくてはならない。リーダーシップはそれが必要とされる条件のなかで、フォロワーからの受け入れがあって成立する。ある状況で受容され成立

したリーダーも、状況が変わって有効でないとされると、交代せざるをえない。フォロワーの特性もリーダーシップのありように影響する。たとえば、フォロワーの経験がまだ浅く、技術や能力も十分でなければ、リーダーには細かく指示を行い、強いイニシアティブを発揮してフォロワーを引っ張っていくタイプがマッチするであろう。反対に部下が技能や経験を蓄積したベテラン揃いであれば、リーダーはサポート役に徹したほうが成果が上がり、部下の支持も得られる。

　ある状況でフォロワーである人も、別の状況ではリーダーシップを発揮することがある。組織が「守り」のモードにあるときには、その状況に適したリーダーが選出され、状況が変わって「攻め」のモードになったときには、フォロワーのなかからリーダーが選出されることもある。

　このように、求められるリーダー像は不変のものではなく、状況によって変化するのである。ここで状況とは、組織の制度や構造、仕事の特性や用いられている技術などである。職場の環境、テクノロジーがドラスティックに変化しているが、リーダーシップのかたちも変わっていくことが予想される。

3）コーチング
①コーチングの基本的な考え方

　コーチングとは部下の育成に用いられるコミュニケーション技術のひとつで、最近は幅広く利用されている。コーチ役の上司が質問をなげかけ、その質問に部下が答えるプロセスを重要視する。その過程で、部下が取るべき行動を自ら選び、目標に向けて動いていくように支援するというものである。他者から、命令や強制のかたちで何かをさせられたり、外部から強制されるよりも、自分で納得して選択した行動のほうが、前向きに取り組むことができる。同じ行動でもそれに至るプロセスの違いでやる気に差が出る。また目標を達成する方法も、上司が押しつけるのではなく、部下に選択肢を考えさせ自分で選び取るように支援することも、コーチングの特徴である。

　目的に向けて自ら動き出した部下を動機づける方法も、コーチングでは重要視する。それは、部下を「承認する」というアプローチである。文句を言ったり、罰するのではなく、基本的に任せて、認め、ほめることが承認の特徴である。否定せずにほめることがコーチングの最大の特徴といえる。

②コーチングの進め方

　コーチングの進め方の基本は、積極的傾聴を基本とし、必要に応じて、質問や繰り返し、フィードバックを行いながらコミュニケーションを深めていくことにある。その流れは以下の通りである。

　　ⅰ）積極的傾聴を行う：部下の抱えている問題を傾聴する。話が終わるまでは基本的に、意見や指示などはせず、意見が出ることを促す。

ⅱ）質問を行う：何が困難と感じているのか、どこが問題なのか、どうしたらよいと考えているのか、を客観的に聞き出す。語るうちに解決策が出ることも多い。

ⅲ）まとめる：コーチ役が部下の話を整理する。部下の話を繰り返し、言い替えをしながら、正しい理解かを確認する。同時に部下の支援の方針を決める。

ⅳ）フィードバックを行う：コーチ役の見解を伝える。

③コーチングと秘書業務

　秘書と上司のペアワークが深化するにつれ、両者のコミュニケーションも指示・命令スタイルから、コーチングが想定するような非指示的で自発的な動機づけを前提にした方法に変化していくものと考えられる。

　問題点や何か気づいたことがあれば即座に上司が指示を出し、一方、秘書も全くの受容型の姿勢で、どのような指示も全面的に受け入れるというスタイルが従来のペアワークの形態だとすれば、秘書に提案をさせる、アイディアを出させる、そのなかから適切な案を秘書に任せ、それを上司がポジティブな態度で支援していくというコーチングのあり方に変容していく。コーチングを基礎にした相互信頼のペアワークが、これからの望ましいペアワークのかたちになるであろう。

・・・

【発展問題】

1．あなたの現在の欲求段階は現在どのような状態にあるか。また、過去を振り返って欲求の階層にどのような変化があったであろうか。

2．秘書と上司のペアワークはどのようなプロセスを経て成長するか考えてみよう。また望ましいペアワークとはどのような状態にあると考えられるだろうか。

3．あなたのコミュニケーションの特徴や傾向、癖にはどのようなものがあるか。特に、①話の仕方、②話の聴き方、③他者のとらえ方について、親しい友人との間で指摘し合い、気づいていた点と気づかなかった点をリストアップしなさい。

第6章

秘書とプレゼンテーション

6章のねらい

　プレゼンテーションは、ビジネスにとって大切なスキルとなっている。情報を伝え、商品やサービスについて説明し、さらには顧客を説得するためのプレゼンテーション能力は、上司をサポートし、コーディネーター活動を行う秘書にとっても欲しい能力のひとつである。

　この章では、プレゼンテーションとは何かを学び、秘書にとってのプレゼンテーション、職業人として求められるプレゼンテーションの基本を学ぶ。プレゼンテーションの重要性、秘書とプレゼンテーション、秘書のプレゼンテーションに求められる能力、プレゼンテーションの基本などについて学習する。

1 プレゼンテーションの重要性

（1） プレゼンテーションとは

　一般的にプレゼンテーションとは「正確な情報を、それを求めている人びとに、必要な時に、適切な形で、適切な場所で伝えること」といわれている。特にビジネスでは、情報提供や商品の説明などを、顧客に対して効果的に行うことが求められている。

　1）プレゼンテーションの目的
　プレゼンテーションの目的は、大きく次の三つに分けることができる。
①伝達
　話し手は、聞き手に情報を伝えることを目的とする。たとえば、秘書が上司の指示を他部署の長に伝えるとか、上司の外出中の出来事を上司に伝えるといった報告のようなことも含まれている。ここでは、話し手は的確に客観的に情報を伝えるだけである。
②説明
　話し手は、聞き手に細かく説明し、そのうえで理解してもらうことを目的とする。新しい仕事のルールや変更理由についての説明をすることや、会社説明会などもこれにあたる。当然のことながら、説明をすることには、情報を伝えるという要素も含まれている。
③説得
　三つのなかでは一番難しいのが説得である。話し手は、聞き手に理解してもらい、納得してもらい、行動してもらうことを目的とするからである。たとえば、商品の説明に対し、聞き手が理解し、納得し、買うという行動を起こすことが目的となる。その意味で、説得には、情報を伝える、説明をする、説得をする、の三要素すべてが含まれている。

　2）コミュニケーションとしてのプレゼンテーション
　プレゼンテーションの目的は、大きく次の三つに分けることができる。
①1対1のプレゼンテーション
　秘書の日常業務として行われる上司への伝達や報告は、1対1のプレゼンテーションととらえることができる。これをコミュニケーションの視点から考えると、秘書（送り手）と上司（受け手）のコミュニケーションを支えるコンテキスト（文脈）がとても重要になる。つまり、秘書は言葉というコード（符号）を中心に上司にメッセージを伝えるが、上司がそれを解読、理解するのに、このコミュニケーションの背景にあるコンテキスト（文脈）が大きな役割を果たしている。
　このコンテキストの違いによって誤解や行き違いが生じることがある。たとえば、「コーヒー」ということばを聞いて、私たちは飲み物としてのコーヒーを思い浮かべる。ここでは「コーヒー」が情報を表現する符号、すなわちコードである。しかし、このコード「コーヒー」は、聞

いた人によって、「コーヒー専門店の薫り高いコーヒー」を思い浮かべる人もいれば、「インスタントコーヒー」を連想する人もいる。

1対1のプレゼンテーションの場合には、メッセージの送り手と受け手の間でのやり取り（フィードバック）が行いやすい。そのため、お互いの考えをすり合わせることによって、誤解を修正することができる。このような誤解や行き違いが、常に起こりうるということを前提に、送り手・受け手の双方向性のコミュニケーションが重要となる。

図表6-1　コミュニケーションとしてのプレゼンテーション

②1対多のプレゼンテーション

1対1のプレゼンテーションの場合には、メッセージの送り手と受け手との間でのやり取り（フィードバック）が比較的行いやすいが、1対多のプレゼンテーションでは、このフィードバックが受けにくく、双方向的な確認作業がしにくい。そのためにコンテキスト（文脈）のずれによる誤解が生じても途中で修正する機会が少ない。

つまり、1対多のプレゼンテーションにおいては、事前に聞き手がどのような人びとであるかを分析し、聞き手の反応を予測して十分な準備が必要となる。また一方通行にならないために、質疑応答の時間を確保することも重要である。

2　秘書とプレゼンテーション

秘書業務にとって最も大切なことは上司をサポートすることである。その職務を果たすために、秘書には上司の周囲の人びとと円滑なコミュニケーションをとりながら、良好な人間関係を築き、上司にとっての「人と情報の中継基地」となることが求められている。上司をめぐる人的ネットワークと情報ネットワークの中継基地である。

秘書とプレゼンテーションを考えるとき、プレゼンテーションを営業のために大勢の人びとの前で商品説明をしたり、スライドや資料を使って企画を説明したりすることと考えれば、秘書がそのようなプレゼンテーションをすることはこれまではあまりなかった。

しかし、プレゼンテーションを「相手に正しくわかりやすく、自分をとおして情報を伝えること」ととらえるならば、秘書業務は多様な人びとへの、多様な目的のプレゼンテーションの連続とも考えられる。プレゼンテーション能力は重要で不可欠な能力なのである。

図表6-2　秘書とプレゼンテーション

		準備を担当する人	プレゼンター	内容
サポート的	（広義）	秘書 （環境設定）	上司 担当者 （社外・社内）	プレゼンテーションの内容そのものではなく、環境設定や資料の配布等、見せ方の補佐
	（狭義）	秘書・担当部署 上司（内容の準備）	上司	上司の行うプレゼンテーションのための情報収集・資料作成
主体的	（広義）	秘書	秘書	日常業務における報告・伝達
	（狭義）	秘書	秘書	新人教育・後輩指導 会議進行説明・来客を案内

図表6-2に示したように、秘書がプレゼンテーションに関わるのは、大きく分けて次の二つの場合である。一つは、上司のプレゼンテーションのために、サポート的に関わる場合である。すなわち、会議やイベントでの上司のプレゼンテーションを成功させるために、上司が行うプレゼンテーションのための情報を収集し、発表資料を作成したり、十分な環境整備を行ったりする場合である。

もう一つは、秘書がプレゼンテーションを行う場合である。この場合にも次の二つが想定される。一つは、秘書自身が秘書業務を遂行するために、上司や上司の周囲の人びとに報告や伝達などを行う場合である。もう一つは、新人教育や後輩指導、会議の進行説明や来客に対して会社を案内し説明する場合など、秘書自身がプレゼンターとしてプレゼンテーションを行う場合である。

(1) プレゼンテーションのサポート

1) 秘書が準備

まず、秘書が上司のプレゼンテーションのサポートをする場合について考えてみよう。秘書は、プレゼンテーションの目的と実施内容を上司と十分に打ち合わせてから、準備に取りかからなければならない。上司のプレゼンテーションの目的に合わせて、上司が望むデータや資料を取り入れ、望む時期までに用意しなければならない。重要な内容の場合、準備に時間が長くかかる場合、状況が変化した場合には、随時報告や相談をしながら作業を進めていく。また、疑問に思うことや、効果的な手法などが思いついたときには、率直に上司に相談し、プレゼンテーションの目的に合った、よりよい準備ができるように努める。

さらに、準備において大切なことは、上司の意図することを明確に打ち出し、聞き手にとっ

てわかりやすく受け入れられやすいものを準備するということである。日頃から上司の考えていることを仕事や上司との会話のなかから読み取り、心に留めておく必要がある。上司の頭脳の一部として、上司の目となり耳となる秘書は、上司の関心のあることに秘書自身も関心を持ち、理解を深め、幅広く情報収集に努め、役立つ準備を心がける必要がある。

2）秘書が実施をサポート
秘書が上司のプレゼンテーションの実施をサポートする時は、上司が気持ちよくプレゼンテーションに臨み、集中できるように、以下のようなことに留意して環境を整える。

①身の回りの世話
明るい挨拶で迎え、体調を気遣い、身の回りの世話をする。

②リハーサル
事前にリハーサルを行い、使用機器の操作等を確認する。特に初めての会場や初めての機器を使用する場合には、同じ環境での綿密なリハーサルが望ましい。秘書が機器操作を担当する場合には、どのタイミングでスライドを変えるか、照明・音量操作などについても、具体的な打ち合わせが必要となる。また、プレゼンテーションを記録保存する場合には、保存媒体は余裕をもって準備し、事前に必ずテストを行う。

③資料の取り扱い
資料の配列や、聞き手に配布する場合には、配り方やタイミングも確認しておく。

④後片づけ
プレゼンテーション終了後は、まず、上司へのねぎらいの言葉をかけ、周囲のスタッフへの心遣いも怠らないようにする。後片づけは速やかに行い、会場に忘れ物のないように見回る。必要な場合は会場責任者の確認を受け、礼を述べる。機密度の高いプレゼンテーションの後には、資料の回収やゴミ箱のなかを見るなど二重の確認が必要となる。

⑤関連部署への挨拶と報告
関連部署や資料提供を受けた方へのお礼や必要な挨拶・報告は、できるだけ早く行う。秘書は、常に上司の「次」のために、良好な人間関係を築くよう心がける。

3）担当部署が準備
上司のプレゼンテーションの準備を業務担当部署が行う場合のことも考えてみよう。このケースでは、準備が適切に行われているかを担当部署と緊密に連絡をとりながら確認することが、秘書の仕事となる。

秘書は、秘書自身が準備するときと同様に目的と内容を把握していなければならない。また、随時、準備が滞りなく進められているかを確認し、その進み具合を上司に報告する必要がある。プレゼンテーション終了後の上司や周囲への心配りは、準備に関わっていない場合も秘書の仕事である。できるだけ早く漏れのないように行い、上司の「次」につなげていく。

第6章　秘書とプレゼンテーション

(2) 秘書がプレゼンター
1) 人と情報の中継基地として

まずは、秘書自身が実際にプレゼンテーションを行う場合ではなく、秘書の日常業務のなかでの伝達、説明を中心にした「人と情報の中継基地」として、留意すべきポイントについて考えてみよう。

①責任：秘書の言動には責任がある

上司に対する秘書業務は、朝の挨拶、スケジュールの確認から始まる。その時には、上司への報告、上司の回答を得なければならない検討事項、上司からの関連部署への指示や確認事項など、仕事の成果を左右する大切な内容の言葉の遣り取りが秘書と上司の間で交わされる。まさに、秘書は、上司に集まる情報の中継基地となるのである。

もし、電波が中継基地で途切れたり、弱くなったり強くなったり、変質したりしたら、電波を受けて生活している人は困惑してしまうだろう。あるいは、生活が成り立たなくなる事態が起きてしまうかもしれない。中継基地である秘書の発言には、大きな責任が伴うのである。

まず、言葉の真意を「そのまま伝える」ために、言葉遣いや用語の選択、語調や表情・態度などにも注意を払わなければならない。上司の周囲の人にとって、間に入る秘書の言葉は、即上司の言葉になる。秘書がその発言に責任を感じ、注意を払い過ぎるということはないのである。「上司の顔」「会社の顔」ともいわれる秘書の言動の責任は重い。

②タイミングよく簡潔に：限られた上司の時間を有効に使う

忙しい上司に対して、どの情報を、どんな形で、どの順番で伝えるかを他の仕事の進み具合も考えて、タイミングよく簡潔に伝えなければならない。また、時間を有効に使うためには、同じ案件は一度で済むように、資料や文書の不備がないかなど、準備を整えてから伝えるようにする。時には、関連業界のニュースや動向も考慮に入れなければならない場合もある。

また、上司の性格や体調、プライベートのスケジュールに心を留め、上司に合わせた対応が求められる。それは、秘書にとって基本中の基本の上司に対する姿勢でもある。日頃の何気ない会話のなかから、仕事だけではなく、上司自身のことや上司の関心の行方に、アンテナを張るように心がけたい。

③謙虚な心遣い：多様な立場の人びとに対する、多様な状況への心遣い

秘書席には社内外の来訪者だけではなく、電話や文書の形などで、毎日たくさんの人びとから、たくさんの情報が集まってくる。その全てに対し上司が対応することはできないし、その必要もない。また、全てが思い通りの成果を得て対応されるわけでもない。いずれの場合にも、秘書は上司の周囲の人びとに対して誠意ある態度で接し、上司や会社に対する気持ちを良好なものにしていただけるよう、努めなければならない。秘書は自分の周囲の人びとや出来事に無頓着であってはならないし、心豊かに接するよう、心がけることが求められる。

また、周囲の人びとが示す秘書への礼儀は、秘書に向けられたものというより、秘書の背後にある上司や会社に対する敬意の表れなのである。他部署で仕事をするとき以上に、常に謙虚

であることを忘れてはならない。秘書の対応次第で、上司に集まる情報の質と量は、大きく左右されるといっても過言ではないのだ。上司への情報の流れを秘書が妨げるようなことがあってはならない。

④守秘義務：守秘義務が求められる

トップのそばで仕事をするということは、日常的に組織にとっての重要事項や機密事項に接しているということでもある。秘書が扱う書類や秘書席で見聞きする出来事や会話は、社内外の立場を異にする人びとにとっては、喉から手が出るほど欲しい情報も少なくない。

また、上司が執務室だけで見せる姿は、信頼している秘書に対してだけ見せる姿でもある。秘書業務で知り得たことは、家族や友人にも口外してはならないこともあることを心得て、仕事に臨むことが求められる。

2）秘書自身が行うプレゼンテーション

次に、秘書自身がプレゼンターとして、プレゼンテーションを行う場合について考えてみよう。秘書は、プレゼンテーションの重要性を考え、6章4節のビジネス・プレゼンテーションの基本をもとに、プレゼンテーションの目的・聞き手を考え、プレゼンテーションを構成する。その際、プレゼンテーションの場に応じて、以下の点にも配慮して準備に当たるのがよい。

図表6-3　秘書とプレゼンテーション

①新人教育や後輩指導の場合

失敗談やミスを犯しやすいところの指摘など、具体的な事例や自分の経験を盛り込みながら伝える。秘書自身が新人であったときのことを思い出し、その気持ちになって行う。

②会議の進行手順や資料説明の場合

プレゼンテーションの進行スピードと聞き手の理解のスピードを考慮し、聞き手の反応を確認しながら、一つひとつ進めることが大事である。内容は、時系列に並べたり、項目別に説明したり、整理した形で構成する。言葉だけではなく、資料や品物や映像等を活用し、理解と興味関心を促進させる。

③来客を案内する場合

来客を案内する場合、来客は秘書の姿をとおして会社を見ているのである。会社を代表する者の立場を忘れず、来客に合わせたふさわしい言葉を選び、謙虚に、礼儀正しく行う。

また、来客の興味関心のあるところや、国や宗教など文化的背景にも配慮して、言葉を選び接するようにする。来客に対して、心の余裕をもって接するためには、秘書は日頃から見聞を広め、幅広い教養を身につけるように自己啓発に努める。

3 秘書のプレゼンテーションに求められる能力

(1) 秘書とプレゼンテーションの実際

現在、秘書としてご活躍中の4人の方々に「秘書とプレゼンテーション」というテーマでインタビューさせていただいた。総合商社執行役員秘書、食品メーカーの会長秘書、外資系日本支社長秘書、食品メーカー会長秘書兼秘書課長など、それぞれの立場は異なるが、上司をめぐる「人と情報のネットワーク」のコーディネート役としての現実が、お話をとおして伝わってくる。また、秘書がプレゼンテーションに関わる時の心構えの実際もよくわかる。

◆ケース1

秘書は人間関係の「つなぎ役」。丁寧に・柔らかく・感じよく

総合商社　執行役員本部長秘書　Hさん

　秘書を取り巻く人間関係には上司・部下・客先があり、秘書はその「つなぎ役」だと思います。社内外のたくさんの方々の間を取り持つのが秘書ですから「秘書とプレゼンテーション」を考える場合、それぞれの関係に応じた気配りや対応が必要になります。

　部下は、常に上司を意識していますから、上司の言葉や表情に敏感に反応します。上司の何気ない一言が、部下にとっては大変な指示として受け止められることもあります。上司の言葉を伝える時には、急ぎ具合や何をどこまで要求しているのかなど、上司の真意を確認し、内容は上司の指示通り正確に、ただし言葉遣いや表現は秘書としての気遣いを忘れないことが大切だと思います。

　客先など社外に対しても、あの会社に電話をかけるのは緊張するとか、あの会社の秘書は高飛車だとか思わせる言動があってはいけません。会社の取引や立場がどうであれ、秘書は「丁寧に・柔らかく・感じよく」を心がけることが大事ではないでしょうか。

　また、上司はいつも忙しく時間がありません。上司と周りの人との間で誤解や情報の行き違いが起きそうな場合には、必要に応じて直接話せるように調整をしています。日頃から周囲とのコミュニケーションに努め、積極的に情報収集のアンテナを張り、側面からバックアップができるようにしておくことも大切なことだと思います。

　日常的な情報収集の面では、新聞や業界紙など担当業界に限らず広く情報を集め、参考になる情報があれば報告するように心がけています。また、出張中や移動中も携帯電話やメールなどを有効活用し、報告や情報伝達をするようにしています。

　上司と周りの人との「つなぎ役」という意味では、秘書は日常的に社内外で多くの人とお目にかかります。いつもスーツである必要はありませんが、常に「きちんとしている」という印象を与えられるように、服装には気をつけるように心がけています。小さな場面の積み重ねが秘書の仕事です。自分の態度や言葉遣いが、そのまま上司や会社の印象になることを忘れてはいけないと思います。

◆ケース2

秘書は「橋渡し」として謙虚に

食品メーカー　会長秘書　Sさん

　秘書業務はマニュアルの作れない仕事です。上司によって、その人に合わせた仕事の仕方をコミュニケーションのなかから探り出し構築していかなければなりません。たとえば、話し方のスピードも合わせた方がよいですし、話の流れも、まず結論を要求される方もいらっしゃれば、プロセスを順々に聞かれる方もいらっしゃいます。思考法も違います。秘書は、自分がどう動いたらいいのか、どこまで踏み込んでいいのか、意思の伝達や調整を含めて、上司と話をするなかから、上司がやりやすいように、秘書の仕事の進め方を上司にすり合わせていかなければなりません。

　「秘書とプレゼンテーション」ということでは、特に、上司はお忙しい方ですから、報告は重要で火急なものから先に、簡潔に、要領よくお伝えするように心がけます。時間がタイトなときは、まとまった時間を要する報告とは分けてお伝えします。また、私自身がわかりにくいものや、疑問に思う場合は、担当者に確認してからにします。問い合わせやアポイントメントに関しても、前回の対応状況・周辺情報等を揃えて、1回で上司の指示が仰げるように準備して、お尋ねするようにしています。

　上司への報告や上司の意向を周りにお伝えする場合でも、秘書は「橋渡し」ですから、上司の意向がそのまま伝わるように、私見を混ぜないように、意識的に脚色しないように心がけます。特に社外の方への発信には、とても責任を感じます。

　また、秘書はトップに近い立場にありますが、自分が偉い訳ではありませんから、社内外の人に対して、他の人以上に謙虚でなければならないと思います。接遇態度・言葉遣い等において少しでも偉そうな感じが見えたら、それはいけないことだと思います。秘書は「黒子に徹する」ものだと思います。過度の自己主張は禁物です。とはいえ、上司の成果は会社の成果となりますから、秘書としてそれに喜びや満足も感じます。

　上司のプレゼンテーションの準備は担当部署が準備します。準備段階では、何のために、どういう資料が、どんな形で、いつまでに必要なのか、ということを具体的に把握していることが必要であり、それができていなければ、「橋渡し」の役目が果たせなくなります。

　さらに、秘書は「会社の顔であるトップの伝言板」でもありますから、私服・制服に限らず身綺麗にし、社会人として恥ずかしくない服装を心がけます。

　秘書になって10年になりますが、日々悩みながら務めています。

◆ケース3

秘書と上司は互いに敬意を払い合いながら、力を発揮し、貢献する存在

外資系金融機関　日本支社長秘書　Eさん

　日本企業と外資系企業の違いは、外資系企業のほうが一人ひとりの責任とポジションが明確で、その一人ひとりに「敬意」を払うところだと思います。個々がチームプレーヤーとして動いているという意識を持ち、自分が培ってきたものを発揮して、いかに会社に貢献できるかを意識しているところです。また、意思決定の速さも特徴として上げられると思います。

　私もそのようななかで、プロの秘書として上司に付随するすべての仕事において貢献できるように、上司から信頼されるように、仕事に取り組んでいます。その場合に、プロとして仕事をするというのは、何でもハイハイと言われるままに自分を殺して仕事をするのではなく、よりよいパフォーマンスを出すために上司と率直に話し合いながら、自分の個性を発揮して進めていくのが、プロの秘書だと思います。

　「秘書とプレゼンテーション」を考えるとき、秘書として心がけることは、まず上司ありきで、上司への敬意を失わないことだと思います。上司と周囲の人との間に立つ場合、どんな些細なことでも、上司の顔を意識して対応します。周囲に対しては、上司の発言に自分の考えを投入してはならないので、そのまま「〜（上司）が、○○して欲しいとおっしゃっています」というような形で伝えます。また、業務内容で十分に伝わっていないと思われるときには、秘書の勘違いがあってはなりませんから、できるだけ直接担当の方とお話いただけるようにします。常に、周囲に対しては、公正・公平にだれに対しても思い入れを持たないように接することが大切だと思います。特定の人と馴れ合うのは、よき「クッション役」とはいえませんから、慎むべきことだと思います。

　日常の情報収集では、上司が望んだデータをできるだけ早く望んだ形で提供できるように努めています。投げられたボールは早く返す。「こんなに早くできたの！」といっていただけたら嬉しいですね。

　ところで、私の職場では人事評価制度の一つとして、年に一度のパフォーマンス・アセスメントが行われます。心配りなど目に見えない秘書業務の大切な部分を、営業成績のように明確な数値に表し伝えることは容易なことではありません。自己PRの重要性ばかりでなく、秘書としてのプレゼンテーションの必要性を実感する場でもあります。

◆ケース4

秘書はみんなに支えられながらの「メッセンジャー」

食品メーカー　会長秘書兼秘書課長　Aさん

　現在の職場に異動して3か月。前任者から引き継いだ「臨機応変」と「瞬発力」を指針に、みんなに助けてもらいながら取り組んでいます。「秘書とプレゼンテーション」を考えるとき、秘書が上司に報告や説明を行う場合には、とにかく上司は忙しいですからスピードが求められます。したがって、結論から、重要なものから、そして1回で済むように整理した形になったものをお伝えするようにしています。

　周囲に対して、会長の意図するところを伝える場合には、まず相手に対して失礼がないように心がけます。以前の勤務地で支社長から「君の発言は私の発言だ」と言われ、発言に対する責任を教えられたことがありますが、なお一層言葉の一つひとつに「メッセンジャー」としての責任の重さを感じながら臨まなければならないと思っています。

　会長がなさるプレゼンテーションで業務に関するものは担当部署が用意しますので、段取りができているか、手抜かりはないかを確認するのが私の仕事となります。会長が出席される会合の挨拶の原稿を私が作る場合、日頃から会長の話される言葉をメモするようにし、その言葉をキーワードとして盛り込むようにしています。会長がお遣いになる言葉の意図するところがよくわからないときには、率直にお尋ねします。秘書は、上司の関心のあるところが何かをわかることが必要なので、次第に読む新聞や読む記事が変わり、資料を保存したりして「いつかのために」押さえておくようにもなってきます。

　また、秘書業務には広範な知識が必要となりますが、全てを知ることは不可能なので、だれが何を知っているかをつかみ、その人に助けてもらえる人間関係を築くことが大切です。その意味で、今まで工場や本社の物流や地方の営業現場にいて、仕事を通して得た社内外の「人の輪」は私の財産になっています。仕事は、みんなに助けてもらって、進めていけるものです。

　私にはラインの長としての役割もあります。秘書がプレゼンテーションをするには、正しい挨拶と言葉遣い、礼儀作法はもちろん、段取りよく物事を進める心構えが必要です。毎日が同じように過ぎるわけではなく場面に応じて振舞うことが大切になり、常に一人でそつなく対応することができるとは限りません。特に好ましくない相手との対応ではなおさらです。秘書同士のコミュニケーションの積み重ねと相互理解から相手を思いやる気持ちを身につけ、実際に助け合いながら互いに学びあうことが求められます。一人ひとりの秘書にとって職場が落ち着かず、安心できるものでなければ、結果的に活力あるよいプレゼンテーションとはなりません。リーダーの発言、行動、配慮はチームの仕事の有様をとりわけ左右すると考えます。

（2）秘書のプレゼンテーションに求められる能力

　秘書業務の特徴をあげるとすれば、非定型業務の多さではないだろうか。秘書は、準備もなく、心づもりもないままプレゼンテーションを行わなければならない事態に遭遇することが多い。とはいえ、来訪者を前にして、突然だれかに替わってもらうわけにもいかない。いつでもどこでも「上司の顔」「会社の顔」として、対応しなければならないのである。秘書のプレゼンテーションに求められる能力を考えてみよう。

①観察力

　観察力とは、上司や上司の周囲の人びとに対して、いつも心静かな目をもって見つめる力である。秘書は、表情、息づかい、身だしなみ、様子の変化などを見逃さずにとらえ、相手の心の有り様を読み取り、冷静に考えるデータを準備する力が求められる。

②豊かな感性

　秘書業務は会社のなかにあって、もっとも人間的な仕事の一つではないだろうか。上司の周りには、多様な立場の多様な人びとが集まる。その人びとに対して、無頓着であってはならない。良好な関係を築いていただくためにも、秘書が心豊かに接することが求められる。

③思考力

　上司を取り巻く周囲との関係のなかで、仕事の前後を含めて仕事を考える力が求められる。急速に変化するビジネス現場においては、状況は常に変化している。その変化に伴って、打つ手が変わるのである。秘書も変化の意味するところを考える力が求められる。

④洞察力（先見性）

　「指示待ち人間」でも「指示だけ人間」であってもならない。上司の仕事の「次」の可能性を考え、準備し、上司の判断を待つのが秘書である。上司の目となり耳となり、上司の頭脳の一部として、上司が「次」に求める段取りを考える力が求められる。

⑤コミュニケーション能力

　上司と上司の周囲の人びととの間に立つ秘書には、聞く力・話す力・読む力・書く力・敬語の知識・正しい言葉遣いなど自己表現力としての優れたコミュニケーション能力が求められる。上司の立場を踏まえたうえでの、状況に合わせたコミュニケーション能力が求められる。

⑥社会常識

　秘書は、上司の社交的な業務を準備し、ときには代わってそれを行う場合も少なくない。また、上司不在中においても、突発事項の発生には冷静に対応しなければならない。ビジネスマナー、冠婚葬祭の知識、職業人としての基本的な法知識等が求められる。

⑦情報機器操作能力

　秘書は、機器操作を職業とするオペレーターではないが、仕事で必要とされる程度の機器操作能力は求められる。また、日進月歩のこの分野においては、上司をサポートするために、新しい機器やサービスに関する情報にも関心を持つことが求められる。

⑧語学力

ビジネス現場がグローバルに展開される現代、外資系企業だけが国際化のなかにあるのではない。日本企業においても、海外との取引など外国語を必要とする状況が、当たり前のこととして起きている。トップのそばで仕事をする秘書は、それぞれの企業に必要とされる外国語の能力を日頃から身につけ、自己啓発に努めることが求められる。

4 プレゼンテーションの基本

　秘書とプレゼンテーションについて学んできたが、ここで、プレゼンテーションの基本について再度確認しよう。プレゼンテーションの基本は、職業人としての基礎を形成し、顧客満足や説明責任（アカウンタビリティ）を果たすためには、十分に身につけておきたい基礎能力である。

　プレゼンテーションの準備のステップとポイントを次の4段階に分けて説明する。まず最も重要なことは、プレゼンテーションの目的である。このスタートを誤ると、効果を期待することができない。そして、目的にあわせて、内容の準備をする。聞き手に理解しやすい、わかりやすい論理展開と用語の選択がポイントとなる。さらに、ここまでの準備を身体表現・口頭表現の両面の表現技術を駆使して、聞き手に届くように表現する。最後は、プレゼンテーションを行う環境・資料の提示の仕方などである。

（1）目的の分析

　プレゼンテーションの目的は何なのか。大きくは、先に述べた三つの目的のうち、どれにあたるのかをまず把握する。「正確に情報を伝達」するだけか、「説得して、行動に移すように促す」のかでは、話の内容構成も、取り上げる事例なども違ってくる。上司からの急な指示で準備をしなければならないときも、次のポイントを的確に把握し、目的に沿った準備を限られた時間のなかで行うことが重要となる。

①聞き手の分析

　年齢・性別・職業など一般的なプロフィールのほかに、話題に対して聞き手はどのくらいの知識を持っているか、どのような期待を持っているか、関心事はどのようなことであるかなどの情報を把握すると準備がしやすい。また聞き手の人数も知っておくと、プレゼンテーションの場をイメージしやすい。

②場所の分析

　プレゼンテーションを行う場所や会場はどのようなところか、他にプレゼンターはいるのか、何番目に行うのか、プレゼンテーションを行うまではどこに待機するのか、使用できる機器は何か、などを把握する。

③与えられている時間の確認

　時間厳守はビジネスでは鉄則である。与えられている時間は、質疑応答を含んでいるのかい

ないのかを確認し、時間内で終わるように十分準備する必要がある。肝心な点を時間不足のため説明できなかったというようなことでは、準備した甲斐がない。

(2) 内容準備のポイント

聞き手にわかりやすいプレゼンテーションは、話の内容が整然と順序だっていて、効果的に整理、配列されている。準備段階で、この整理を論理的に行うことが重要である。ポイントは、まず序論(導入)・本論・結論(まとめ)の大枠を守ることである。これは、伝達や報告の時にも、有効である。いきなり用件を話し始めるのではなく、「○○について、ご報告したいのですが、ただいまお時間よろしいでしょうか」といった前置きも、序論(導入)といえる。

1) 内容構成

①序論

聞き手は、貴重な時間を費やしてプレゼンテーションの聞き手となっている。そのプレゼンテーションが、自分にとってメリットのあるものであることが確認できなければ、最後まで聞く意欲を持続させることはできない。そういった意味で、導入部である序論では、これから話される内容を聞き手が聞いてみたくなるような工夫が必要となる。導入のポイントは次の三つである。

　○挨拶・自己紹介
　○プレゼンテーションの趣旨やテーマの簡単な説明
　○全体像を提示

②本論

本論はプレゼンテーションの中心部分である。この部分の準備の仕方には二つの方法がある。一つは、プレゼンテーションの目的・テーマに関する断片的なメモをできるだけ書き出し、これをまとめていって、大きな項目を作る方法である。もう一つは、プレゼンテーションの目的・テーマをよく考えて、重要な主張したい項目(論点)を三つ程度上げ、この論点を支持する材料やデータ・事例を導き出す方法である。

③結論

結論は、最後に主張したい点を印象づけるメッセージを明確に示すことが重要である。ポイントは次のようになる。

　○要点をまとめる。
　○重要なことは繰り返す。
　○終わりの挨拶(聞き手への謝意)。

図表 6-4　プレゼンテーションの構成（1）

プレゼンテーション構成表

■プレゼンテーションの目的・課題

■序　　論（イントロダクション）

■本　　論（ボディ）

　　メインポイントⅠ

　　メインポイントⅡ

　　メインポイントⅢ

■結　　論（コンクルージョン）

■タイトル

出所：日本ビジネス実務学会　プレゼンテーション・セミナー資料

第 6 章　秘書とプレゼンテーション

図表 6-5　プレゼンテーションの構成（2）

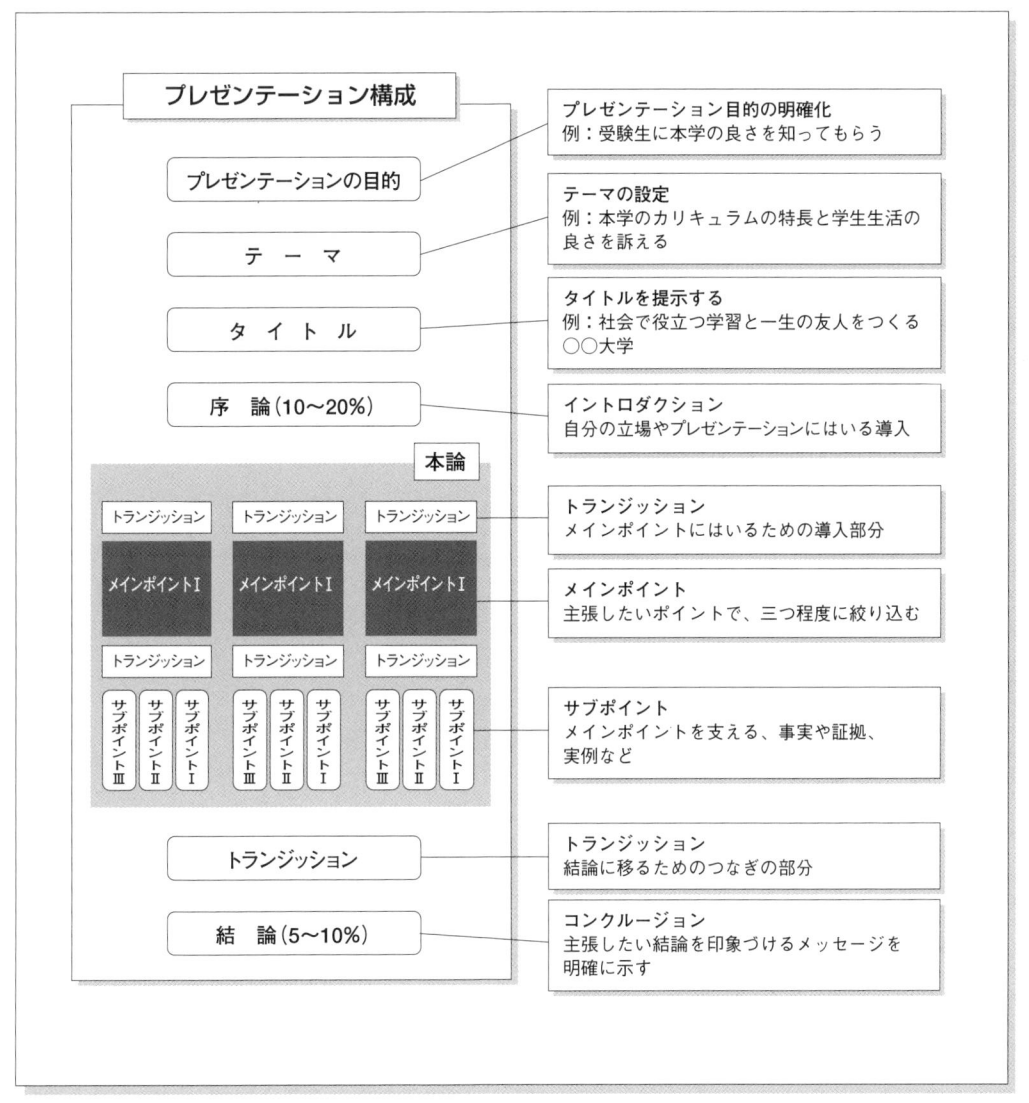

プレゼンテーション構成

- プレゼンテーションの目的 — プレゼンテーション目的の明確化
  例：受験生に本学の良さを知ってもらう
- テーマ — テーマの設定
  例：本学のカリキュラムの特長と学生生活の良さを訴える
- タイトル — タイトルを提示する
  例：社会で役立つ学習と一生の友人をつくる○○大学
- 序　論（10〜20％）— イントロダクション
  自分の立場やプレゼンテーションにはいる導入

本論

トランジッション	トランジッション	トランジッション
メインポイントⅠ	メインポイントⅠ	メインポイントⅠ
トランジッション	トランジッション	トランジッション
サブポイントⅢ／サブポイントⅡ／サブポイントⅠ	サブポイントⅢ／サブポイントⅡ／サブポイントⅠ	サブポイントⅢ／サブポイントⅡ／サブポイントⅠ

- トランジッション
  メインポイントにはいるための導入部分
- メインポイント
  主張したいポイントで、三つ程度に絞り込む
- サブポイント
  メインポイントを支える、事実や証拠、実例など

- トランジッション — トランジッション
  結論に移るためのつなぎの部分
- 結　論（5〜10％）— コンクルージョン
  主張したい結論を印象づけるメッセージを明確に示す

出所：日本ビジネス実務学会　プレゼンテーション・セミナー資料

２）用語の選択や効果的な表現＜バーバル表現＞

①相手に応じた言葉を選ぶ

　ビジネスでは、その業界に独特の用語や言い回しが使われることが多い。しかし、そのような業界用語や専門用語・短縮語は聞き手によっては理解しにくい場合があるので、聞き手の特性や前提知識の程度などを配慮して、その場にふさわしい言葉を選ぶ必要がある。

②具体的な表現をする

　あいまいな表現は誤解を生むことになりやすいので注意が必要である。たとえば「下で待ってください」というよりも、「1階のロビーでお待ちください」と具体的にいうことで正確に伝わる。また具体的な表現は、聞き手の興味・関心を引き出し、強い印象を与える。「昨日すてきな車を見た」というより、「昨日会社の前に、モスグリーンのスポーツカーを見た」という方が、車を視覚的にイメージできる。

③事例・データを交えて話す

　「前年より増えた」ではなく、どのくらい増えたのか、他のものと比べてどうなのかなどの、データや事例を示すことによって説得力を増すことができる。「今期の売り上げは、前年同期に比べて26％伸びた」というように。

④肯定的に話す

　「そんなことをやっても、結局だめなんですが・・・」などといった否定的な言い方や意見は聞き手の聞く意欲を失わせる。「こういった点は難しいが、この点を少しずつ、このように改善することで可能になる」など、現状をしっかりととらえ、肯定的に話す。また言い訳がましいことはいわない。

図表6-6　バーバル（言語）とノンバーバル（非言語）

バーバル（言語）とノンバーバル（非言語）
　バーバル（verbal）とは、「言葉の」とか、「言葉による」という意味である。バーバル・チャンネルは、話し手が聞き手にメッセージを伝えるとき用いる言語という手段（経由）を意味している。たとえば、「第一に…」「第二に…」「最後に…」といった話の構成をわかりやすくするための言い回しなどは、言語上の表現技術の一つといえるだろう。
　ノンバーバル（nonverbal）とは、「言葉を用いない」「非言語的な」といった意味である。メッセージを伝える経由のうち、言語によらないものすべてをさし、さらに音声的な（音にかかわる）ものと非音声的な（音にかかわらない）ものに大別できる。声の高低・大きさ、話す速さ、間やメリハリなど、一般にいう「話し方」の部分をさす。他の非言語領域と区別してパラ・ランゲージ（周辺言語）とも呼ばれる。一方、非言語的なものには、表情、アイコンタクト、身振り、姿勢、服装、相手との距離など、さまざまなものがある。

(3) 表現技術（話の仕方）

1) 音に関わるノンバーバル表現

話がうまいといわれる人は、その内容もさることながら、快活で明瞭な話し方をする人に多い。聞き手にわかりやすいプレゼンテーションをするための、音に関わるノンバーバル表現、いわゆる話し方についてポイントをまとめる。

①話すスピード

話すスピードが速すぎたり、遅すぎたりしてイライラした経験はないだろうか。最適な速さを規定するのは難しいが、一般に、自分でちょうどよいと思うより少しゆっくり話すのがよいといわれる。話し手は、内容を事前によく知っているので、つい早く話してしまいがちである。しかし聞き手はそれについて、初めて聞くのであるから、話し手のペースでどんどん進めていくと、聞き手は情報処理が追いつかず、理解できなくなってしまうことがある。

②声の大きさ

声の大きさは、少し「大きめ」を心掛ける。小さすぎると、聞きづらいだけでなく、「自信がないのか？」「不熟知なのでは？」といった疑念すら抱かせる危険性がある。姿勢を正し、腹部からしっかり声を出すようにしよう。なお、マイクを用いる場合、あまり大きな声で話すと、音が割れたりしてかえって聞きづらくなる場合がある。リハーサル時に、実際の環境でチェックするようにしたい。

③話の間・メリハリ

聞き手にとって一定時間話を聞いていると、一本調子の話し方ではたちまち飽きてしまい、集中力を失ってしまう。話の中で適度な間やメリハリを持たせることは、聞き手の注意を引きつけるだけでなく、重要な点を強調し、記憶に残りやすくする効果も期待できる。具体的には、以下の点に留意するとよい。

　○内容的な区切りで少し間をとる。
　○重要なポイントは声の調子を変えて説明する。
　○適度に資料提示を入れ、聞き手の視覚・聴覚にバランスよく訴える。

2) 音に関わらないノンバーバル表現

ここでは、音に関わらないノンバーバル表現、すなわち身振り・態度や視線・表情など目に見える部分で聞き手に大きな印象を与える要素についてまとめる。

①第一印象をよくする

聞き手は、まだプレゼンテーションが始まっていないのに、プレゼンターを一目見て、先入観を持ってしまうことがある。スタート時点で、聞き手によりよい印象を与え、プレゼンテーションの内容に先入観を持たずに聞いてもらうためには、第一印象を左右する、姿勢・表情・服装に注意を払うことがポイントである。

②マイナス効果の身振り・態度をしない

　話の内容がどんなにまとまっていても、プレゼンテーションの最中に、聞き手の集中力がさえぎられることがある。その原因は、プレゼンターの不自然な身振りや癖である。これらは極力避ける。プレゼンター自身が無意識に行ってしまう行動のなかに、そのようなものがないかどうか、他の人にチェックしてもらうことが必要である。

③姿勢・表情

　しっかりとバランスよく立てず、ふらふらしていたり、はにかんで伏し目がちで背を丸めていたりでは、プレゼンテーションに自信がないように見える。十分に準備をしたあとは、自信を持って、姿勢を正して前を向いて立つことを心掛ける。

　人は相手の顔の表情から、その人の喜怒哀楽を機敏に感じ取る。プレゼンテーションで、聞き手に好意的に受け入れてもらうためには、まずプレゼンター自身が聞き手に対して友好的な表情で対する必要がある。笑顔は、友好的な表情の典型だが、うまく活用すればその場の雰囲気をつくり、プレゼンターに対して肯定的な印象を持ってもらえる。

④視線・アイコンタクト

　○LOOK、SMILE、TALK

　聞き手全体を漠然と見るのではなく、常に聞き手のだれかの目を見るようにする。まず、最後列の一人を見て（LOOK）、ほほ笑み（SMILE）、第一声を発する（TALK）。ここで、声が最後列の人まで届いているかを確認する。

　○ONE SENTENCE、ONE PERSON

　話すときに、あちこちをきょろきょろ見るのは落ち着きがないように見えるので、目安として、一つのセンテンスを話す間は一人の人を見るようにする。実際には、句点「。」または読点「、」までを一つの区切りと考えると、話しやすい。

　○ZIG ZAG法

　最後列へのアイコンタクトから始めて、左右交互にジグザグに、一人ずつ話し掛けるように、視線を前列へ移していく。こうすると、聞き手一人ひとり全員に話し掛けているように感じられる。

⑤第一印象を左右する服装など

　人を見た第一印象で、「場違いな服装だな」とか「派手な色だな」と思ったことはないだろうか。プレゼンテーションの目的を考え、聞き手にどのように聞いてほしいのかを考えて、身なりを整えよう。聞き手はどのような人たちなのか、聞き手の年齢・価値観に基準を合わせ、自分勝手な判断をしないことが大切である。聞き手はどのように感じるだろうかと想像力を働かせて考えてみよう。

（4）資料作成・環境設定
1）資料作成と資料配布

　プレゼンテーションの効果を高めるためには、視覚資料を活用することが必須である。聞き手全員に見えるように、ビジュアル化された資料を提示する方法には、OHP（オーバーベッドプロジェクター）や書画カメラなどを使う方法があるが、最近はパソコンソフトを使ってプレゼンテーションをすることが多い。また配布用の資料も、それと連動してパソコンソフトで、配布用の資料を作成することもできる。秘書がこれらの資料を準備する時は、聞き手の立場にたち、どのような資料があれば、より理解を促進するかを考えながら用意するとよい。

　また資料はどのようなタイミングで配布されるのが効果的かを考える。数日前に参加者へ配布しておく、事前に机上にセットしておく、受付時に手渡しする、プレゼンテーションの途中で配布するなどいろいろな方法が考えられる。

2）効果的な環境設定

　秘書が資料準備と同様に、プレゼンテーションが行われる環境を準備することがよくある。効果的なプレゼンテーションが行われるように万全の準備を心がけたい。

①会場の広さ・レイアウト

　まず目的を考え、参加人数を基に適当な広さの会場（部屋）を選ぶ。初めて使う会場の場合には、パンフレットやインターネットの情報だけではなく、決定前に下見をしたり、利用者の話を聞いたり情報収集を行う。最寄りとなる交通機関や会場周辺の様子、使用する機器の種類・数・セッティングの可否を確かめた上で、ふさわしい会場を決める。レイアウトでは、話す位置やスクリーンの場所、または聞き手の席の配置に気を配り、聞き手が見やすい、聞きやすい会場にすることが重要である。さらに、目的や参加者によっては、上座・下座を意識したレイアウトも必要になる。

②空間と距離

　プロクセミクス（proxemics）と呼ばれる、コミュニケーションや相互作用に必要な空間の研究がある。親しさの度合いや文化の違いなどによって、人は相手との物理的な距離のとり方を調整している。プレゼンテーションにおいても、効果をあげるために、聞き手との距離のとり方を工夫する必要がある。常に同じ位置に立ったまま話す方法もあるが、話しの進み具合によって、聞き手との距離を縮め、親しみをもって受け入れてもらうこともできる。

③その他の環境設定（光・音・色など）

　○光

　　　OHPやプロジェクターなどの機器を利用する場合には、特に採光に注意しなければならない。聞き手が画面・スクリーンを見やすいように、照度を調節する必要がある。特に部屋全体を暗くしすぎると、聞き手は手元の資料を見ることができなくなるので注意しなければならない。

○音
　プレゼンテーションを行う会場（部屋）に外部の音が入らないように注意する。会場を借りる場合には、部屋の周囲の様子などをよく見ておくとよい。また、当日の周りの部屋の状況についても確認しておく。

図表 6-7　プレゼンテーションの会場レイアウトの仕方

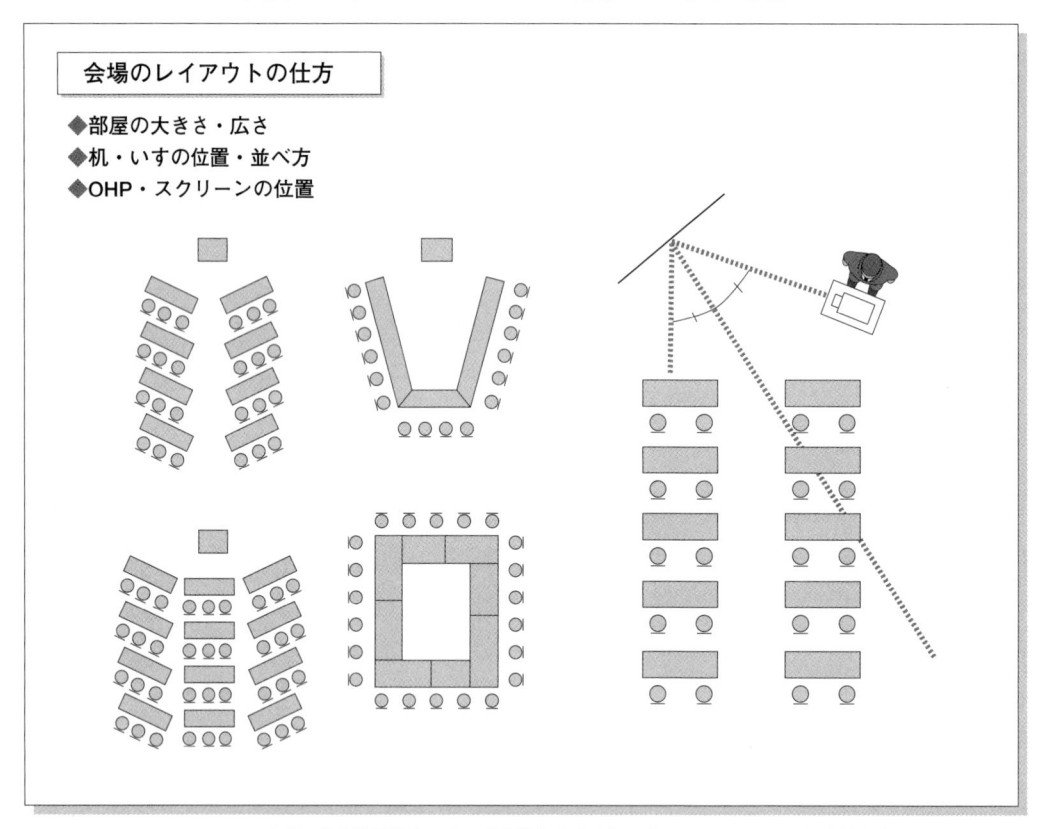

会場のレイアウトの仕方
◆部屋の大きさ・広さ
◆机・いすの位置・並べ方
◆OHP・スクリーンの位置

出所：森脇道子監修　武田秀子編著『ビジネスプレゼンテーション』実教出版　2002年　p.69

図表 6-8　チェックリスト

チェックポイント	
1.	スクリーンの位置は良いか
2.	聞き手からスクリーンがどのように見えるか
3.	窓からの光はスクリーンの映像をさまたげないか
4.	照明スイッチの場所（どのスイッチがスクリーン近くの照明か）
5.	外部からの音はさえぎられているか
6.	マイクの有無。ボリュームはちょうど良いか
7.	プレゼンターの立つ位置はどこが適切か

第6章　秘書とプレゼンテーション

【振り返り問題】

1．秘書は多様な立場の人びとと良好な人間関係を築くことを求められている。秘書のところには、どのような人びとが訪れるのだろうか。また、その人びとには、それぞれどのように対応することが秘書に求められているのだろうか。
2．次のような内容を上司に口頭で簡潔に報告しなさい。プレゼンテーションの「構成」の考え方から、簡単なメモを作って練習してみよう。

　診療報酬明細書（レセプト）の電子化が実現する見通しになった。レセプトの審査をしている社会保険診療報酬支払基金は、医療費を支払う健康保険組合などの保険者に、これまで紙で渡していたレセプト情報を、フロッピーディスクなどの電子媒体でも提供できるようにする方針を決めた。06年4月から実施する。電子化で、健保組合などの保険者は医療費の誤った請求や無駄遣いのチェックがしやすくなるほか、加入者の病気の傾向を分析して保健指導に役立てるなどの取り組みも可能になる。

出所：朝日新聞　2005年10月27日㈭夕刊　p.3

【発展問題】

1．上司のプレゼンテーションを秘書が準備する場合、具体的に上司と確認する内容はどのようなことだろうか。10項目列挙してみよう。
2．あなたは、出身高校へ行って、自分の大学についてプレゼンテーションをすることになった。対象者は高校2年生で、11月23日に実施する。あなたの大学について、授業のことや学生生活のことなどポイントを絞って、構成を考え、プレゼンテーション資料を作成し、3分以内のプレゼンテーションをしてみよう。
3．上司が、上司の出身大学で講演を行うことになった。対象者は大学2年生。上司は自分のキャリアを語ることになっているが、会社の概略紹介のスライドを作成するようにいわれた。あなたが関心を持っている会社を選び、あなたはその会社の秘書であると想定して、インターネットなどから情報収集し、プレゼンテーション資料を作成してみよう。

第 7 章

秘書とマーケティング

7章のねらい

　企業が存続するにはさまざまな活動を通じて顧客とのよい関係を創造し、維持していくことが重要である。この「企業が顧客との関係の創造と維持を、さまざまな企業活動を通じて実現していくこと」をマーケティングといい、このようなマーケティングに用いられる一連の手法や活動を「マーケティング・ミックス」という。一般に、マーケティング・ミックスは「製品（Product）」、「価格（Price）」、「流通経路（Place）」、「プロモーション（Promotion）」に分類され、それぞれの頭文字をとって4Ｐと呼ばれている。

　顧客とのよい関係を創造し維持するためには、顧客を満足させることが不可欠である。しかし、市場にはさまざまな顧客が存在しており、顧客のニーズもさまざまであり、単一のマーケティング・ミックスでそれらの消費者すべてを満足させることはできない。そのような場合には、消費者を同じようなニーズをもつグループに分類し、特定のグループに属する消費者をターゲットとして、マーケティング・ミックスを提供していくことが、顧客満足を実現するためには必要である。

　秘書にとって、より適切に上司をサポートするためには、このマーケティングの知識が必要であるし、顧客満足を考えながら仕事にあたることが大切である。

1 マーケティングの基本

(1) マーケティング・ミックス

　企業が倒産しないで存続し続けるには、製品やサービスを販売し、企業が存続し続けるだけの十分な売上や利益をあげることが必要である。売上をあげることができるのは、自社の製品やサービスを買ってくれる顧客がいるからである。したがって、企業はさまざまな活動を通じて顧客とのよい関係を創造し、維持していこうとする。この「企業が顧客との関係の創造と維持を、さまざまな企業活動を通じて実現していくこと」をマーケティングという。では、さまざまな企業活動とはいったいどのようなものがあげられるのだろうか。売上をあげるには、顧客にとって価値のある優れた製品を作るだけでは十分とはいえない。その製品のよさを顧客に知ってもらわなくてはならない。また、顧客がその製品をほしいと思ったときに、いつでもどこでも容易に買えるようにするために、流通経路も必要である。このようなマーケティングに用いられる一連の手法や活動を「マーケティング・ミックス」といい、その諸要素は四つに分類することができる。すなわち、「製品（Product）」、「価格（Price）」、「流通経路（Place）」、「プロモーション（Promotion）」である。これらマーケティング・ミックスの四つのカテゴリーは、その頭文字をとって4Pと呼ばれている。以下では、この4Pのそれぞれについてみていくことにしよう。

　　1）製品（Product）

　顧客がお金を支払って購入しようとする対象が製品である。購入の対象となるのは美容院でのカットなどのサービスの場合もあるが、4Pの枠組みとしては便宜上、サービスも含めて製品と考えている。

　どのような製品やサービスを提供するかは、マーケティングの中心的な問題である。ひとつの製品を開発し販売する際には、機能や品質だけでなく、ネーミングやデザイン、パッケージングやサイズなどさまざまな意思決定が必要である。

　多くの企業は、1種類の製品を製造し販売しているのではない。同時に、いくつもの製品を製造・販売している。企業によっては1社で数万アイテムを扱う企業もある。たとえば、Sという企業は、加工食品や飲料、酒類などのさまざまな事業を持っている。酒類事業のなかでも、ビール・発泡酒やウイスキー、ワイン、焼酎、カクテルなどさまざまなカテゴリーを有しているだけでなく、ビール・発泡酒というカテゴリーのなかでも、モルツやマグナムドライなどさまざまなブランドがあり、モルツというブランドのなかでも500ml缶や350ml缶といった複数のアイテムがある。このように、ひとつの企業あるいは事業部が扱う製品の組み合わせを製品ミックスという。そして、この製品ミックスは製品ラインの数と、各ライン内のアイテムの数によって捉えることができる。前者をラインの広がり、後者をラインの奥行きといい、ラインの数が多ければ広い、少なければ狭い、ライン内のアイテム数が多ければ奥行きが深い、少なけ

れば浅いと表現する。この製品ミックスをどう管理するのかも、新製品の開発と同じく重要な問題である。たとえば、ある新製品を販売してその製品の売上が多かったとしても、その分、他の製品の売上が減ってしまったのでは会社としては何にもならない。マーケティング戦略を考える際は、ひとつの製品だけでなく、自社のほかの製品も含めて、製品ミックス全体を考慮する必要がある。

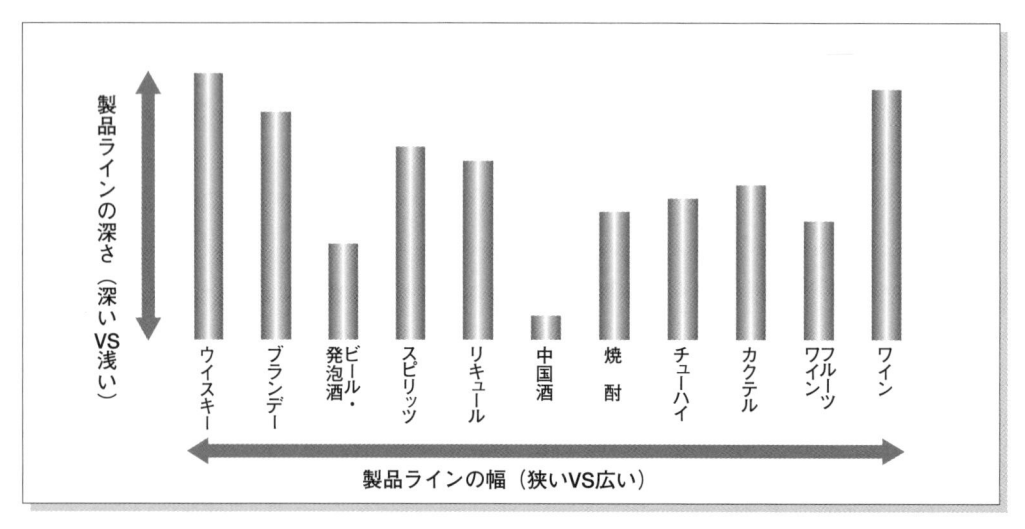

図表 7-1　酒類事業の製品ミックスの例

縦軸：製品ラインの深さ（深い VS 浅い）
横軸：製品ラインの幅（狭い VS 広い）
項目：ウイスキー、ブランデー、ビール・発泡酒、スピリッツ、リキュール、中国酒、焼酎、チューハイ、カクテル、フルーツワイン、ワイン

2）価格（Price）

　製品を販売するためには、企業はその製品に価格を設定しなくてはならない。しかしながら、生産に同じ費用を要する製品でも、価格を低く設定したほうがよい場合もあれば、高く設定したほうがよい場合もある。つまり、価格を低く設定したほうがたくさん売れるとは限らない。それは、顧客にとって価格がもつ意味は、単にその製品を手に入れるためのコストだけではないからである。以下では、このコストを含めて、消費者に対して価格がもつ三つの意味についてみてみよう。

　当然であるが、消費者はある製品を手に入れるためにその対価を支払わなくてはならない。当然、価格はそのコストの意味を持っている。したがって、価格をその製品を入手するためのコストと考えるならば、コストは安いほうがよいに決まっている。多くの人は、同じ製品であれば安いほうがよいと考えるだろう。そうであるならば、価格を上げれば売上は減るだろうし、価格を下げれば売上は増えるということになる。しかし、商品によっては必ずしもそうとは限らない。価格を上げたほうがよく売れる場合もあるし、価格を下げた結果、かえって売上が下がるということもある。たとえば、絵画や骨董品など、素人にはその価値がよくわからない商品の場合には、その値段もよくわからない。その場合、消費者はその商品に付けられている値段を見て、この商品はこのくらいの価値があると判断することになる。商品の価値を判断できる場合には価格を見てその商品が高いか安いかを判断するわけであるが、価値がわからない商

品の場合には、価格が価値を推定させるのである。このような例は、絵画や骨董など芸術品だけでなく、品質や価値が一般の人にはわからないようなワインやウイスキーなどでも当てはまる。

　さらに、価格が高いほうが高級感が感じられ、よく売れる場合もある。たとえば、高級腕時計や高級車を買う人の動機を考えてみよう。彼らは、自分の社会的地位やステータスを示したくて、だれが見ても高いとわかるような時計や高級車を所有しているのかもしれない。そのような人にとっては、同じ品質のものであっても安ければ、自分のステータスを誇示することはできない。彼らにとっては高価な商品を身につけているということが重要なのである。つまり、この場合、価格の高さ自体が、買い手にとっての価値を高めているということになる。

　このように、価格は消費者にとって単に経済的なコストだけでなく、価値や品質を推定するための指標や、ステータスを誇示する手段といった機能も果たしていることも覚えておかなくてはならない。そして実際に価格を設定する際には、その製品のコストや競争相手の価格、標的顧客の経済力などを考慮して価格を設定する必要がある。

3）流通経路（Place）

　製品を作って価格を設定しても、それだけでは販売することはできない。メーカーが作った製品を、消費者や使用者に届けるための経路が必要である。この、メーカーから消費者に製品が渡るまでの経路を流通経路（流通チャネル）といい、マーケティング・ミックスの第3の要素である。この流通チャネルに関する意思決定は、大きくは二つに分けることができる。一つは商品の商取引の流れ、つまり商品の所有権の流れとして、どのような経路をたどるのかという問題であり、もう一つは商品そのものの輸送・保管に関してどのような経路をたどらせるのかという問題である。前者を商流といい、後者を物流という。

　通常の製品は、メーカーが製造し、卸売業者、小売業者を経由して消費者の手に渡るのであるが、なかには卸売業者から小売業者に渡るまでに、別の卸売業者を経由する場合もある。この場合、メーカーと最初に取引する卸売業者を1次卸、その1次卸から製品を仕入れる卸売業者を2次卸という。あるいは、卸売業者を経由せずに、メーカーから直接に小売業者に渡る場合もあるし、小売業者を経由せずにメーカーから直接に最終消費者に製品が販売される場合もある。

　流通チャネルに関して決めなくてはならないことには、通常、以下のことがある。第一に、自社で最終消費者に販売するか、自社以外の小売業者を通して製品を販売するかを決めなくてはならない。自社で販売する場合は、自社で直営店を運営するか、あるいは訪問販売やカタログやインターネットによる通信販売といった販売方法がある。近年は、インターネットの発達などにより通信販売も増加傾向にあるが、現在でも、小売業者を通した販売が大部分を占めている。

　第二に、小売業者を通じて製品を販売する場合、最終的にどのくらいの数の、どのようなタ

イプの小売店を通じて消費者に製品を販売するかを決める必要がある。わが国の小売店の代表的なタイプには、図表7-2のようなものがある。もちろん、これがすべてではないし、今後、新しいタイプの小売店が出現する可能性もある。重要なことは、ターゲットとする顧客の行動パターンと製品の特徴を考えて、どのような小売業者を通じて製品を販売するかを決めることである。たとえば、キャリアウーマンをターゲットとした高級化粧品はコンビニやドラッグストアではなく、百貨店や専門店を通じて販売するほうが望ましいし、低価格の幅広い女性をターゲットとしたような低価格化粧品は、コンビニやドラッグストアで販売したほうが望ましいかもしれない。

次に、利用する小売業者のタイプや数が決まったら、製造業者からその最終的な小売業者に至るまでにどのような経路を製品にたどらせるかを決める必要がある。一般に、利用する小売業者の数を多くしようとすればするほど、流通チャネルは長くなる。つまり、メーカーと小売業者の間に入る卸売業者の数が多くなる。というのは、メーカーや卸売業者が単独で処理できる取引の数には限界があるからである。1社が処理できる卸先の数が10社だと仮定すると、10の小売店と取引する場合には、メーカーと小売店が直接に取引きすればよいが、100の小売店に商品を届けるためには、卸売業者が10社必要になる。さらに、1000の小売店に商品を届けるためには、100の（2次）卸売業者が必要で、そのためには10の（1次）卸売業者が必要になる。図表7-3はこの関係を示したものである。多くの小売店を通じて販売するほど売上は上がるかもしれないが、メーカーにとって価格や小売サービスの管理が難しくなる。たとえば、3割・4割引で販売する小売店が出現すれば、そのブランドイメージは悪化するだろう。流通チャネルを構築する際は、売上だけでなく、価格や小売サービスの水準、ブランドイメージの維持なども考慮する必要がある。

これまでは取引の流れを見てきたが、それとは別に、製品を小売店まで届けるためには製品自体の流れ、つまり物流システムの設計も必要である。つまり、どこに倉庫を置き、どこで製品の仕分けを行い、製品の輸送をトラックや鉄道、飛行機、船など、何で行うのかも決めなくてはならない。

図表7-2　小売業のタイプ

有店舗小売業	無店舗小売業
①百貨店 ②専門店 ③スーパーマーケット（総合スーパー、食品スーパー、衣料スーパー） ④コンビニエンス・ストア ⑤一般小売店 ⑥ディスカウント・ストア ⑦ホームセンター ⑧ドラッグ・ストア	①自動販売機 ②訪問販売（個別訪問、ホームパーティ展示販売など） ③通信販売（カタログ、TVショッピング、インターネットなど）

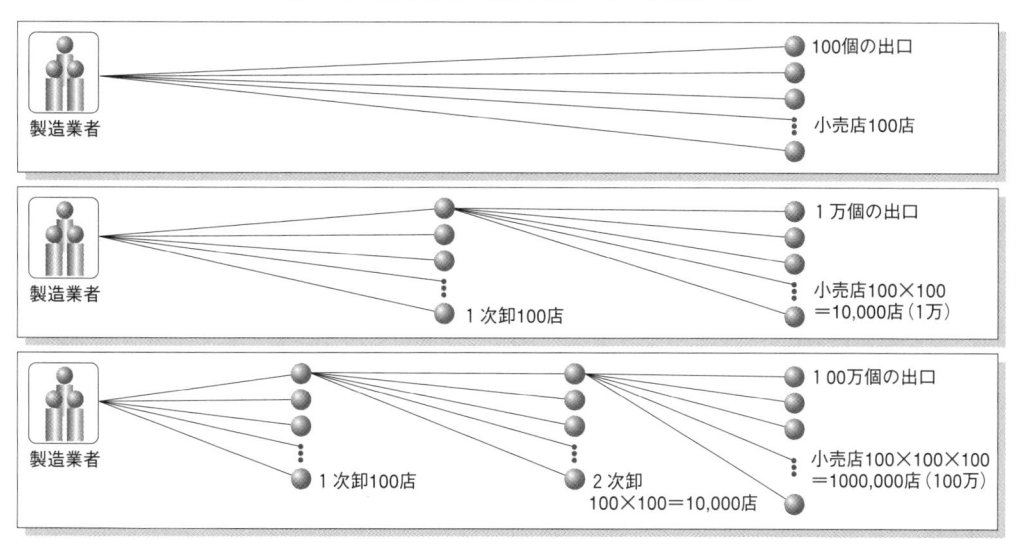

図表7-3　流通業者の数と到達できる小売店の数

- 製造業者 → 100個の出口／小売店100店
- 製造業者 → 1次卸100店 → 1万個の出口／小売店100×100＝10,000店（1万）
- 製造業者 → 1次卸100店 → 2次卸100×100＝10,000店 → 100万個の出口／小売店100×100×100＝1000,000店（100万）

4）プロモーション（Promotion）

マーケティング・ミックスの四つ目はプロモーションである。優れた製品を作って、適切な価格を設定し、小売店に並べたとしても、その製品のよさが消費者にわからなければ、その製品を消費者が買うことはないだろう。その製品について、消費者に知らせる活動が必要であり、この活動をプロモーションという。そして、このプロモーション活動には、一般に、広告活動、PR活動、人的販売、セールス・プロモーションの四つの代表的な活動があり、これを総称してプロモーション・ミックスという。以下、それぞれについて説明していこう。

図表7-4　プロモーション・ミックス

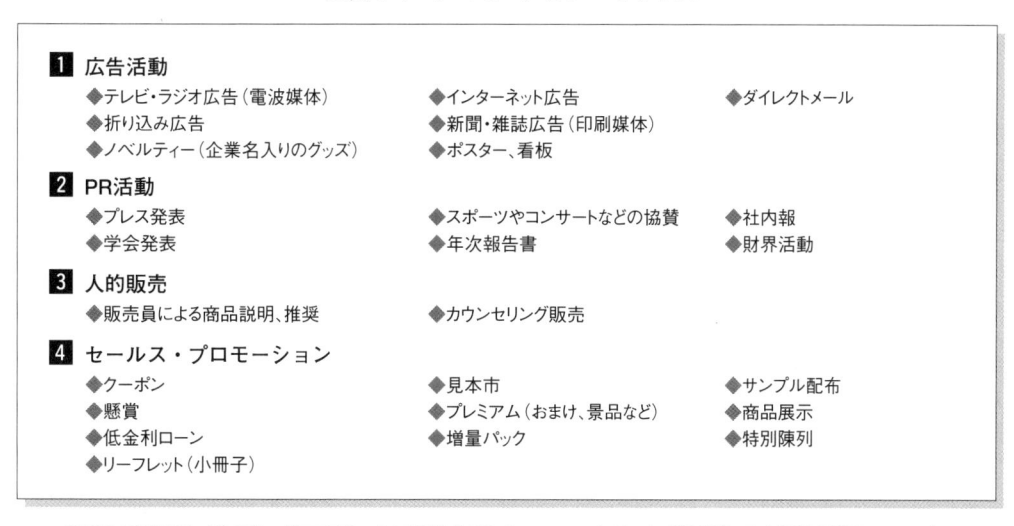

1 広告活動
- ◆テレビ・ラジオ広告（電波媒体）
- ◆折り込み広告
- ◆ノベルティー（企業名入りのグッズ）
- ◆インターネット広告
- ◆新聞・雑誌広告（印刷媒体）
- ◆ポスター、看板
- ◆ダイレクトメール

2 PR活動
- ◆プレス発表
- ◆学会発表
- ◆スポーツやコンサートなどの協賛
- ◆年次報告書
- ◆社内報
- ◆財界活動

3 人的販売
- ◆販売員による商品説明、推奨
- ◆カウンセリング販売

4 セールス・プロモーション
- ◆クーポン
- ◆懸賞
- ◆低金利ローン
- ◆リーフレット（小冊子）
- ◆見本市
- ◆プレミアム（おまけ、景品など）
- ◆増量パック
- ◆サンプル配布
- ◆商品展示
- ◆特別陳列

出所：石井淳蔵・栗木契・嶋口充輝・余田拓郎『ゼミナールマーケティング入門』日本経済新聞社　2004年　p.106

①広告活動

　広告とは、テレビ局やラジオ局、新聞社、雑誌社などに、企業がお金を支払って、企業側が消費者や顧客に伝えたいメッセージや情報を放送したり掲載したりすることである。テレビや新聞、雑誌、電車のなかの中吊り広告や屋外広告など、世の中は広告であふれており、日常生活をしている限り広告を目にしない日はないといってよいだろう。プロモーション活動のなかで最も代表的な活動といえるだろう。

　企業が広告活動を行うにあたって、どのような広告を作成するか、テレビや雑誌、新聞等どの媒体を使用するか、さらに具体的にどの番組、どの雑誌に載せるかなどを、予算に合わせて決定しなくてはならない。ここで重要なことは、その製品のターゲット顧客と媒体がうまくあっているかということである。たとえば、シャンプーや洗剤などのように多くの人が買うような商品はテレビCMが適しているかもしれないが、バドミントンのラケットといった特定の人しか買わないような商品は、テレビや新聞よりもバドミントン専門の雑誌が適しているだろう。

②PR活動

　PR活動とは、自社に有利な情報が、ニュース番組のなかで、あるいは新聞や雑誌の記事として、取り上げられるようにする活動である。新製品の発売に先駆けて行われる報道関係者を対象とした展示会や発表会はその典型である。広告は、企業がテレビ局や新聞社に料金を支払って情報を放送・掲載してもらうが、広報の場合は、企業が料金を支払うことなく放送・掲載してもらうという点に違いがある。したがって、当然ながら、ニュースや記事となるだけのユニークさや新しさがなければ取り上げられることはないが、ニュース番組や新聞や雑誌の記事として取り上げられれば、消費者は広告よりも注目して視聴したり読んだりする。その分だけ印象に残りやすいし、さらに、広告と違って、第三者の媒体が放送や記事の内容を決めているので、その情報の信頼性も高く、広告以上の効果を発揮することも多い。

③人的販売

　人的販売とは、営業担当者や販売員が、顧客と直接に接触し情報を提供するプロモーション活動である。広告の場合には、だれに対しても同じ情報しか提供できないが、人的販売の長所としては、顧客に合わせてメッセージを変えられるということがあげられる。たとえば、パソコンなど複雑な製品の場合には、雑誌や新聞に掲載されている詳しい情報を見ても、パソコンの初心者にとっては意味がわからないかもしれない。この場合、広告は企業からの一方向の情報提供であるので、広告をいくら見たところで内容の確認などについてはその場ではどうすることもできない。しかし、販売員という人間が顧客とやり取りする場合には、顧客の製品知識の水準に合わせて、情報をわかりやすく変えることができるし、顧客の質問に答えることもできる。しかしながら、それができるかどうかは販売員の能力に左右されるので、優秀な販売員を育てることが重要となる。また、広告の場合には、たくさんの人に向けられているのでターゲット以外の人たちにも届けられることは避けられないが、人的販売の場合には、対象を絞り込むことができ、ターゲットでない人に向けて情報提供することはないといったメリットがあ

る。その反面、販売員が接触できる顧客の数は広告と比べて非常に少ないし、接触している顧客一人あたりのコストという点では、非常に高くなる。
④セールス・プロモーション
　セールス・プロモーションとは、試供品の提供やクーポンなど、広告活動、PR活動、人的販売以外のプロモーション活動の総称である。したがって、図表7-4に見られるように、セールス・プロモーションにはさまざまな種類があるが、クーポンや景品、おまけなど、即時的な効果を狙ったものが多い。

（2）顧客満足の重要性
1）顧客満足の重要性
　顧客とのよい関係を創造し、維持するためには、すぐれたマーケティング・ミックスの提供を通じて、顧客を満足させることが必要である。いったん顧客が自社の製品を購入したとしても、その製品が顧客を満足させることができなければ、次にその種の製品を買うときには、他社製品を買う可能性が高いだろう。このように顧客が他社に移ってしまう割合を顧客離反率というが、今日のマーケティングでは、顧客離反率を引き下げること、言い換えると、顧客維持率を高めることは、新規顧客を獲得する以上に重要であるといわれる。特に、クレジット・カード会社や携帯電話会社など、顧客との継続的な関係を前提としたサービス事業の場合には、特に顧客維持率の向上は重要である。一般に、新規顧客を獲得するためのコストは、既存顧客を維持するためのコストの5倍以上かかるといわれる。したがって、いくら新規顧客を獲得しても、顧客離反率が高ければ利益は上がらない。売上や顧客数が同じだとしても、既存顧客の離反率が少ないほうが高い利益を上げることができる。このように、顧客を維持し長期的な関係を築くことにより利益を高めるためには、顧客を満足させ続けることが重要である。
　しかし、どんなに注意していても、不満を持つ顧客は存在する。不満を持った顧客が他社に移らないようにするためには、顧客が意見や苦情をいいやすい仕組みをつくることも重要である。購買した製品やサービスに対して不満足だったとしても、苦情をいうのはほんの一部である。多くの人は、苦情をいうことなく、だまって他社に移ってしまう。一つの苦情の背後には、多くの不満を抱えた顧客が存在するということに注意しなくてはならない。さらに、苦情を申し出た顧客に対して、その問題をうまく解決することができれば、その顧客は通常の顧客以上にその企業に対して満足し、他人に対しても自社製品を勧めてくれるようになるといわれる。したがって、顧客が苦情や意見を言いやすい仕組みを作り、それにうまく対応することが重要である。

2）市場細分化と標的市場の選択
　先に、すぐれたマーケティングの提供を通じて顧客を満足させることが重要であると述べたが、市場にはさまざまな顧客が存在しており、顧客のニーズもさまざまである。したがって、

単一のマーケティング・ミックスでそれらの消費者すべてを満足させることはできないし、すべての消費者をまんべんなく満足させようとすれば、だれひとり、十分に満足させることができなくなるかもしれない。しかし、消費者のニーズはさまざまだといっても、ある程度、似たようなニーズをもつ消費者も存在する。したがって、さまざまなニーズを持つ消費者を似たようなニーズをもつグループに分類し、特定のグループに属する消費者をターゲットとして、マーケティング・ミックスを提供していくことが、顧客満足を実現するためには必要である。このように、消費者を同じようなニーズをもつグループに分けることを市場細分化といい、この細分化されたセグメントを市場セグメントという。そして自社がターゲットとした市場セグメントを、標的市場という。

　市場細分化する際に、通常、同じニーズをもっている消費者は同じセグメントに属し、属するセグメントが異なれば、異なるニーズをもつように分類する。この細分化する際の基準としては、図表7-5のようなものがある。

図表7-5　市場細分化の基準

軸	具体例	軸	具体例
❶社会経済的要因 年　齢 性　別 家族数 所得（年収） 職　業 教育水準 宗　教 人　種 国　籍 社会階層	 6歳以下、7〜11歳、12〜17歳、18〜23歳、… 男性、女性 1人、2〜3人、4人… 100万円未満、100〜300万円、300〜500万円、… 農業、漁業、会社員、学生、… 中学卒、高校卒、大学卒、… キリスト教、仏教、… 白人、黒人、黄色人種、… アメリカ、イギリス、フランス、ドイツ、日本、… 下層、中流、上流、…	**❷地理的要因** 地　域 都市人口 人口密度 **❸心理的要因** パーソナリティ 動　機 **❹製品関係要因** 使用量 ブランド・ロイヤルティ	 関東、関西、中部、東北、… 人口1万人未満、1〜5万人、… 都市、郊外、地方、… 野心型、社交型、権威型、… 経済性、安全性、社会性、… 非使用者、少量使用者、平均的使用者、… なし、中位、強い

出所：相原　修『ベーシック　マーケティング入門』日経文庫　日本経済新聞社　1999年　p.53

　社会経済的要因は、年齢、性別、所得、職業などであり、市場細分化においてはもっとも頻繁に利用されている基準である。たとえば、化粧品はまず性別によって区別される。さらに、女性用化粧品は、年齢によっても区別され、若者向けから高齢者向けまでさまざまな商品が販売されている。

　地理的要因は、地域による顧客ニーズの違いが重要視される場合に利用される基準である。たとえば、関東地域と関西地域では、うどんやそばのスープに対する好みが違うことが知られているが、同一の商品でも違う味付けがなされている。また、暖かい地域と寒い地域では、その気候の違いに応じて自動車の仕様が異なるといった例もある。

　心理的要因とは、パーソナリティ（消費者の性格や個性）や購買の際の動機などである。同じ地域に住んでいて、年齢や性別、所得や職業が同じ人でも、社交的な人もいれば内向的な人もいる。安全性を重視する人もいれば、経済性を重視して、製品を購買する人もいる。こうした違いは、社会経済的要因によって区別することは難しい。近年、心理的要因は細分化をする

うえでますます重要になっている。

　製品関係要因としては、使用量やブランド・ロイヤルティといった基準がある。たとえば、一般に、多くの製品では、全体の2割のヘビーユーザーが、売上の8割を占めるといわれている。当然、ヘビーユーザーをターゲットとしたほうが多くの売上を望めるが、市場を拡大するためには、ライトユーザーをターゲットとした製品も必要である。ヘビーユーザーとライトユーザーのニーズが異なるのであれば、使用量に応じて市場を細分化する必要がある。

　ここまで、市場細分化のための基準を見てきたが、ここで、市場細分化を行うにあたってのポイントを整理しよう。先に述べたとおり、まず、同一のニーズをもつ人は同じセグメントに、違うニーズを持つ人は違うセグメントに分類されなくてはならない。さらに、いくつかの軸を組み合わせて行う必要がある。そのセグメントの規模が予想できるかどうか、また、その市場細分化を行うことでマーケティング・ミックスの作り方に対して具体的な示唆が得られるかどうかも、ポイントである。さらに、そのセグメントが十分な売上を上げられるだけの規模を有しているのかもポイントである。あまりに細かく分けてしまうと、顧客のニーズをより満たせたとしても、十分な売上を確保することが難しくなる。さらに注意しなくてはならないのは、市場細分化して、好ましいセグメントが見つかったとしても、そのセグメントは競争相手にとっても望ましいセグメントかもしれない。自社よりも競争相手が多くの優れた経営資源を持っていれば、そのセグメントを狙っても競争相手に勝てずに、多くの消費者をひきつけることができないかもしれない。他社よりも自社が有利にマーケティングを展開できるセグメントを選択することも重要である。そして、そのセグメントに対してマーケティング・ミックスを開発して提供していくのである。

　以上をまとめると、図表7-6のようになるだろう。もしもうまくいかなければ、市場細分化を変更したり、ターゲットを変更する、あるいはマーケティング・ミックスを再構築するといったことを繰り返し行うわけであるが、選択した標的市場とマーケティング・ミックスがあっているかどうかということが最重要課題である。

図表7-6　市場細分化とマーケティング・ミックス構築のプロセス

(1) 売りたい製品のイメージを念頭に置いて、市場細分化を行う
　　（製品のイメージを練り直す）
　　（市場細分化を修正する）

(2) 多様な市場セグメントの中からターゲット・セグメントを選び出す
　　（ターゲットを変更する）

(3) 選ばれたセグメントにフィットするようなマーケティング・ミックスを構築する
　　（マーケティング・ミックスを再構築する）

出所：沼上幹『わかりやすいマーケティング戦略』有斐閣　2000年　p.64

2 秘書とマーケティング

　マーケティングは、企業全体において欠かせないものである。マーケティング部など、企業内でマーケティングの名のつく部門が活動の中心になるのは当然だが、マーケティングの考え方やマーケティング・マインドといわれているものは、企業内のすべての人が身につけていなくてはならないといわれる。もちろん、秘書にとってもマーケティングを理解することは重要である。特に、上司のサポートを適切に行うためには、上司がどのように考えて行動しているのかを理解しておくことが欠かせないのであり、その上でも、マーケティングの基本を理解しておくことは重要だろう。では、マーケティング・マインドを持った秘書とはどのようなものなのか。以下では、マーケティングの考え方に照らし合わせて、秘書に求められる態度について考えよう。

（1）秘書の顧客理解

　ここで、秘書にとっての顧客を考えてみよう。もちろん、秘書自身がサポートする上司を直接的な顧客と考えることができる。しかし、秘書にとって上司だけが顧客というわけではない。上司にとっての顧客もまた、秘書にとっての顧客である。では、上司にとっての顧客とはどのような人がいるだろうか。すでに、1章や2章で学んだように、仕入先や販売先などの社外の関係者を顧客と考えることができる。しかしながら、上司にとっての顧客は、社外顧客だけでなく、他の役職者や部下などの社内の人たちも上司にとって顧客であると考えることができる。

　一般に、企業組織は、ピラミッドにたとえられることが多い。そこでは、ピラミッドの頂点にトップマネジメントを位置づけ、彼らが企業の戦略を決定する。その下に、中間管理職が位置づけられ、戦略の遂行を管理し部下に指示する。そして、現場の従業員は上司の指示を忠実に実行することが望まれる。

　これに対して、このような伝統的なピラミッド組織とは正反対といえる「逆さまのピラミッド」という考え方が提唱されている。これを図示したものが、図表7-7である。三角形のピラミッドを逆さまにし、最上位に顧客を位置づけている。まさに、顧客満足を最優先とした考え方である。そして、顧客の下に位置づけられるのが、顧客に直に接する現場の従業員である。現場の従業員を最高経営者や中間管理職よりも上位に位置づけているのである。顧客と接するのは現場の従業員なのであるから、顧客満足を生み出すためには、何よりも現場の従業員が適切に顧客に対応することが重要になる。顧客の要求に合わせてより柔軟に対応するためには、現場の従業員により多くの権限が委譲されている必要がある。そして、中間管理職や経営幹部などのマネージャーは現場の従業員の下に位置づけられ、役割も、現場の従業員を管理するというよりも、支援するというように考える。この「逆さまのピラミッド」型組織は、厳密な組織構造というよりも、経営に対する考え方を示すための理念的な図式であるが、顧客満足を最優先し、そのためには顧客と直に接する従業員が重要になるということを表して

いる。

さらに、現場の従業員が適切に職務を遂行し顧客満足を達成するためには、従業員自身が職務や環境に満足していなくてはならない。不満を抱えながら顧客に接しても、真の顧客満足はなし得ないのである。したがって、経営者やマネージャーだけでなく、秘書も、上司の背後にいる社内の従業員が満足して仕事ができるように、また社外の顧客が満足を得るように意識しながら職務を遂行していくことが求められよう。

図表7-7　逆さまのピラミッド

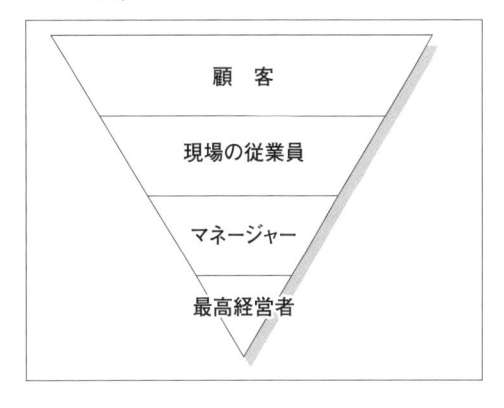

（逆三角形の図：上から順に「顧客」「現場の従業員」「マネージャー」「最高経営者」）

（2）マーケティングと秘書の情報処理

どんなに顧客満足を重視しても、すべての顧客を満足させることは難しいであろう。顧客が不満を抱える理由としては、顧客の期待が高すぎる、あるいは的外れな期待を抱いているような場合もあれば、企業や従業員の何らかのミスなど、さまざまな理由が考えられる。こうした不満は「苦情」という形で現れる。顧客との関係を長期にわたって継続していくためには、こうした苦情に適切に対応することも不可欠である。一般に、満足した顧客よりも不満を持った顧客のほうが、より多くの人にその経験を話すといわれている。また、インターネットなど情報技術の発達により、一人の苦情がウェブサイトの掲示板などに掲載されれば非常に多くの人がその情報を目にすることになり、企業にとって大きな問題に発展することもありうる。わずかな苦情であっても、その対応を誤れば、企業にとって大きな損害となることもあり、適切に対応しなくてはならない。

もっとも、苦情は必ずしも悪いものではない。何らかの不満を感じた場合に、企業に対して苦情を述べる人は不満を抱えた人のほんの一部である。したがって、ひとつの苦情の背後には、不満を抱えたまま黙っている、あるいは他社に移ってしまう多くの顧客が散在しているのである。苦情は、それらの存在を教えてくれ、自社の製品・サービスの問題点を教えてくれる貴重な情報である。したがって、企業は顧客が苦情を述べやすい環境を進んで作るべきなのである。そして、その情報を社内で共有し、経営や製品・サービスの改善に役立てるべきなのである。

しかし、多くの組織では、苦情の数は少ないほうがよいと考えられがちだし、できるだけ現場で処理し上層部には達しないようにする傾向がある。図表7-8は苦情の上申ピラミッドといわれるものである。不満を抱いた顧客の40％が、販売員や営業担当者などの現場の従業員に苦情を言ったとする。そのうちの25％が現場では解決できず、ミドルマネジメントに上申される。つまり、ミドルマネジメントに行くのは、実際に出た苦情のたった5分の1である。ミドルマネジメントでも解決できず、その2分の1が経営者に上がるとする。その場合、経営者まで達した苦情1件につき、実際に不満を抱いている顧客は500人ということになる。企業は、こうし

て、上層部を、不満を持った顧客から守っている。

　この例からわかるように、苦情などの都合の悪い情報はなかなか上層部に報告されない。迅速に上層部に報告されていれば早い段階で何らかの対応ができた問題が、上層部にはなかなか報告されずに、上層部に届いたときには大問題になっているといった事例も珍しいことではない。ミスや苦情などのマイナス情報を上司に報告したがらず、マイナス情報ほど上層部には届きにくい傾向があるが、そういったマイナス情報ほど、企業の経営にとっては重要な情報なのである。秘書も、マイナス情報ほど上層部には伝わりにくいということを意識し、顧客満足を達成し利益を上げていくためにはそうした情報を積極的に上司に伝えることが求められる。

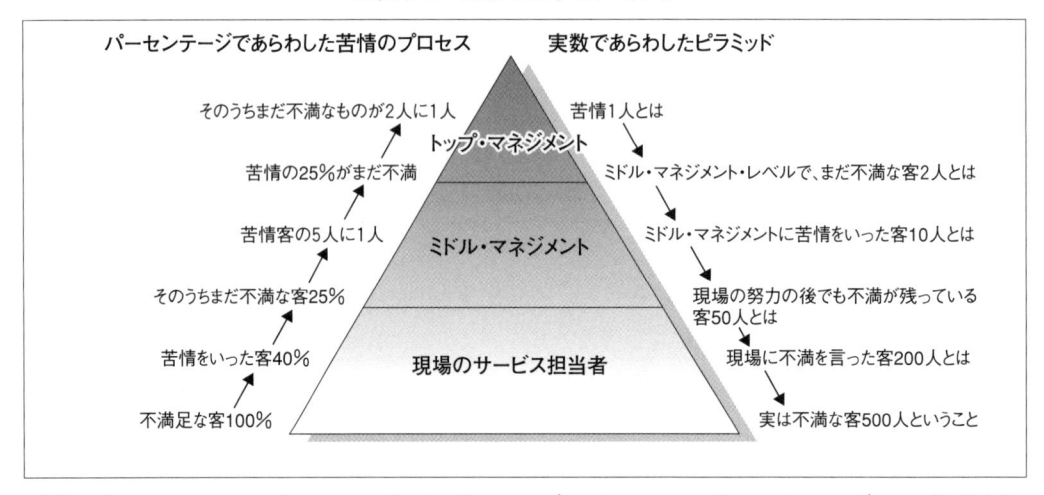

図表7-8　苦情の上申ピラミッド

パーセンテージであらわした苦情のプロセス　　実数であらわしたピラミッド

- そのうちまだ不満なものが2人に1人　→　トップ・マネジメント　←　苦情1人とは
- 苦情の25％がまだ不満　　　　　　　　　　　　　　　　　　　　ミドル・マネジメント・レベルで、まだ不満な客2人とは
- 苦情客の5人に1人　　　　　　　　　ミドル・マネジメント　　　ミドル・マネジメントに苦情をいった客10人とは
- そのうちまだ不満な客25％　　　　　　　　　　　　　　　　　　現場の努力の後でも不満が残っている客50人とは
- 苦情をいった客40％　　　　　　　　現場のサービス担当者　　　現場に不満を言った客200人とは
- 不満足な客100％　　　　　　　　　　　　　　　　　　　　　　実は不満な客500人ということ

出所：ジェームス・L・ヘスケット、W・アール・サッサー・ジュニア、レオナード・A・シュレンジャー　島田陽介訳『カスタマー・ロイヤルティの経営』　日本経済新聞社　1998年　p.233を一部修正

【振り返り問題】

　マーケティング・ミックスには四つあるが、それは何ですか。

【発展問題】

　あなたが興味のある商品について、標的顧客とマーケティング・ミックスの特徴について記述し、それぞれがフィットしているか検討しなさい。

第 8 章

秘書の国際化と専門分化

8章のねらい

　秘書の国際化・グローバル化はいたるところで進んでいる。現在では、日系企業であれ外資系企業であれ、また、上司が外国人であれ日本人であれ、グローバルな活動を展開している企業や組織の経営陣をサポートする機能をもった人材は、すべて国際秘書といえる。この章ではまず、この国際秘書について学習する。

　次に、日本における秘書の専門分化について学ぶ。特にメディカル秘書とリーガル秘書について取り上げる。医療機関においては、忙しい医師の周辺の雑務を取り除き、医師が最良の状態で、最高の仕事をするためにはメディカル秘書が必要である。現在の医療現場においては、仕事内容がパソコンで行われることが多いので、特にその担い手が要請される。リーガル秘書の活躍は日本においてはこれからである。

1 グローバル化する社会と秘書

(1) グローバル化する社会

1) 企業を取り巻く環境の変化

　現代の社会は急速にグローバル化が進展している。ベルリンの壁の崩壊（1989年11月）、米ソの冷戦体制の終結（1991年12月）、ECからEUへの発展（1993年1月）、ヨーロッパ通貨統合（ユーロ）発足（2002年1月）など、1980年代後半から1990年代にかけて国境の壁はどんどん低くなり、グローバル化が一気に進み、「地球はひとつ」という意識が世界中に広がっていった。

　また、1990年代にはIT化が急速に進展し、現在ではどの企業でもすべての社員がネットワークで結ばれ、グローバル環境を持つパソコンで仕事をする光景が当たり前になっている。デスクに座ったまま世界中の情報が容易に得られる時代が到来したのである。グローバル化・IT化は当然のことながらビジネス環境にも大きな変化もたらした。

2) グローバル化・IT化による新しい企業価値の創造

　各国にそれぞれ文化的背景があるように、各企業も、それぞれの歴史のなかで、企業文化・企業風土を培いながら企業価値の創造に努力してきた。特に日本の企業では、日本的経営といわれる独自の企業文化・企業価値を作り上げてきたのである。

　1990年代から顕著になったグローバル化・IT化は、日本の企業にも大きな影響を与え、外国企業との厳しい競争を強いられるようになった。「世界はひとつ」というグローバル化の過程で共通の価値基準が生み出され、その基準にしたがって経営を行わないと国際市場への参入が難しくなるという風潮が生まれていった。また、成果をあげている企業の経営を学ぼうという動きも地球規模で行われるようになり、欧米企業の価値観が日系企業にも浸透するようになった。すなわち日本的経営からグローバル・スタンダード（地球的基準）を意識した経営に、そのパラダイムを変換する企業が増えていったのである。企業のみならずさまざまな組織がISO[1]の取得を目指して努力し、CSR活動[2]を企業の基本理念に掲げているのは、その例といえよう。

　企業の役員の呼称もグローバル化の影響を受けている。近年、国際的な経営活動を行っている企業では、従来の社長や会長などの役職から、CEO（Chief Executive Officer：最高経営責任者）、COO（Chief Operating Officer：最高統括責任者）、CFO（Chief Financial Officer：最高財務責任者）、CKO（Chief Knowledge Officer：最高知識責任者）、CIO（Chief Information Officer：最高情報責任者）などの役職へと変えていく傾向にある。

　このようなビジネス環境の変化にともない、語学が堪能で、国際的なビジネススキルや感性をもった秘書の需要が着実に増えてきている。

---

[1] International Organization for Standardization（国際標準化機構）のこと。工業基準の策定を目的とする国際機関で、本部はスイスのジュネーブにある。約150カ国が参加している。
[2] Corporate Social Responsibility（企業の社会的責任）のこと。企業を支えているステークホルダーには、顧客、株主、従業員のほか、取引先、地域住民、求職者、投資家、金融機関、政府など、非常に多くの主体が含まれる。これらのステークホルダーとの関係を大切にすることはもちろん、法令遵守や社会貢献のレベルを超えて企業理念・戦略の展開にまで高めていく活動をいう。

（2）国際秘書

　以前は国際秘書といえば、外資系企業すなわち欧米系企業で、外国人上司をサポートする秘書、すなわち、日本語と英語を使って、欧米系の外国人上司の仕事をサポートする秘書と考えられていた。しかし、グローバル化・IT化の進展に伴い、日本の企業でも現在は、グローバルな視点に立ち、あらゆるビジネスチャンスを求めて地球規模で活動を展開しているところが多く、国際的に通用する秘書を求めだしている。また一方、外資系企業であっても在日オフィスの代表は日本人であることも少なくはない。

　それゆえ、現在では、日系企業であれ外資系企業であれ、また、上司が外国人であれ日本人であれ、グローバルな活動を展開している企業や組織の経営陣をサポートする機能をもった人材は、すべて国際秘書といえよう。

1）国際秘書の仕事──国際秘書の1日

　国際秘書とはどのような仕事をしているのだろうか。ある国際秘書の1日を追いながら、国際秘書の職場や資質・能力について考えたい。

◆「国際秘書の仕事──国際秘書の1日」

　私は、大学で英語を学んだ後、総合商社で事務職として採用され、営業職の男性のアシスタントとして5年間勤めた。その後、CBS[3]の試験に合格したので、米国ニューヨークに本社がある米国系証券会社の駐在員マネージャー秘書に転職して3年になる。上司のクラーク氏は片言の日本語を話すが、日常業務は英語で行っている。大きな目標であった国際秘書となることができ、今は上司から信頼される秘書を目標に自分を磨いていきたいと思っている。

　クラーク氏の家族も来日し、日本にすっかり慣れ、毎日を楽しみながら生活している。日系企業に勤めているときには上司の家族との付き合いはほとんどなかったが、上司の家族の世話も私の仕事のひとつである。上司の自宅で仕事の関係者を接待するときには、私も手伝いを兼ねて出かけ、お客様との親交を深める機会が与えられている。ある日の私の仕事を紹介してみよう。

　いつもどおり8時半に出社。上司のクラーク氏は、ABCホテルでのBreakfast meeting[4]に出席しているので、午前10時に出社する予定である。

　出社後、私はバッグをロッカーにしまい、まずパソコンにスイッチを入れる。上司の部屋やデスクを整えて、上司が気持ちよく仕事にかかれるように準備する。上司のパソコンにもスイッチを入れ、上司宛の電子メールをチェックする。昨晩帰宅する前にチェックしたが、一晩の

---

3) Certified Bilingual Secretary（国際秘書検定試験）。社団法人日本秘書協会が認定している資格試験で、国際秘書の登竜門といわれている。
4) 朝食を取りながら行う会議のことをいう。

うちに30通ものメールが届いている。クラーク氏はメールの管理をすべて秘書に任せているので、送信者のアドレスやメールのタイトルを見ながら、私信と思われるものを除いてすべて開封し処理をする。30分もかかってしまった。

私のデスクに戻り、メールをチェックする。私にもたくさんのメールが届いている。今日は英語のメールが多い。クラーク氏にも報告すべきメールがあるので、早速プリントアウトし、重要な箇所に下線を引き、必要な資料も用意して、プライオリティの高い順に並べておく。

電話が次々にかかってくる。英語の電話もあれば、日本語の電話も多い。アポイントメントの依頼の場合は、先方の希望を尊重はするが、上司の仕事の流れやデスクワークを考えながら、上司の時間管理に配慮した予定を組むようにしている。今朝もすでに社内外からのアポイントメントの依頼が数件あり、仮押さえの形で予定表の中に入れておく。後で上司に確認して決定しよう。スケジュール管理は基本的にパソコンで行っていて、上司と共有できるようになっている。今入れた仮予定は上司のパソコンでも確認できる。私は、どこにでも持っていってすぐ見られるノートの便利さも捨てきれず、スケジュールノートも併用している。

予定通り10時にクラーク氏が出社。今日も気持ちよく仕事が進むように、笑顔で明るく朝のあいさつを交わす。Breakfast meetingの後なので、コーヒーは控えて、飲み物は何がよいかを尋ねる。今日のスケジュールを確認し、受けていたアポイントメントについて説明し、上司の都合を聞く。先ほどの仮予約はすべてOKとのこと。早速予定表の仮予約を本予約に変更し、先方には電子メールで予定が確定したことを連絡しておこう。

スケジュールの確認が終わった後、上司からの指示を受け、連絡事項を伝えるなど、朝の打合せを行う。上司から意見を求められたら素直に自分の考えを述べるように心がけている。上司がよい成果を出せるように、気づいたことを伝えるのも国際秘書の仕事であると考えているからである。今日の予定は以下のようになっている。

午前11時に、X社のウェルティ氏が来社、昼食は近所のレストランで友人との約束があり、午後にはIR[5]担当の石井マネージャーとの打ち合わせとY社の吉田部長とのアポイントメントが入っている。この間に社内からのアポイントメントの依頼があり、また今日も忙しい1日になるだろう。

今夜は、ニューヨークのCEOを囲むテレビ会議があり、日本、シンガポール、ドバイ、ロンドンの各支店からも参加することになっている。私の上司のクラーク氏と吉川チーフ他数人がこの会議に参加する。時差の関係から、日本時間の午後8時に始まるので、準備を整えて会議が順調に動き出したことを確認するまで残ることになる。各地域から関係者が一堂に集まって会議を開くのがベストであろうが、さまざまな地点を結んで、それを映像に写しながら進めるテレビ会議は、出張費用と時間の節約につながるので、近年頻繁に行われている。

私は、仕事が発生したらポストイットに書き、それを優先順位にしたがって並べる「私の仕

---

5) Investor Relationsの頭文字をとったもので、投資家向けの広報活動のことをいう。

事」リストを作っている。私の今やるべき仕事が見えるので、安心して仕事にかかることができる。仕事が終わったらそのポストイットをはがす。今日はいくつ処理できるだろう。頑張ろう。

　仕事リストを開くと、昨日いただいた贈答品のお礼状、来月のCEO来日予定に関し、CEO秘書に電子メールで確認、クラーク氏の講演のためのパワーポイント資料の手直し、大阪への出張の手配、来週上司がはじめて訪問するクライアントに関する情報を収集、CEO夫妻のレセプションについてホテルとの最終打ち合わせ、東京と京都での観光の予定が決まったので、案内役として歌舞伎や茶道、生け花、そして京都のお寺や歴史についてわかりやすく説明できるように準備を進めておく、日本のお土産を用意する…などと書かれたポストイットが並んでいる。優先順位を考えて、まずお礼状を書いて、それからCEO秘書に電子メールを書くことにしよう。社内情報のデータベース化が進み、出張の手配にしても、来客の各種情報の収集にしても、最近はネットワークを使って簡単に処理できるので、仕事の性質上、長時間デスクを離れることが難しい秘書にとってはありがたい。

　今日の予定も順調に終わり、クラーク氏はテレビ会議に備え、吉川チーフや他のメンバーと共に打合せを兼ねて軽食を取りに出かけた。私は会議室のテレビ会議のための機器を準備する。テレビ会議が順調に進むように、機器のチェックもしておこう。

2）国際秘書に求められる資質とスキル

　上記の国際秘書の1日の仕事の流れを見ると、日本語と英語を使って、上司や上司の社内外関係者と密接に連絡を取り、上司の仕事をコーディネートし、円滑に進めるために支えている秘書の仕事ぶりが理解できる。

　第3章で学んだように、秘書に求められる資質は当然国際秘書にも必要であるが、さらに専門秘書として率先して仕事を進めていく積極性が求められる。上司の仕事内容や人間関係を理解したうえで、常に優先順位を考えながら状況に応じてタイミングよく手早く仕事を進めていくことを心がけたい。特に国際秘書に求められる資質（心構え）とスキルを以下に挙げる。

①異文化理解

　グローバルな環境で仕事をする国際秘書には、異文化を理解し、異文化を受容しようという心構えと姿勢がなくてはならない。英語力は必須であるが、いくら英語力が高くてもよいコミュニケーションが取れるとはいえない。コミュニケーションは言語だけではなく非言語によるものも多く、また非言語コミュニケーションは文化の影響を受けることが多いからである。言語や宗教をはじめとする文化の異なる外国人とよいコミュニケーションを取るためには、相手の文化を理解し受容しようとのホスピタリティ・マインドと積極的な姿勢が必要である。仕事を円滑に進めるためにもコミュニケーションのパイプ役としての秘書は、この点を心得ておきたい。

②日本文化理解

　日本文化についても正しく理解しておく必要がある。「国際秘書の仕事――国際秘書の１日」のケースでも明らかなように、国際秘書は、外国からのお客様の案内役として、歌舞伎や茶道・華道などについて説明や通訳をする機会が多く、また京都や奈良への観光旅行に付き添うことも多い。日本文化や歴史について正しく説明するためには、日ごろから興味をもって学ぶ必要がある。

③語学力

　国際秘書は、相手の話を聞き取り、自分の意見を伝えるために英語力が必要である。グローバル化の影響を受けて英語は、コミュニケーションツールとしてますますそのニーズが高まっている。インターネットで使用されている言語の80パーセント以上が英語であるといわれるように、世界中の人びとが意思疎通を行うためには今や英語が不可欠になっている。相手の話を理解し、それに答え、自分の意見を明確に伝えられるためにも、国際秘書には英語が欠かせない。

　しかし国際秘書には、英語と同様に正しい日本語が使えることも重要な要件である。日本で仕事をしている限り、日本語は必須言語であるからである。上司が外国人の場合、秘書が日本語の文書を自ら作成することが多く、秘書の日本語力が仕事にも影響する。正しい敬語表現を身につけて、話し言葉・書き言葉ともにトレーニングを積む必要がある。

　さらに、現在、世界の工場と呼ばれている中国など、アジアやその他の国々との経済交流が盛んになってきており、英語以外の言語も話せる能力が秘書に付加価値を付ける時代がやってくると思われる。

④リスクマネジメント（危機管理）

　さまざまな国々と関係を持ちながら仕事をしている国際企業では、電話応対や来客応対、スケジュール管理、情報管理などの日常業務でのセキュリティに対する配慮と同時に、上司が海外に出張する際の航空便の予約、ホテルの選び方など、秘書として配慮すべきことは実に多い。またメディア対応にも慎重であらねばならない。グローバル化の現在では、何がリスクマネジメントの対象になるかを常に考えながら、上司が安心して業務に専念できるように行動することが一層求められている。

⑤国際プロトコル（国際儀礼）とマナー

　国際秘書はさまざまな国の社会的地位の高い人びとと電話や電子メール、対面で応対に当たることが多く、相手の文化に配慮したマナーを心得ておくことが必要である。さらに、レセプションをはじめとする各種パーティの準備に当たることも多いので、招待状の書き方、敬称の使い方、国旗や席次の知識、服装のルールなど、よい人間関係を保つためにも国際プロトコルについて正しく理解しておくことも必要となる。

3）国際秘書の募集と採用

　国際秘書の働く職場は、外資系企業や在日政府機関のみならず国際活動を行っている日本の企業や組織も含まれる。日本企業で秘書として働くためには、社員として採用された後に、適性を判断して秘書室に異動させ秘書として養成するのが一般的である。新卒採用段階で秘書を募集するケースはほとんど見当たらない。

　一方、外資系企業や大使館などの在日政府機関に勤務する秘書の採用は、英字新聞や雑誌、企業のホームページ、最近では人材紹介機関を通して募集することが多い。各企業や組織は、秘書のポストに求められる資質やスキルを明確に示し、それに基づいて希望者は履歴書を用意する。転職の場合は、過去の仕事内容を記載した職務記述書を履歴書に添えて応募する。日系企業では採用の際に資質を重視するが、外資系では資質と同様に仕事を処理するのに必要なスキルも重視する。外資系企業で国際秘書を目指す人は、明確な目標を立てて計画的に学習できるので、勉強のしがいが感じられるであろう。

　国際秘書は、転職をしながら秘書としてのキャリアを高めていくことも多い。Receptionist から Junior Secretary、Senior Secretary、Administrative Assistant 、Executive Assistant など、能力や経験によって呼称も変化する。今、自分がどのような立場でどのように評価されているのかがわかりやすく、次の目標に向かって努力しようという自己啓発につながる雇用形態も魅力のひとつといえよう。

4）国際秘書に役立つ資格・称号

①CBS（国際秘書）検定試験

　国際秘書にはさまざまな資格が役立つが、そのなかでも社団法人日本秘書協会が主催するCBS（国際秘書）検定試験（Certified Bilingual Secretary）は、国際秘書への確実なステップとして高い評価を得ている。CBS（国際秘書）検定試験は、１年に１回実施され、プライマリー（第一次）試験とファイナル（第二次）試験がある。プライマリー試験は、オフィス実務、ビジネス日本語、ビジネス英語の３分野から出題され、ファイナル試験は、秘書適性、秘書業務管理・レコードマネジメント、経営・会計・法律に関する知識、英文ビジネス文書に関する知識と応用、秘書実務（インバスケット方式）に加え、日英両語による個人面接が実施される。

　試験内容からも明らかなように、国際化時代の秘書に必要な知識と技能をもち、かつ、日英両語に堪能な秘書を目指す人には、価値ある資格であるといえよう。

②秘書士（国際秘書）

　全国大学実務教育協会により認定されているカリキュラムを、同協会の加盟大学・短期大学で履修し、単位を取得すると得られる称号である。本称号は、秘書士の発展した称号として2006年4月より始められた。学生時代に目標をもって学ぶことによって、国際秘書に求められる基本的な資質やスキルを身につけて、次の高い目標につなげていくきっかけになるといえよう。

2 秘書の専門分化

　国際秘書についてみてきたが、それ以外の秘書の専門分化について考えてみよう。秘書の専門分化という場合、二つの種類の専門分化があると考えられる。一つは医療、法律、企業などの職域による専門分化であり、もう一つは職階による専門分化である。後者については、日本では明確な専門分化は、はっきりとはあらわれていない。

　ここでは、職域による専門分化について述べたいと思う。職域による専門分化のなかで、日本において多く見られるのはメディカル秘書である。

（1）メディカル秘書

　日本での秘書の職域による専門分化は、メディカル秘書が一番早く、すでに質、量ともに広範囲な教育的背景を持っている。社会的ニーズも高く、仕事も得られやすい。特にメディカル秘書の養成では、医療保険請求事務、医事コンピュータ、病院管理学、医療関係法規、診療録管理、その他の科目を学び、病院実習などを経験して就職する。就職先は大学病院、総合病院、研究所、健康保険組合、福祉施設、薬局などである。

1）医師の任務

　西欧においては、医師は牧師、弁護士と並んで古典的三大プロフェッションの一つとされ、最も権威づけられた専門職であった。日本においても医師は、歴史上社会的地位の高い職業として、特に重要な専門職と考えられてきた。その最大の理由は、医師は人間の生命を守り、人間が生きていくうえで避けることのできない災いとしての病気を治すという重大な任務を背負っているからである。

　人間はいつ病気になるかもしれない。たとえ今、健康であるとしても、いつ何時事故や災害に巻き込まれるかもしれない。今日の健康は、明日の健康を保障してはくれない。人間である以上、どのような人であっても病に見舞われた途端に精神が弱くなり、安定性を失ってしまうのが常である。健康で災いもないときには、平静で心豊かに伸びやかに生活を楽しめていても、ひとたび病気にかかると人はすっかり変わってしまう。絶望や不安にさらされ、自分の悲運を嘆き、人間不信に陥る状況はさまざまな人の体験談によって知ることができる。

　たとえば高名な宗教学者であった岸本英夫は、1954年、米国滞在中に余命半年という癌の告知を受けた。20数回の手術を繰り返す10年間の闘病生活の末、1964年にこの世を去るまでの体験を『死を見つめる心』[6]という本にまとめている。彼はこの著書のなかで、死の苦しみの本質とは「死にいたる苦しみ」ではなく、「死そのものの苦しみ」であると書き残している。人生を厳しい修行ととらえ、生・老・病・死を深いレベルで研究した東京大学教授も、人間を根底から揺さぶる病の恐ろしさを「心の凍る思い」と記している。

---

[6] 岸本英夫『死を見つめる心』　講談社文庫　1973年

病は、人類の誕生以来、人間の生のなかに巣食う、仏教で説かれている四苦の一つとして人びとを苦しめてきた。この不条理な病気と共に闘ってくれるのが医師であり、その点が、医師を権威づける理由でもある。

2）メディカル秘書の任務
　現在、科学技術の発達と食生活の乱れによって、わけのわからない病状を引き起こすさまざまな難病、奇病が誘発されている。アレルギーや薬害などもそのなかの一つである。医師はこのような新しい病気治療にすばやく対応しなければならない。また、現行の医療保険制度は、点数制をとっており、医師のキャリアや人間性、病気の難易度に関係なく点数で料金が決められる。そのため、医師は一日にできるだけたくさんの患者さんを診察し、多種類の薬を使い、より点数の高い治療をすることを余儀なくされている。

　このような日本の医療の現状を少しでも患者さんのための医療へ引き戻すためには、既存の職種だけでは足りない。ここに医療を側面からサポートするメディカル秘書の必要性が生ずる。医療機関において、メディカル秘書の果たす役割は医師・看護師などのメディカルスタッフを側面から支え、その機能を十分かつ適切に発揮できるようにすることである。また、患者さんへの対応が適切に行われるように、補完的な機能を兼ね備えていることも大切である。つまりメディカル秘書とは、病院長秘書、医局秘書、看護部長秘書、病棟クラークなどのことである。

　メディカル秘書は医師やメディカルスタッフが、患者さんのために最大かつ最良の治療に心置きなく集中できるように、その周辺のあらゆる環境を整える。そのためメディカル秘書は、医師・看護師などのメディカルスタッフの間にあって、コーディネーターとしての能力をいかにして身につけるかがポイントになる。チーム医療やプロジェクトチームなどでその業務を遂行するための事務的な仕事をするのもメディカル秘書の役割である。その場合も勿論リーダーは医師であるが、個々の医師がまとまったグループでの医療を適切に果たすためにも、患者さんとの間に信頼関係を築くさまざまな仕事がメディカル秘書の重要な仕事の一つとして浮かび上がって来る。

　医療の難しい点は、一人ひとりの患者さんが抱えている問題がそれぞれ違うということにある。百人の患者さんがいれば、百の病状があり、治療があり、患者さんへの対応がある。常にケースバイケースの対応であり、一般論では解決できない。そのため、最終的には、患者さんを取り囲んでいる医師をはじめとしたすべてのスタッフの人間的な力が要求されているのである。

3）メディカル秘書のパーソナリティ
　日本の医学は他の諸学と同じように西欧から移入したものである。外側から見える病院の組織づくりや病気の治療方法や手術の仕方などをまず輸入した。その際もっとも大切な医の倫理を振り落としてしまった感がある。

現在医療ミスの多発で、国民は慢性的な医療不信に陥っている。メディカル秘書は、医療の根本精神を学び、医療現場で働きながら、その精神を自分のパーソナリティとして育てていって欲しい。病院は「奉仕・博愛・平等」の精神を掲げている。医療従事者すべてに必要な精神である。日常業務のなかに生きていなくてはならない心がけである。

　最初の言葉の「奉仕」とは謙虚さをもって、人のために働くことである。この「奉仕」という言葉には、とても厳しく自分を律する意味が含まれている。患者さんは病におびえ、苦しむ、とても弱い存在である。患者さんの「患」の字がそれを物語っている。つまり「心に串」がささっている状態なのである。この弱い存在の患者さんよりも、さらに自分を謙虚な位置におき、患者さんのために働くという精神が求められている。患者さんを世話してあげるというのではなく、患者さんをお世話させていただくといったくらいの心根が必要である。人間は謙虚でいるときは、やさしく、丁寧に振舞えるからである。

　病院は患者さんの病を癒すために、治療をしたり、手術をしたり、またリハビリテーションをする。そしてそれらの治療に付随する細かな雑務がある。それら病院内の行為の一端にでも傲慢さがあったらどうなるであろうか。患者さんをばかにし、軽く扱う態度からよい結果が生まれるはずがない。病院内のすべての仕事は患者さんのための仕事であり、どんな小さな仕事にも間違いがあってはならない。常に謙虚さを持って患者さんのために働くこと、このことがメディカル秘書としての特性を身につけ、メディカル秘書のパーソナリティとなっていくのである。

　次に「博愛」とは「ひろく愛する」ことである。つまり、人種的差別や偏見や、間違った思い込みを捨てて、人びとを受け入れることである。たくさんある病院のなかから、どんな理由にしろ、あなたの病院を選んで来院してきた患者さんを、広い心で受け入れるのである。「私どもの病院によく来てくださいました。私どもで一生懸命お世話させていただきます」という精神である。博愛の精神は人びとに対する温かい微笑み、やさしい言葉遣い、思いやりのある心遣いとなって表れる。このような心が病院全体に漂っているならば、患者さんは日に日に癒されていくことであろう。病院スタッフが、博愛の精神を培うことで、その精神はメディカル秘書の顔に、言葉に、態度に表れ、病院全体の雰囲気をつくっていき、メディカル秘書としてのパーソナリティを形成することになる。

　さらに、「平等」とは「かたよりのないこと」である。人間は皆かけがえのない存在である。民族、国家、宗教、性などの違いを越えて、だれも平等に尊重されなければならない。しかし現実には、身体的特徴や性格、種々の能力、職種や社会的地位、家柄や財産などにおいて個人差がある。しかし、このような現実を踏まえてなお、病院内のだれにでも、またいつでも同じように接する努力が必要である。これは患者さんだけに対する態度ではない。病院内すべての人に対する態度である。人間であれば、だれにも個性があるし、その日の気分もある。患者さんは無論のこと、上司や病院スタッフ、どのような人に対しても、どのような時にも、あなたは同じ態度で接することができるであろうか。いつも心穏やかで、聡明で、寛大な心で相手を

受け止める力が、病院に働く人には求められている。あなたに与えられた仕事を、心を込めて一生懸命にしてみる。毎日相手のために一生懸命に心を込めて働くことによって、あなたは、実力を培っていくのである。

　奉仕、博愛、平等の精神を学ぶことで自分の考え方を見直し、そして自分を変える。働きながら、奉仕、博愛、平等の精神を実践することで、あなたの人間的なパワーと魅力を増すことになる。このような心がけでよい方に力を出せば、そのよい力は、さらに強くなる。能力は次の能力を呼ぶのである。

4）メディカル秘書とコミュニケーション能力

　メディカル秘書のコミュニケーション能力は、パーソナリティに大きく関わってくる。コミュニケーション能力は縦糸、パーソナリティは横糸である。両方が組み合わさって一枚の布が出来上がる。私たちは糸ではなく、この糸を組み合わせて織り上げた布なのである。時折、自分のコミュニケーション能力とパーソナリティを客観視することも大切なことである。

　どんなに実力のある医師がいて、どんなに有効な薬や、最新の医療機器があっても、患者さん自身に「よくなりたい」という意欲がないとしたら、患者さんの完治はほとんど無理である。したがって、病院内のコミュニケーションで一番大切なことは、患者さんにこの「よくなりたい」という意志を持続させ、完治へと導くコミュニケーションの力なのである。

　奉仕、博愛、平等の精神からパーソナリティを培ったメディカル秘書は理想的なコミュニケーションの担い手である。たとえば、謙虚な心遣いがあれば、命令的な言い方はしないはずである。コミュニケーションもおのずから謙虚になり、温かな話し方、わかりやすい表現となる。また、すべての人びとを受け入れる広い心遣いがあれば、明るい言葉、励まし、勇気づけ、そして、相手の話をしっかり受け止める傾聴能力を発揮することとなる。

　最近よく「笑いの効用」が取り上げられる。笑うという行為は人間の細胞や血管を広げ、あらゆる病気の治療に効果を発揮するといわれる。明るい笑い声が飛び交う病院づくりにメディカル秘書として貢献できるようになってほしい。

　どのような人びととも対等に付き合う心遣いがあれば、自分本位の患者さんがいたとしても、それをじょうずに抑えることも自信を持ってできるであろう。病に見舞われている患者さんの不満を取り除く努力を怠らないであろう。

　メディカル秘書の周辺にはさまざまな情報が行き交うため、ときどき情報が一度に集中し、糸がもつれるような状態が起こる場合がある。心を落ち着けて、一本一本の糸を丁寧にときほぐしていかなければならない。たとえば緊急の場合など、矢継ぎ早に催促の電話がかかってくる。しかし、医師の了解を得なければ回答はできない。医師とは連絡が取れない状態である。そのとき、どのようにその緊急事態を乗り切るかがメディカル秘書の能力なのである。

5）メディカル秘書の周辺

わが国は福祉国家を目指して歩み続けている。しかし、国民の物質生活の安定をもたらす一方で、国民の間に国家に対するますます多くの要求や期待を生み出すことになり、そのために、政府は社会保険費の調達に苦慮し、国民もまた費用負担の増加という問題に直面している。ささやかな年金生活者にも、健康保険料、介護保険料支払いの義務は重くのしかかる。支払う義務を履行した患者さんは恩恵を受ける権利を主張する。その結果、病院内でも大切なのは、インフォームド・コンセントにおける説明と同意である。

インフォームド・コンセント（informed consent）は医療における意思決定の場面において、患者さんが最終決定権（自己決定権）を持ち、その最終決定権の行使にとって必要な情報が医師から与えられる権利を持つという意味である。

インフォームド・コンセントのポイントは、もし患者さんがその診療を納得できない場合は、その診療行為に歯止めをかけることができる点にある。つまり医師と患者さんとの協同作業で診療や治療の方法が決定される。この場合、患者さんの理解と同意を得るために、医師は患者さんに十分な知識を与え、説明する義務があることを強調している。そのため医師は診療行為にあたって、以下の内容を患者さんに伝えることが望ましいとされている。

①診断の正確な内容
②予定される治療法の性質と目的
③その治療法の成功の可能性とそれによる患者の利益と不利益
④ほかのふさわしい治療法の代案
⑤それらの治療法が行われない場合の予後

患者さんの気持ちに焦点をあてながら、患者さんのいうことに耳を傾け、理解ある態度を示すキュア（cure）からケア（care）への方向性は、病人を人間的にみることから始まる。人間を精神と身体との相互作用を含めた全体像として考えていくという方向である。その総合体としての人間が調和をいかに取り戻し、回復していくか、このことが人間を治すということの意味である。

インフォームド・コンセント、セカンド・オピニオン、告知、尊厳死、カルテ開示、症状についての話し合い、患者さんの自己決定権、自主性の尊重などが、これからの医療を支える柱になっていくと考えられる。メディカル秘書は、これからの医療界の動きをしっかりと理解しておく必要がある。

6）一般的なメディカル秘書の仕事

一般的なメディカル秘書としての仕事は、患者さんの来客応対、電話応対、医師の人的ネットワークや情報ネットワークのサポートが主である。来客応対、電話応対、スケジューリングなどのように、秘書に共通な要素もあれば、医師のサポートに伴う専門知識や患者さんの応対など、メディカル秘書にしかない要素もある。

①患者さんの来院の応対
②患者さんの受付（初診者、再診者）
③電話による診療予約、問い合わせへの応対
④医師への事務的な補佐（スケジュール調整、文書の作成、管理、配布、情報収集など）
⑤医師への人間関係の処理業務（来客応対、慶弔業務、交際業務、環境整備など）

7）メディカル秘書へのインタビュー

　具体的な仕事を理解するためにメディカル秘書のインタビューを試みた。総合病院の医局の医師37人を二人のメディカル秘書がさまざまな方面からカバーしている。そのなかの一人Uさんにインタビューをした。このケースを参考にメディカル秘書について具体的なイメージを抱いてほしい。

◆メディカル秘書へのインタビュー

　Uさんは、大学で化学の勉強をし、理科系に強く、専門学校で数学と英語の教員をしていた。結婚して転居したのを機会に近くで仕事を探していたが、医局秘書ということに魅力を感じて応募した。
　現在の仕事は37人の医師の仕事を二人のメディカル秘書が引き受けているが、特に、名誉院長と院長との二人のスケジュール管理や来客応対を中心に仕事をしている。Uさんの場合は患者さんとの応対業務はない。むしろ患者さんに直接関与してはいけないとはっきりいわれている。両院長は学会の役員や地域医療の重要な役割を担っているので、大変な忙しさである。特にスケジュールを管理し、書類を作る仕事が中心で、二人の秘書で分担している。主な秘書業務であるスケジュール管理、来客応対は先輩であるUさんがやっている。
　特に難しいのは、医師との人間関係と病院内の横の関係である。特にスタッフ同士の横の関係が仕事の性質上切れがちであるので、それをどう調整するかが難しい。また、医局秘書なので、37人いる医師の出張業務、あるいは書類の作成などは間違いのないように時間の許す限り慎重にやっている。
　環境整備などは、医師の机の上や自分の書類の整理など、医師が出張の間にするように心がけている。茶道、華道を習っているので、必要に応じて病院内にお花を活けている。嬉しいことは、上司である名誉院長や、院長に感謝され、自分が役立っていると実感できたときである。

(2) リーガル秘書

　現在、司法の世界では、「もっと身近で利用しやすい司法」を目指した制度改革が進められ、今後、法律事務所はその数が増えるだけでなく、市民が気軽に利用できるサービス内容の拡充が期待されている。リーガル秘書は、多忙な弁護士の活躍をサポートし、弁護士業務を円滑に運べるよう、法律上必要な書類を作成し、パソコンソフトを使って必要な書類をプリントアウトして書類の原案を作成することが多い。

　リーガル秘書業務の基本的仕事は、リーガル秘書としての専門知識、法律事務所の業務と仕組み、訴訟実務（訴訟に関わる各種の取り寄せ書類、関係書類の見方、また書類の取り寄せ方や訴状などの準備の仕方など）、督促手続き、民事調停、即決和解、民事保全、破産管財処理、債務整理と破産申し立て、民事執行と供託など多彩である。そのほかにも裁判を傍聴して、弁護士の仕事をサポートするにあたっての理解を深めることもある。専門分化された秘書のなかで、現在の日本の社会的状況である陪審員制度を始めとしての変革などを考慮すると、このリーガル秘書は将来性の高い職種であるといえる。

1）法律事務所のリーガル秘書へのインタビュー

　個人弁護士の法律事務所で働いていた、Sさんの仕事には、弁護士の私的な仕事もたくさん含まれるという。たとえば買い物や、書類を届けるなどから専門性を要求される仕事まで守備範囲が広い。弁護士事務所で働いて嬉しかったことは、弁護士のさまざまな書類をソフトを使って判例を調べながら、予め原案を作って、弁護士に手渡したり、裁判での必要な書類をそろえて、それが的を得ていたときなどである。

　学生時代に法学のなかでも犯罪学概論や被害者学の勉強をしたことと、もともと法律的な分野が好きだったことが、働く喜びにつながっているという。最も難しいのは、クライアントとの電話応対である。クライアントの微妙な感情を逆なでしないように、相手の感情が高ぶっているときには、火に油を注ぐようなことになるので、静かに相槌を打つだけにとどめ、相手が冷静になるのを待って対応するようにしている。また、法律が変わるので書類の差し替えや新しい法律の勉強が大変である。弁護士が仕事先で入れるアポイントメントなどがあるので、毎朝調整し、その日のスケジュールを確認する。

2）外資系のリーガル秘書へのインタビュー

　外資系のリーガル秘書は少数ではあるが早くから専門分化していた。その一人であるMさんは、イギリスやアメリカの銀行で25年以上勤めた経験や外国人弁護士の秘書をしていた経歴の持ち主である。そのため、現在は国際法律事務所のオフィスマネージャーに昇進している。

　Mさんは、現代はネットワークが最も大切な時代であると認識し、新人秘書のときから人との関係を大切につないできた。3回以上の転職をスムーズにしたのも、すべて、以前勤めていた会社に関係していた方々の紹介であった。

最初にイギリスの銀行に入って、ジュニアセクレタリーをしたときは、19歳であった。上司のイギリス人に「奥様からお電話です」と英語でいえなくて、指導してくれていた上級秘書から大変なお叱りをうけて泣いてしまったことがあった。そのとき上司の勧めで英語の勉強会に参加したことが、英語力のアップにつながった。
　30代の後半に結婚し、二人の子供がいる。それでも仕事を続け、仕事を楽しんできた。今でも業務は厳しく、朝9時半から夜8時半まで働いている日常である。
　長く仕事を続けてきた秘訣は、仕事が大好きなことと、仕事以外に趣味を持つことにある。最近ドライフラワーの教師になるための資格を取得した。このまま、この法律事務所で定年まで働き、その後はドライフラワーを教える講師になりたいと将来は計画を立てている。
　最初、秘書になりたてのころは秘書業務は失敗につぐ失敗であったため、仕事の一つひとつに気配りをするようにした。たとえば、電話を置くときには、受話器を、がちゃんとおかないで、指を使って静かにおくというような工夫を常にしてきた。
　人間関係では、上司との関係が一番重要で、かつて、アメリカ人の上司とどうしても合わなくて悩みぬき、リフレッシュのために退職し、中国に1年間留学した。帰国後、知り合いだった弁護士が新しい仕事を紹介してくれたということもあった。
　何か困ったことがある時に、なんでも相談できるような人がいることが、働き続ける上で何よりも大切である。また、仕事を楽しく続けられたのは、パートナーが、塾の講師をしているので、育児と家事を引き受けてくれているからともいえる。

（3）その他
　現在、考えられる秘書の専門分化は、上司が医師の場合のメディカル秘書（Medical Secretary）、上司が弁護士の場合のリーガル秘書（Legal Secretary）、不動産専門の秘書（Real Estate Secretary）、上司が学長や学部長などの教育機関に属する教育機関秘書（School Secretary）、技術研究者につく秘書（Engineering Secretary, Electronics Technical Secretary）、政治家につく政策秘書、芸術家の秘書などがある。

1）教育機関の長につく秘書
　大学の教授が自分のポケットマネーで雇う秘書や、外国人の教授が自分の授業を通訳させ、その他の時間には、研究論文の資料の整理やパソコン操作の仕事をさせるなど、教育機関で働いている秘書がいる。また、これからは経営に携わる必要のでてきた学長の秘書などが要請されるであろう。

2）学長秘書へのインタビュー
　学長秘書として嬉しかったことは、以前に専門学校で企画を担当し、カリキュラムの編成や学務の仕事を実際に手がけていたので、そのときの仕事の満足感が現在の教育の現場で働くこ

とに結びついた。現在の仕事では、学生との間が密になり、ときには学生から学長の授業についての質問を受けたり、授業の資料の準備をしたりしている。気をつけていることは学生に対してはあくまでも直接的な解答を与えず、本人たちの思考力を誘発し主体性を伸ばすような教育的な配慮をしている。

特に仕事を楽しく感じるときは仕事を丸ごと引き受けて、その仕事の責任を果たしたときである。女性の学長についているので、女性同士、深いレベルで理解しあうことができる。特に難しいと思っていることは、電話応対である。

大学内外の要職について多忙な学長を補佐するときには、特にスケジュール管理が大切で、面会の予約などに対しては、「お役にたてないかもしれません」と一言いっておく心がけが必要である。最近では仕事上の連絡はメールのやりとりが多くなってきている。スケジュール管理で特に気をつけていることは、会議や面会が延びることが多いので、会議中の終了時間を予測したり、余裕を持ってスケジュールを組む工夫をしている。

【発展問題】
1．国際秘書として働くために日常生活で心がけることは何でしょうか。
2．国際秘書の資質やスキルであなたに足りない点は何でしょうか。それを身につけるためにはどのようなことを心がければいいと思いますか。具体的にまとめよう。
3．上司の海外出張について、航空券の手配やホテルの予約の際、どのようなことに配慮すべきか、グループで話し合ってみよう。
4．メディカル秘書として働くために日常的に心がけることは何でしょうか。
5．リーガル秘書として働くためには、どのような分野の勉強が必要だと思いますか。
6．メディカル秘書とリーガル秘書との共通点と相違点を書き出してみよう。

第9章

これからのビジネス社会と秘書

9章のねらい

　本章ではこれまで学んできたことをもとに、これからのビジネス社会と秘書について考えよう。これからのビジネス社会の変化にともない秘書の働き方も変化している。まず、秘書にどのような変化がみられるかを理解する。次に、秘書はある意味では女性の憧れの職業であるが、女性が働きやすい環境をつくるため、男女共同参画社会づくりやセクシャルハラスメントの整備がなされている。それらは具体的にどのようなものであるかを理解する。そして最後に、これからの秘書は、自分で努力を重ねつつ、秘書としての業務内容を広げ、自分のキャリアの目標をたて、自分を創造していくことが重要であることを理解する。

1 働き方の変化と秘書

（1） 秘書の働き方の変化

これまで学んできたように、ビジネス社会の著しい変化によって秘書に求められる業務の内容も働き方も大きく変化してきている。ここではそれらをまとめ、秘書業務全般の変化、ビジネス・コミュニケーションの方法の変化などに焦点をあてて、具体的に例を挙げて、秘書の働き方の変貌について考え、理解を明確にしよう。

1） 変化する秘書の仕事

第2章で秘書業務の基本的なことを学んだ。基本はいつの時代も変わらないが、時の流れに従って必要とされる仕事が付加されてくるのは当然のことであり、秘書業務も次第に変化してきている。変化する要因はいろいろ挙げられているが、4章で詳しく学んだように、情報システムの進展によってもたらされた影響が大きいといえる。たとえば、効率的なオフィス用ソフトが次々と開発され、現在では多くの企業が次のように秘書の仕事をIT化している。

- 外部情報の収集…経済情報、業界情報、他社の情報、人事異動情報や訃報などは、従来、新聞や雑誌などから秘書が収集していた。もちろん現在もこの方法で行われているが、加えてインターネットを通じて情報収集する方法を採用する企業が多くなってきている。インターネットを利用すると、短時間で新しい情報を、しかも項目別に整理された形で収集できるので効率がよい。しかし、情報源が多いため信頼性を確認する必要がある。このため多くの企業では、特に情報を2カ所以上から収集し内容の信憑性を確かめてから、その情報を利用している。秘書には情報に対する慎重さが求められている。
- スケジュール管理…社内ネットやスケジュール管理ソフト（グループウェア）の開発により、秘書一人が上司一人のスケジュール表を作成し管理するだけでなく、秘書一人でグループスケジュール管理ソフトを使用し、複数の役員のスケジュール管理を行う企業が増えてきている。秘書業務の効率化である。この総合スケジュール表にはプライベートの部分は記載しないが、役員の部下もアクセスしてスケジュール表を見ることができるようになっている。大変便利ではあるが、機密事項も含まれるために、各人のパスワードによって区別し閲覧できるスケジュールの内容を分けて慎重に扱っている。一人で数人のスケジュール管理を行うため、記載時にミスがないように、また変更は直ちに訂正しておくなど、常にチェックしておく機敏さと慎重さが必要である。
- 名刺・名簿管理…名刺の内容やそれに伴う必要な情報を管理ソフトに入力して名刺・名簿のデータベースを作成しておく企業が多くなってきている。作成しておけば、得意先との面談の際などに過去の取引の記録の情報がすぐに得られ、事前の準備が便利になるからである。しかし、秘書は取引の進捗状況や人事異動など、データの内容を常に新しい確実な情報とし

て更新しておかなければならない。また、これらの情報の管理には細心の注意が求められる。
- ●年賀状・中元・歳暮・冠婚葬祭記録の管理…データベースとして宛名や贈答した商品名などのリストを作成しておけば参考にできて便利である。その点、秘書は検索が早くなり、仕事の効率は上がっている。また、宛名書きソフトの利用も可能となった。
- ●会議室・応接室予約管理…会議日時が決まった段階で会議室は予約しなければならない。従来は秘書や総務課の課員が「会議・応接室利用リスト」ノートを作成し、手元に置いて空室状況を管理していた。現在、多くの企業が使用している会議室用の予約ソフトは時間帯による各会議室の空室状況をパソコンから即座に確認できるので、空いていればその場で予約が簡単にできるようになった。そのため、予約情報がオープンになり各部門からの予約が便利になった反面、役員が突然重要な会議を開催することになった場合、会議室探しに苦労することもある。それを避けるために、役員用の会議室を指定し一般的には使用しないようにしている企業も多い。使用後の会議室や応接室の整備にも注意を払わなければならない。
- ●ビジネス文書管理…ビジネス文書のなかで礼状、依頼状、挨拶状など、文体に特別に注意しなければならない社交文や儀礼文のサンプルを入力しておき、必要な時に検索して取り出し、参考にしながら作成することが時間をかけずに可能になった。従来でもペーパーをファイルしておいて参考にしてきたが、適切なサンプル文書を探し出すのに時間がかかったのが、短時間で可能になっている。秘書としておおいに利用すると同時に、より適切な文書を作成し上司が文書作成に費やす時間を短縮できるようにすることが求められている。

このように従来の秘書の仕事のなかで、IT化できる仕事はすべて情報システムのソフトに任せた結果、いままで行われてきた秘書業務に費やした時間は大きく短縮し、その結果、秘書は以前よりも担当領域が広がり、もっと高度の判断を必要とする質の高い仕事をするように求められている。有能な秘書に対するニーズが高まってきているのである。

２）変化するビジネス・コミュニケーションの方法
①アポイントメントの方法
　秘書業務にとって重要なビジネス・コミュニケーションの方法も変化してきている。企業の情報伝達の方法が従来の電話連絡やファックスのみでなく、携帯電話や電子メールの範囲にまで広まった結果、上司が秘書を通さずに直接先方の当事者と連絡を取り、仕事を進めるケースが出はじめている。
　たとえば、他社から上司の留守中に電話があった場合、従来なら秘書が伝言を聞き、相手先を確認できたので、秘書は現在進行中の仕事の内容やその他の関連業務の動きを把握できた。しかし、最近では留守中の上司への電話は「私も席をはずすこともありますので、メールでお送りしておきますからその旨お伝え下さい」という伝言が相手から出てくることもしばしば聞かれるようになった。お互いが多忙ななかで、都合のよい時に連絡し合うことのできる「異時

通信（電話のように、その場で受け応えをするのでなく、自分の都合がよい時に読み、返事が出せる）」の電子メールや携帯電話を使った方がお互いの時間が節約できるのである。こうなると仕事は秘書を素通りしてしまう。また、面倒だからと上司同士がメールで連絡し合い、互いにアポイントメントを取り、秘書に伝えるのをつい忘れてしまう、というケースも出てきている例も聞かれる。

　このような問題に対処するため、秘書には従来以上に上司とのコミュニケーションを緊密にして、スケジュールや業務の進捗状況を把握しておくためのアイディアと努力が必要になってきている。

②会議の方法

　会議もその実施方法が大きく変化し始めてきている。

● 電話会議・・・1992年頃から「電話会議」が出始め、電話回線を使って相手の会議室とこちらの会議室とを結び、双方向でやり取りができる会議の実施が可能になった。もちろん、音声のみであった。しかし、業務によっては、出張をしなくても会議が可能になり、企業としては、最初は電話会議の設備に費用がかかるが、設備が完成すれば出張を減らし、出張費用が節約できるのでこの方法を取り入れる企業が増えた。

● テレビ会議・・・1995年頃になると、音声に加え、相手の姿、表情が映像で見える「テレビ会議」のシステムが開発された。会議をする双方の会議室の映像を回線でつなぎ、双方の会議室のテレビ画面に映し出すものである。このシステムでは資料を画面に映し出しながら説明ができ、同時に相手の表情が見えるので、音声のみより、もっと実際に同席した感じで会議ができるようになった。しかし、その際、資料は各自がペーパーで準備しなければ、画面に映し出すことができなかったが、それでも会議の現実感があり好評であった。

● ネット会議・・・2000年頃から「ネット会議」のシステムが出てきた。ネット会議においては、相手の姿を映像で見ることはできないが、電話（スピーカーフォン）で音声を会議室にながし、インターネットによって双方のパソコン画面上に資料を写し出しながら、説明しつつ会議ができるようになってきた。

　現在テレビ局などでは、画像、音声、資料などを同時に映し出して海外や遠方の人びととの会議やインタビューを行い、視聴者に提供しているが、設備費用やその他の関係で多くの企業ではまだそこまで実施していない。しかし、近い将来、企業においてもこのシステムが使われるようになるだろうといわれている。このように会議の方法が変化していくのに伴い、会議・会合における秘書の業務も変化してくる。たとえば、会議室のIT機器のチェックや、音声や画像の調整のために防音・照明などのチェックが新しく加わってくる。また、そのための資料作成の方法も変化してくる。

3）働き方の変化の例

これまで述べてきたように、企業が変わり、それと共に上司の業務内容や実施方法も変われば、秘書の働き方が変わってくるのは当然のことといえる。勿論、従来のように指示されたことを迅速、正確に実施していくことも求められているが、これにプラスしてもっと積極的に仕事の幅を広げ、従来の仕事を効果的・創造的に改善し、上司の業務の変化に合わせた仕事を提供できる秘書が必要となってくる。上司の人的ネットワークや情報ネットワークを効果的に活用し、調整するコーディネートの能力がますます必要になってくるのである。

たとえば、プレゼンテーションに例を取ってみよう。「第6章　秘書とプレゼンテーション」でビジネスにおけるプレゼンテーションを学んだが、上司の業務変化の一つの例として次のようなことが起こっている。現在、多くの上司は会議などの準備の段階で、自分で視覚資料を作成して使うようになってきている。資料作成の段階で自分の考えを入れ込みながら作成する方が時間的に効率がよいためその方向になってきている。その際、正確な資料を作成するためには、そのニーズに合った的確な情報が必要である。そこで、資料を作成するための的確でタイムリーな情報を秘書が収集・選択し上司に提供しなければならない。

その時、必要になるのは自らのプレゼンテーション能力を活かし、業務の内容、プレゼンテーションの対象者、会場環境など、プレゼンテーションで求められるあらゆる条件を考慮にいれて、上司が資料作成に取りかかったとき、即座に使用できる情報を準備する能力である。秘書のプレゼンテーション能力なくしてはできないことである。秘書は業務の動き、業務に対する知識を豊富にして自ら判断し、上司が選択しやすいように不必要な情報を廃棄し、最新で正確な情報を迅速に収集できなければならない。これまで以上に厳しさが要求される。プレゼンテーションひとつを例にとっても、秘書の働き方は次第に質の高さが必要とされ、確実に変化してきている。

（2）専門化と派遣業化
1）専門化

ここで問題にする秘書の専門化とは、第8章「秘書の国際化と専門分化」で学んだメディカル秘書や国際秘書のような特殊な分野に専門分化された専門秘書のことではない。それぞれの企業において自分の上司の業務に関する専門知識、あるいは仕事で発揮できる独自の専門能力をもっている、より専門性の高い秘書のことである。こうした秘書に求められるのは、これまで学んできた秘書業務遂行能力に加えて、特に、①新しい時代に求められる業務遂行能力、②独自の専門性、を身に付けていることである。ここでは、まずは「新しい時代に求められる業務遂行能力」について説明し、次いで「独自の専門性」について述べ、秘書の専門化について考えてみよう。

①新しい時代に求められる業務遂行能力

以下に説明する業務遂行能力とは、変化するビジネス環境のなかで、特に企業が求め始めた

能力である。これまでにも要求されてきた能力であるが、現在、なぜ秘書に対して従来にも増して重要になってきたのであろうか。

●状況対応力…ビジネス活動が急激に変化している現代では、業務の内容も瞬時に判断を要することが多く、また処理方法も毎回同じでない。秘書はどのような事態に直面しても、その時の状況に最適な判断を下し、臨機応変に対応できる能力が求められている。企業間の競争が激化するなかで、間違いのない対応がより必要になってきているのである。

●問題解決力…秘書は、問題を解決しながら日常生活を送っているといっても過言ではない。たやすい問題もあるし、難しい問題もある。問題解決の一般的な方法は、①客観的に何が問題かその実態をつかみ、②その原因を明らかにした上で、③解決方法を探る、というスキルを身につけることが最も大切だといわれている。それは、物事を一面的でなく、あらゆる角度から見て解決方法を考えることのできる能力である。社会的にも複雑になってきている業務を遂行する時、柔軟な発想で取り組む姿勢がないと問題が硬直化し解決できなくなってしまう。また、現在のように個人の価値観が多様化し、いろいろな考えを持った人びとが存在する職場にあっては、人間味がありながら科学的に問題解決する能力が求められている。

●交渉力（プレゼンテーション）…業務に関する情報を相手にわかりやすく、簡潔に伝えることにより、相手にその内容について理解し、納得してもらい、はじめて交渉が成立する。交渉力はプレゼンテーションの表現力のよし悪しに大きく影響される。また、秘書が組織の情報交流の中心として行動するためには、組織の意向を的確にコミュニケートできなければならない。プレゼンテーションは多くの技法が求められる。前述したように秘書が直接プレゼンテーションする機会以外でも上司のプレゼンテーション用の情報収集や、資料作成の際にも必要とされる能力である。また、グローバル化時代に交渉力の基礎となる自己の表現能力は今後ますます求められてくる。

●直感力と行動力…直感力と行動力は一対のものであって、「上司のニーズをつかみ、それを行動に移せること」である。鋭い直感と、それを行動に移せる積極性なくしては生まれない。直感とは物事を見て頭で考えるのでなく、その物事の奥にあるものをピンと感じ取る感性である。仕事に対する感性は仕事に関する深い知識なくしては生まれない。ただし、大切なことは、感じただけなら単なる感受性で終わってしまうが、その直感に対し自分がどのように受け止め、行動できるかにある。それは積極性でもあるし、行動力でもある。データを分析し、ものごとを解決する傾向が社会的にも強くなっていく一方で、人びとは経験からくる鋭い感覚の必要性も感じはじめてきている。秘書は日常業務を通して直感力と行動力を磨いておくことが必要なのである。

●創造力…秘書の業務が次第にIT化していくなかで、人間でなければ、またその人でなければできない仕事を創り出して働くことが求められる。業務に対する創造性とは、日常業務のなかで常に仕事の内容やその手順を見直し、新しく改善するところはないかと考えるチャレン

ジ精神から生まれてくる。それは、自分でなければできない仕事を探そう、創り出そう、という意識を持って毎日の仕事をやり遂げていくことの積み重ねなのである。

②独自の専門性

ここでいう独自の専門性とは、自分が担当する業務に関する知識を秘書としての職務に結びつけて理解し、秘書であると同時に専門知識を活用して効果的に働くことを意味する。つまり、担当分野に関する専門知識を体系的に学習しつつ、日常業務を通して自分のなかに蓄積し、その知識と秘書実務経験を持って、その分野における専門的秘書としての基礎を築いていくことである。

たとえば、上司の担当がマーケティングであった場合、その秘書は7章で学んだマーケティングの知識、すなわち、その企業のマーケティング理念や方針を含めて、マーケティングのもつ全社的な視点からの意味を把握し、上司の活動をその業務遂行の目的に照らして理解し、コーディネートできることである。

したがって、その人ならではの新しい分野を切り開いていくことが、これからの秘書に望まれている。

2）派遣業化

秘書職はその専門化の進展と同時に、派遣業化も進展している。第1章で学んだように業務のアウトソーシングや、派遣社員に仕事を任せる企業が出現しはじめている。復習になるがアウトソーシングとは、外部の専門会社に自社の業務の一部を委託することであり、派遣とは、人材派遣会社に依頼し、その業務のプロをある一定期間、自社に派遣してもらい、仕事をしてもらうことである。従来、企業が行ってきた外部への業務委託や派遣依頼の目的は、業務の繁忙期間だけ外部に依頼することにより人件費を削減し、しかも、専門性の高い人員を確保することにあった。

ところが、1985年から数回にわたる労働者派遣法の改正により、派遣できる職種の範囲が広くなり、専門職としての「管理職の秘書（労働者派遣法より）」の企業への派遣が積極的になってきている。日本企業においては専門性の高い秘書の人材が少ないこともあり、これまでに述べてきたような高い能力を持った秘書に対する企業のニーズは高くなってきている。

そうはいっても、役員秘書の業務には機密事項が多いため、セキュリティの問題で一般化されていない現状も存在する。だが、コンピュータのパスワードを使い分けることによって機密情報へのアクセスを防ぎ、また「守秘義務の誓約」を派遣秘書と派遣依頼企業が取り交わし、情報の流出を防ぐことによってセキュリティの問題は一応解決され、派遣社員の秘書業務への進出が一段と盛んになってきている。

今後、単なる解雇しやすい一時しのぎの派遣業として、秘書職の派遣が進むのか、あるいは、現在見られるような非常に高いレベルの業務をこなす専門秘書の派遣業化が進むのか、議論の

分かれるところではある。いずれにせよ、高度なスキルを持つ秘書がますます必要になることは間違いない。

2 新たなニーズへの対応

（1） 男女共同参画社会

1） 男女共同参画社会の実現のための整備

わが国ではこれまで終身雇用制度、年功序列・賃金制度、充実した福利厚生制度などによる、いわゆる日本的雇用慣行に基づく人事労務管理が行われてきた。しかし、働く女性が増加し、また共働きがあたりまえになるにしたがい、「男は仕事、女は家庭」という伝統的な男女の固定的役割分担意識はうすれてきている。また男女とも仕事以外の生活を重視し、仕事と生活との調和が可能な働き方を求めるようになり、労働者の意識やライフスタイルの変化への対応が必要となってきている。

近年の女性の職場進出はめざましいものがある。1990年の調査では、女性の就業者数は年平均2,593万人で、女性雇用比率は40.6％であったが、2005年には女性の就業者数は年平均2,665万人で、女性雇用比率は41.7％と上昇している。これは、女性の社会参画の意識の高まり、高学歴化による高い専門能力を有した女性の増加などによるものである。

さらに、少子・高齢化が急速に進み、女性の労働力の活用がさらに期待されるようになるにつれ、女性の社会進出をさらにうながすための施策がとられるようになった。1986年に男女雇用機会均等法が施行されて以来、図表9-1にみられるような制度が徐々に整備されつつある。

図表9-1　女性の社会進出をうながすための諸制度

○男女雇用機会均等法（1986年施行）　　○男女共同参画社会基本法（2000年施行）
○育児休業法（1992年施行）　　　　　　○育児・介護休業法（2005年施行）
○改正男女雇用機会均等法（1999年施行）

男女雇用機会均等法は、働く女性が募集・採用から定年・退職にいたるまでの全てのステージにおいて性別によって差別されることなく、充実した職業生活を営むことができる環境を作るためものである。その主な内容は、図表9-2のようなものである。

図表9-2　男女雇用機会均等法の主な内容

○募集・採用、配置・昇進・教育訓練、一定の福利厚生、定年・退職・解雇についての女性に対する差別の禁止
○女性のみを対象とした取り扱いや女性を優遇する取り扱いについて、原則として禁止
○女性労働者と事業主との間に紛争が生じた場合の救済措置
○固定的な男女の役割分担意識や過去の経緯等から生じている処遇等の差、たとえば管理職を男性だけで占めており、男女の間に差が生じていることなどの解消を目指して、企業がおこなう自主的かつ積極的な取り組み（＝ポジティブ・アクション）に対する国の援助
○セクシャル・ハラスメントの防止や、女性労働者の母性健康管理など女性労働者の就業に関して配慮すべき措置

このように、さまざまな観点から就業環境の整備を図ろうとするものである。

2）男女共同参画社会の実現のための取り組み

男女共同参画社会の実現は、働くものにとっての希望である。その実現によって、男女が対等に育児や介護を行いながら安心して働くことができる。あるいは職業生活と家庭生活との両立を図ることができる。さらに、個性や能力を十分発揮して社会のあらゆる分野における活動に参画する機会が確保され、均等に政治的、経済的、社会的および文化的利益を享受することができる。男女共に責任を担う男女共同参画社会の実現は、まさに21世紀の重要課題の一つといえよう。

2000年、男女共同参画社会基本法が施行され、男女共同参画社会の実現に向けて一歩大きく前進した。その基本理念は、「男女が性別による差別的な扱いを受けないこと等男女の人権の尊重」「社会制度や慣習は出来るだけ中立的なものとするよう配慮する」「政策等の立案及び決定に男女が共同して参画する」「家庭生活における活動と他の活動の両立」「国際的協調」の五つである。

しかし、男女共同参画が社会的に確立するためには、現実とのズレを是正することが必要であり、さらに女性のエンパワーメント[1]（empowerment）の確立が不可欠である。

男女共同参画社会の実現へむけて、行政はもちろんのこと多くの企業において推進本部や推進センターなどの部門を設置したりして、積極的な取り組みがなされている。

公的な表彰制度としては、厚生労働省が1999（平成11）年より、「ファミリー・フレンドリー企業表彰」と「均等推進企業表彰」を実施している。

①ファミリー・フレンドリー企業表彰

仕事と育児、介護を両立できるため、多様で柔軟な働き方が選択できるような取り組みを積極的に行い、その成果があがっている企業などを「ファミリー・フレンドリー企業」として表彰している。その内容は、図表9-3のような四つの柱からなる。

図表9-3　ファミリー・フレンドリー企業の四つの柱

①法を上回る基準の育児・介護休業制度を規定しており、かつ、実際に利用されていること（たとえば、1年を超える育児休業制度、分割取得できる介護休業制度など）
②仕事と家庭のバランスに配慮した柔軟な働き方ができる制度をもっており、かつ実際に利用されていること（たとえば、フレックスタイム制、育児や介護を行う期間のみの短時間勤務制度、在宅勤務制度など）
③仕事と家庭の両立を可能にするその他の制度を規定しており、かつ実際に利用されていること（たとえば、事業所内託児施設、育児・介護サービス利用料の援助措置など）
④仕事と家庭との両立がしやすい企業文化をもっていること（たとえば、育児・介護休業制度等の利用がしやすい雰囲気、特に男性労働者も利用しやすい雰囲気であること、両立について経営トップ・管理職の理解があることなど）

---

[1] 女性のエンパワーメント（empowerment）とは、一人ひとりの女性が経済活動や社会に参画するために必要な知識や能力を身につけ、自分のことは自分で決定し、行動できるような能力を意味する。特に、教育および経済的な自立と、意思決定の場への参画が課題となっている。

②均等推進企業表彰

　女性労働者の能力発揮を促進するため、自主的かつ積極的な取り組み、すなわちポジティブ・アクションを会社の方針として示し、「採用拡大」「職域拡大」「管理職登用」「職場環境・職場風土の改善」のいずれかの取り組みを推進し、その成果があがっている企業を「均等推進企業」として表彰している。

　これらの表彰制度は、企業にとっては意識改革にあたっての一つの理念を明確に示すことであり、従業員にとってもモラールが高まる効果が期待されている。

　しかし、現実にはまだまだ制度の充実度には差がある。また制度があっても、職場の雰囲気や経済面、あるいは仕事量などを理由に、それを取得しない、利用しない労働者も多く存在することが指摘されている（女性労働協会 2000年「育児・介護を行う労働者の生活と就業の実態等に関する調査」）。

　今後、企業・労働者双方の意識変革と積極的な導入・実践が課題である。

【コラム】

　国内トップクラスの女性の雇用拡大で厚生労働省から表彰をされた日本ＩＢＭの北城恪太郎社長は1999年、女性社員の前で演説をし、「『同じように仕事ができる男女が2人いたら、女性のほうを管理職にする』と宣言した。社内から『男に対する逆差別だ』との声が出たが、北城は、そうでもしないと女性の登用は進まないと割り切った。(2005年4月18日　朝日新聞・夕刊)」

　さらに北城社長は女性社員の登用を3割以上にするように指示している。それから5年、今では女性の雇用を40％にまで高めることに成功した。

（2）セクシャルハラスメント

　社会の変化と個人の意識には大きなズレがある。たとえば、タバコを買うなど個人的な用事を部下の女子社員に頼んだり、あるいは、お茶汲みは女性の仕事だとか、若い女性がいると職場のなかが明るくなるといって、女子社員を能力や業績で正しく評価しなかったりなど、働く女性をさまざまなストレスにさらす言動を行う上司も多い。それがセクシャルハラスメントといわれるものである。

　セクシャルハラスメント（Sexual harassment）は、「性的嫌がらせ」という意味で用いられる。セクハラと略され、性暴力の一つである。男女雇用機会均等法の第21条において、職場でのセクシャルハラスメントを防止するための雇用管理上必要な配慮[2]をすることを事業主に義務づけている。

---

[2] 方針の明確化およびその周知・啓発、相談・苦情への対応、職場でセクハラが生じた場合における事後の迅速かつ適切な対応など。

セクシャルハラスメントとは、相手方の意に反した性的な言動で、身体への不必要な接触や、性的関係の強要、性的なうわさの流布、人目にふれる場所へのわいせつな写真やポスターの掲示などが含まれる。また、それに対する反応によって仕事をする上で一定の不利益を与えたり、それを繰り返すことによって就業環境を著しく悪化させたりすることをいう。

セクシャルハラスメントは、図表9-4のように大きく二つのタイプがある。

図表9-4　セクシャルハラスメントのタイプ

①対価型セクシャルハラスメント
　職場や学校などにおいて上下の立場を利用して、上位者が下位者に対して行う。たとえば部下が解雇や降格、配置転換などを懸念して抵抗できないことを利用して、上司が性的欲求を満たそうとする行為。
②環境型セクシャルハラスメント
　職場や学校などにおいてカレンダーなど異性が不快に感じるものの掲示や性的な冗談、容姿、身体などについての会話が多い状態により、就業上の支障が出る行為。

セクシャルハラスメントは、異性にとって性的に不快を感じる環境を作り出すような言動だけでなく、同性同士での言動もふくまれる。セクハラ対策は、企業にとってはリスクマネジメント[3]として必要となっており、セクシャルハラスメント防止とその対策について必要な規程を定め、啓発指導を行い、問題が発生したと考えられるときには当事者が相談できる窓口を設置するなどの体制を確立している。

セクシャルハラスメントについてよく理解していないと、人間関係を悪化させることになるだけでなく男女共同参画社会は実現できない。

3 秘書とキャリアデザイン

(1) 秘書のキャリア形成

秘書とキャリアデザインについては第1章で詳しく学んだが、本書の最後でもう一度、秘書とキャリアデザインについて考えてみよう。

さて、世界的に活躍している企業のなかで、「ダイバーシティ企業」についての評価が問われている。「ダイバーシティ（Diversity）」とは「いろいろ・雑多」という意味があり、そこから「ダイバーシティ企業」とは「人種、性別、年齢、学歴などの差別をなくし、人間のそれぞれの存在を認め、人間をその人格や能力や実績にもとづいて評価しようとする企業」と位置づけられている。こうした企業に対する世界的な動きのなかで、日本企業もこの方向に向かって動き始めている。この流れのなかにあって、秘書も自分の人生のキャリアをその可能性を求めてどのように築いて行くか、真剣に考えなくてはならない。

3）企業に起こり得るリスク＝損失の可能性を最小限に抑えるために行う経営管理手法。

これまで学んできたように、秘書には広い範囲にわたる業務遂行能力や人間性が求められている。この要求の厳しさのプレッシャーに耐え、成長しつづけて来た秘書が自らのキャリアデザインを見つめた時、その展望は広い。秘書としての業務の経験を積んだ結果、他の人が真似のできないエンプロイアビリティ（雇われる価値・従業能力）が培われ、その基盤の上にいろいろなキャリアの可能性が生まれてくる。

次に、秘書のキャリア形成における代表的な二つの方向性を描いてみる。

①担当分野におけるスペシャリスト

企業において秘書として高い能力を磨きつつ、働きながら担当分野における諸事に関連する専門知識をきちんと体系的に学習する。その知識と秘書実務体験を持ち専門的秘書として働きつつ、さらに次の新しいステップとして、その担当分野におけるスペシャリストとしての基礎を築いていく方法がある。たとえば、財務部門の秘書であれば、簿記関連、資金調達、原価関連、営業関連などを学習し、関連資格に挑戦し、財務・資産運用関連のスペシャリストとして働く可能性も考えられる。この場合、その種の専門課程を職場外で履修する必要もあり、その部門のスペシャリストとして成長していくという自らのキャリアデザインに対する計画性と積極性と、たゆまぬ努力が要求される。

②秘書をステップとして他分野の仕事に挑戦

秘書の仕事は1日として同じでない、緊張と変化の連続である。しかも、上司のサポート役として、マネジメントのあり方を学ぶことができ、あるいはコーディネーターとして働くなかで、コミュニケーション能力や対人折衝能力を身に付けることもできる。たとえば、こうした秘書経験を積んだ秘書が商品知識を身につければ、営業部門で活躍することも可能であるし、管理職へのステップも可能性がある。

また、第1章の例で学んだように、身につけた業務遂行能力やマネジメント能力を基盤として、ベンチャービジネスを起こす可能性も考えられる。現にマーケティングの仕事を起こし、国際的に活躍している例も多い。

（2）秘書と自己啓発

以上、二つのキャリアデザインの分野を挙げたが、もちろん、これ以外の可能性も広い。重要なことは、秘書としての業務内容を広げつつ、自分のキャリアの目標をたて、新しい自分を創りあげていくことである。これからの秘書は自らの独自な価値を身につけ、秘書業務経験を通して自分に何を蓄積していくか、が問われる。

キャリアとは基本的には「こうなりたい」という目標をたて、毎日のなかで次第に積み上げていくものである。その意味から、秘書業務にはさまざまな仕事の種類が含まれ、他の職種ではできない経験を積むことができる。このように考えると、秘書とは、人生のキャリアデザインの一つのステップとして、広く自分の可能性に挑戦できる素晴らしい職種であるといえよう。

【課題】
1．ファミリー・フレンドリー企業として表彰された企業を調べ、具体的にどのような取り組みをしているか述べなさい。
2．男女雇用機会均等推進企業として表彰された企業を調べ、具体的にどのような取り組みをしているか述べなさい。
3．職場においてセクシャルハラスメントはなぜ起こるのだろうか。具体的に調べなさい。

【発展課題】
1．秘書の働き方は何故変化してきたのだろうか。
2．秘書の職業を基盤とするキャリアの可能性を掘り下げてみよう。

参考文献

全国大学実務教育協会編『オフィス・スタディーズ』紀伊國屋書店　1994年
全国大学実務教育協会編『ビジネス実務総論』紀伊國屋書店　1999年
全国短期大学秘書教育協会編『秘書学概論』紀伊國屋書店　1988年
全国大学・短期大学実務教育協会編『秘書実務』紀伊國屋書店　1988年

相原　修『ベーシック　マーケティング入門』日経文庫　日本経済新聞社　1999年
荒木晶子編『口語表現ワークブック』実教出版　2004年
池内健治編『ビジネスと情報』実教出版　2002年
石井淳蔵・栗木　契・嶋口充輝・余田拓郎『ゼミナールマーケティング入門』日本経済新聞社　2004年
伊東　明『「聞く技術」が人を動かす』光文社　2001年
植竹由美子「アメリカの法律秘書」仙台白百合短期大学紀要　1991年
宇都宮垂穂編著『バイリンガル・セクレタリー』建帛社　1997年
海野　敏・田村恭久著『情報リテラシー』オーム社　2004年
梅沢　正『職業とキャリア』学文社　2001年
NHK「プロジェクトX」制作班　「プロジェクトX（6）女たちの10年戦争〜男女雇用機会均等法誕生」
　　　2000年12月19日放送
大島　武・畠田幸恵・山口憲二編『ケースで考える情報社会』三和書籍　2004年
大宮　登『秘書の社会学』　紀伊國屋書店　1990年
小高正芳監修　福田達夫著『知りたいビジネスキャリア制度』経林書房　2004年
恩蔵直人『マーケティング』日経文庫　日本経済新聞社　2004年
勝田忠生『秘書室』日本能率協会マネジメントセンター　1999年
加藤孝義『パーソナリティ心理学』新曜社　2001年
鎌田和江・大津洋子編著『新ビジネス実務の基本』嵯峨野書院　2004年
北垣日出子「国際秘書（Bilingual Secretary）に求められる資格・技能・資質に関する調査（1997年度、
　　　第2回）—The Japan Timesの募集広告から」日本橋女学館短期大学紀要第12号　1999年3月
北垣日出子「電子メールの普及による秘書の情報伝達機能への影響」日本ビジネス実務学会『ビジネス
　　　実務論集』第21号　2003年
熊沢　誠『能力主義と企業社会』岩波新書　岩波書店　2004年
厚生労働省大臣官房統計情報部編「就業形態の多様化に関する総合実態調査報告」財務省印刷局
　　　2001年
佐藤啓子『医療秘書概論』嵯峨野書院　1998年
佐藤啓子編著『医療秘書実務』嵯峨野書院　1999年
塩見邦雄編著『社会性の心理学』ナカニシヤ出版　2000年
次世代オフィスシナリオ委員会編『知識創造のワークスタイル』東洋経済新報社　2004年
自由国民社編集部『人事・労務の法律事典』自由国民社　2004年
杉野欽吾他『人間関係を学ぶ心理学』福村出版　1999年
「正社員か非正規か格差の実像」「読売ウィークリー」　2005年11月20日号
総務省「ユビキタスネットワーク社会の国民生活に関する調査」　2004年
田尾雅夫『組織の心理学』有斐閣　1991年
高島利尚『未来型オフィス想像』同友館　1998年

高橋俊介『成果主義』東洋経済新聞社　1999年
武田秀子他『新秘書・ビジネスワーク論』早稲田教育出版　1998年
田中篤子『新版　秘書の理論と実践』法律文化社　1989年
内閣府「男女共同参画白書―男女共同参画の現状と施策」2004年
内閣府　2002年版「男女共同参画白書」2002年
内閣府　平成14年度版「国民生活白書」2002年
内閣府　平成17年度版「国民生活白書」2005年
中村健壽・武田秀子共著『実践ビジネス・プレゼンテーション』西文社　2002年
日本秘書協会編『配属されたらはじめに読む本　秘書室』中経出版　2005年
沼上　幹『わかりやすいマーケティング戦略』有斐閣　2000年
野田　稔『やる気を引き出す成果主義ムダに厳しい成果主義』青春出版　2004年
花岡　菖・遠山　睦・島田達巳編『情報資源戦略』日科技連　2000年
森脇道子監修　武田秀子編著『ビジネスプレゼンテーション』実教出版　2002年
森脇道子『新　女性秘書入門』ダイヤモンド社　1978年
森脇道子編著『新版　秘書概論』建帛社　2000年
森脇道子編著『秘書概論』建帛社　1986年
森脇道子編著『ビジネス実務』建帛社　1998年
森脇道子編著『ビジネス実務総論』実教出版　2000年
森脇道子編『人間関係論』建帛社　1989年
柳井　修『キャリア発達論』ナカニシヤ出版　2001年
山口　勇『キャリアデザイン発想法』経済界　2004年
山田秀雄・舟山　聡『セクシュアル・ハラスメント対策』日経文庫　日本経済新聞社　1999年

索　引

Administrative Assistant	148
BPR（Business Process Reengineering）	69
CBS（国際秘書）検定試験	148
CEO（Chief Executive Officer）	143
CFO（Chief Financial Officer）	143
CIO（Chief Information Officer）	143
CKO（Chief Knowledge Officer）	143
COO（Chief Operating Officer）	143
CSR（Corporate Social Responsibility）	60,143
e-Japan戦略	67
ERP（Enterprise Resource Planning）	69
Executive Assistant	148
ICT（Information and Communication Technology）	67
ISO（International Organization Standardization）	143
IT化	143
IT基本法	67
Junior Secretary	148
LOOK、SMILE、TALK	122
MER（Minimun Effort Requirement）	61
ONE SENTENCE、ONE PERSON	122
PDCAサイクル	46
PR活動	134
Receptionist	148
Senior Secretary	148
Win-Winの関係	96
WWW（World Wide Web）	83
X理論・Y理論	93
ZIG ZAG法	122

あ

アイディア	72
アウトソーシング	166
アカウンタビリティ	116
後片づけ	108
アポイントメント	32,162
安全の欲求	91,92
医局秘書	150
意思決定	94
意匠権	76
一般スキル	15
異文化	146
印鑑の管理	40
インターネット	82
イントラネット	83
インフォームド・コンセント	153
英語力	146,147
エンプロイアビリティ	171
お礼状	36
卸売業者	131

か

会議・会合	48
外勤型テレワーカー	69
外資系企業	148
会社の顔	109,115
会食	49,50
価格（Price）	129,130
学長秘書	156
葛藤	95,96
カルテ開示	153
環境整備	45
看護部長秘書	150
冠婚葬祭	43
観察力	115
感性	59,115
危機管理	44
企業価値の創造	143
企業行動憲章	60
企業組織	138

気質	55		国際秘書検定試験	5
機転が利く	58		国際プロトコル	147
機密	58,94		告知	153
機密文書	35		個人情報	73
キャリア（career）	13		個人情報保護	73
キャリア形成	14		個人情報保護法	74
キャリアケース	15		個人付き秘書	5,23
キャリアデザイン	8,14,170		国会議員政策担当秘書	25
行事・イベント	49		コミュニケーション	95,98.146
教養	59		コミュニケーション・デバイド	72
切り抜きファイル法	39		コミュニケーション能力	26,115,152,171
苦情	139		雇用形態の多様化	10
苦情の上申ピラミッド	139		雇用柔軟型グループ	12
口が固い	57		コンセプチュアル・スキル	8
クライアント	155		コンテキスト	105
グループウェア	84			
グループ型秘書	5,23		**さ**	
グローバル化	143		在宅オフィス	69
グローバル・スタンダード	68,143		最低必要努力量	61,62
慶弔管理	43		裁量労働制	10
慶弔・贈答マナー	43		逆さまのピラミッド	138
傾聴能力	152		サテライトオフィス	69,70
結論	117		サポートのプロフェッショナル	26
堅実性	57		産業革命	67
兼務秘書	5,23		産業財産権	76
コアスキル	15		自営型テレワーカー	70
広告活動	134		思考力	115
交渉力（プレゼンテーション）	165		自己啓発	116,171
高速ネットワーク	68		自己実現の欲求	92
高度情報化社会	67		市場細分化	135,136
高度専門能力活用型グループ	12		市場セグメント	136
小売業者	131		姿勢・表情	122
コーチング	101		視線・アイコンタクト	122
コーディネーター（coordinator）	27,171		実用新案権	76
コーディネート	166		社会常識	115
コーディネート業務	27,46		社会性	56
コーディネート役	5,6		社外ネットワーク	97
コード	105		社交・儀礼文書	36
語学力	147		社交文書	36
顧客維持率	135		社内外の連絡・調整	28
顧客満足	116,135,138		社内ネットワーク	96
顧客理解	138		終身雇用制度	8
顧客離反率	135		祝賀会	48
国際秘書	24,144		主体的補佐	58

出張業務	47	セキュリティ	147
守秘義務	110,166	セクシャルハラスメント	169
生涯賃金	12	セグメント	137
上級秘書士	5	セクレタリー	21
状況対応力	165	積極性	57
上司との相互信頼関係	95	積極的傾聴	101
上司とのペアワーク	94	積極的傾聴法	99
上司のサポート役	97,171	説得	105
承認の欲求	92	説明	105
情報化社会	67	全国大学実務教育協会（JAUCB）	5
情報環境	67	全国短期大学秘書教育協会（JACB）	4
情報機器操作能力	115	専門化	164
情報更新・蓄積	78	専門スキル	15
情報コーディネーター	71	専門秘書	24
情報収集・作成	78	創業記念式典	49
情報処理サイクル	78	早期離職	61
情報通信技術	67	創造力	165
情報通信ネットワーク	80	贈答品	43
情報ネットワーク	6,7,21,58,79,106,164	総務・庶務的業務	40
情報ネットワーク業務	27	尊厳死	153
情報のデジタル化	67		
情報発信	79	た	
商流	131	ターゲット	132
女性のエンパワーメント	168	対人折衝能力	171
女性の職場進出	167	ダイバーシティ企業	170
所属と愛の欲求	91,92	短期大学秘書教育協議会	4
序論	117	男女共同参画社会	167
新規顧客	135	男女共同参画社会基本法	168
人生設計	14	男女雇用機会均等法	167
人的ネットワーク	21,58,96,106,164	男女雇用機会均等法の第21条	169
人的ネットワーク業務	27	チーム医療	150
人的販売	134	知性	59
スケジューリング	32	知的財産権	75
スケジュール管理	32,84,161	長期蓄積能力活用型グループ	12
ストレス・マネジメント	26	弔事対応	44
性格	55	直感力と行動力	165
成果主義	8	著作権	76
正規雇用者	10	通勤困難型テレワーカー	69,70
性的嫌がらせ	169	通信手段	38
製品（Product）	129	通信販売	131
製品ミックス	130	データ管理	80
生理的欲求	91,92	データの加工	81
セールス・プロモーション	135	データベース	39,72,81
セカンド・オピニオン	153	テクニカル・スキル	8

テレビ会議	163	博愛	151
テレワーク	69	派遣秘書	5,13,25,166
電子会議	84	派遣労働法	25
電子コミュニケーション	77	働く目的	61
電子ファイリング	38	バブル崩壊	8
電子メール	38,82,162	パラサイトシングル	12
電子稟議書システム	42	バリューチェーン改革	68
伝達	105	ビジネス・コミュニケーション	161,162
電話会議	163	ビジネス・コミュニケーション・スキル	8
電話対応	31	ビジネス実務教育	4
洞察力	115	ビジネス実務能力	8
独自の専門性	166	ビジネス文書管理	162
特許権	76	ビジネスメディア	79
		秘書学	4
な		秘書技能検定試験	5
内勤型テレワーカー	69,70	秘書教育	3
内容構成	117	秘書教育全国協議会	4
ニート（NEET）	61	秘書業務	161
日程表	32	秘書業務一覧表	50
日本語	147	秘書士	5
日本的経営	3,8,143	秘書士（国際秘書）	5,148
日本的雇用慣行	167	秘書士（メディカル秘書）	5
日本ビジネス実務学会	5	秘書とヒューマンネットワーク	6
日本秘書学会	4	秘書の形態	23
日本秘書教育学会	4	秘書の専門化	164
日本文化	147	非正規雇用者	10
人間関係	90,99	非正規労働道者	10
人間関係論	93	非定型業務	115
認定マーク制度	74	人と情報の中継基地	106,109
ネチケット	77	ヒューマンネットワーク	5
ネット会議	163	病院長秘書	150
年功主義	8	表現技術	121
年功序列制度	8	表彰制度	169
能力主義	8	標的市場	136
ノンバーバル表現	121	平等	151
		病棟クラーク	160
は		ピラミッド	138
パーソナリティ	55,56,136,152	ファイリング	38
バーチカルファイリング	38	ファイル転送	82
パーティー	48	ファックス	38
パートタイム労働者	12	ファミリー・フレンドリー企業	168
バーバル表現	120	フィードバック	106
陪審員制度	155	フォロワー	100,101
バインダーファイリング	38	フォロワーシップ	100

索　引

富士通	9
付随的補佐	58
物流	131
プライバシー	74
ブランドイメージ	132
フリーアドレス	69
フリーター	12
プレゼンター	107
プレゼンテーション	105,164
プレゼンテーションのサポート	107
プロクセミクス（proxemics）	123
プロジェクトチーム	150
プロセス重視型	9
プロモーション（Promotion）	129,133
プロモーション活動	134
分業と協業	89
文書管理	84
文書業務	34
文書の作成	35
文書の受信	34
文書の発送	37
文書ファイリング	38
ペアワーク	95,100
ペーパーファイリング	38
ペルソナ	56,99
弁護士事務所	155
奉仕	151
法律事務所	155
ホーソン実験	92
補佐	21
ホスピタリティ	29
ホスピタリティ・マインド	146
ホルダー	39
本論	117

ま

マーケティング	129,166
マーケティング・ミックス	129
マイクロビジネス	70
マイナス情報	140
マグレガー（MacGregor,D.）	93
マズロー（Maslow,A.H.）	91
マネジメント（Management）	89
マネジメント・サイクル	89

ミドルマネジメント	139
身の回りの世話	108
名刺の管理	39
名刺箱	39
名刺・名簿管理	161
メーカー	131
メガ・コンペティション	68
メディカル秘書	24,149
メモ	31
目的の分析	116
目標による管理	93
モバイルワーク	69
森脇道子	21
問題解決力	165

や

役割行動	56
役割性格	55
郵便物	34
ユビキタス（Ubiquitous）	7
ユビキタス社会	68
欲求5段階説	91
4 P	129

ら

来客対応	28
リーガル秘書	25,155
リーダー	100,101
リーダーシップ	100,101
リスクマネジメント	147
リハーサル	108,121
流通経路（Place）	129,131
流通チャネル	131
良識	60
稟議書	41
レイアウト	23,45,123

わ

ワークフロー管理	85
わきまえがある	58
笑いの効用	152

■編著者
　　大宮　登（高崎経済大学名誉教授）、佐藤啓子（元常磐短期大学）、中村健壽（静岡県立大学名誉教授）

■執筆者
1章　1：中村健壽　2：油谷純子（目白大学短期大学部）
2章　椿　明美（札幌国際大学）＋和田佳子（札幌大谷大学）
3章　岡野絹枝（金城大学短期大学部）
4章　1：大島　武（東京工芸大学）　2：佃　昌道（高松大学）
5章　渡辺裕一（川崎医療福祉大学）
6章　1：風戸修子（自由が丘産能短期大学）　2：髙橋眞知子（名古屋経営短期大学）
7章　坪井明彦（高崎経済大学）
8章　1：北垣日出子（開智国際大学）　2：佐藤啓子
9章　1・3：武田秀子（たけだ総合コミュニケーションセンター）　2：中村健壽

新しい時代の秘書ビジネス論

2006年4月18日　発行
2022年2月17日　9刷

編　集　一般財団法人　全国大学実務教育協会
　　　〒102-0074　東京都千代田区九段南4-2-12　第三東郷パークビル2階
　　　電話　03-5226-7288

発行所　株式会社　紀伊國屋書店
　　　〒163-8636　東京都新宿区新宿 3-17-7

出版部（編集）電話　03-6910-0508
ホールセール部(営業)電話　03-6910-0519
〒153-8504　東京都目黒区下目黒3-7-10

印刷・製本　丸井工文社

©2006年　全国大学実務教育協会　ISBN 978-4-314-10159-2 C3000　定価は外装に表示してあります。